GTB
Gütersloher Taschenbücher
720

Professor Dr. Manfred Wichelhaus
zum 65. Geburtstag gewidmet

Michael Klöcker
Monika Tworuschka
Udo Tworuschka

Wörterbuch Ethik der Weltreligionen

Die wichtigsten Unterschiede und Gemeinsamkeiten

Gütersloher Verlagshaus

Originalausgabe

Die Deutsche Bibliothek – CIP-Einheitsaufnahme

Klöcker, Michael:
Wörterbuch Ethik der Weltreligionen : die wichtigsten
Unterschiede und Gemeinsamkeiten / Michael Klöcker ;
Monika Tworuschka ; Udo Tworuschka. – 2., durchges. und erg.
Aufl. – Gütersloh : Gütersloher Verl.-Haus, 1996
(Gütersloher Taschenbücher ; 720)
ISBN 3-579-00720-3
NE: Tworuschka, Monika:; Tworuschka, Udo:; Wichelhaus, Manfred:
Festschrift: HST; GT

ISBN 3-579-00720-3
2., durchgesehene und ergänzte Auflage, 1996
© Gütersloher Verlagshaus, Gütersloh 1995

Umschlaggestaltung: Dieter Rehder, Aachen, unter Verwendung
des Gemäldes »Rote Säulen vorbeiziehend« (1928), 57(07) von Paul Klee,
Aquarell u. Öl auf Papier, 26,7 x 33,7 cm, © VG Bild-Kunst, Bonn 1995
Satz: Weserdruckerei Rolf Oesselmann GmbH, Stolzenau
Druck und Bindung: Clausen & Bosse, Leck
Gedruckt auf chlorfrei gebleichtem Werkdruckpapier
Printed in Germany

Inhalt

Abkürzungsverzeichnis

Für folgende öfter zitierte Nachschlagwerke stehen die Abkürzungen:

EdR Ethik der Religionen – Lehre und Leben, hrsg. von Michael Klöcker, Udo Tworuschka, 5 Bde. (Sexualität, Arbeit, Gesundheit, Besitz und Armut, Umwelt), München – Göttingen 1984 – 1986.

EKL Evangelisches Kirchenlexikon. Internationale theologische Enzyklopädie, 3. Aufl. (Neufassung), hrsg. von Erwin Fahlbusch u.a., Göttingen 1986ff. (Bd. 3 bis R, 1992).

HdcE Handbuch der christlichen Ethik, hrsg. von Anselm Hertz, Wilhelm Korff, Trutz Rendtorff, Hermann Ringeling, 3 Bde., Freiburg i.Br. – Gütersloh 1978 – 1982.

KdKK Ecclesia Catholica: Katechismus der Katholischen Kirche, dt. München 1993.

LjchB Jakob J. Petuchowski, Clemens Thoma: Lexikon der jüdisch-christlichen Begegnung, Freiburg i.Br. 1989.

LrG Lexikon religiöser Grundbegriffe. Judentum – Christentum – Islam, hrsg. von A. Th. Khoury, Graz 1987.

LThK Lexikon für Theologie und Kirche, 3. völlig neu bearb., Aufl., hrsg. von Walter Kasper, Freiburg i. Br. 1993ff. (Bd. 2 bis *Damados*, 1994).

ÖL Ökumene-Lexikon: Kirchen – Religionen – Bewegungen, hrsg. von Hanfried Krüger, Werner Löser, Walter Müller-Römhild, 2. Aufl. Frankfurt/M. 1987.

TRE   Theologische Real-Enzyklopädie, hrsg. von Gerhard
            Krause, Gerhard Müller, Berlin – New York 1977ff.
            (Bd. 23, hrsg. von G. Müller, bis *Name/Namensge-*
            bung, 1994).

WdC   Wörterbuch des Christentums, hrsg. von Volker Dreh-
            sen, Hermann Häring, Karl-Josef Kuschel, Helge Sie-
            mers in Verbindung mit Manfred Baumotte, Güters-
            loh – Zürich 1988.

Einleitung

In Anknüpfung an den griechischen Philosophen Aristoteles (384-322 v.Chr.) ist Ethik als Theorie der menschlichen Lebensführung, alle Verhaltensweisen und Lebensformen umfassend, zu verstehen (vgl. u.a. Trutz Rendtorff, 1980-81). Anhand ausgewählter zentraler Begriffe und Begriffspaarungen vermittelt dieses Wörterbuch Grundinformationen über die Ethik der Weltreligionen. Die Verfasser verbinden damit die Hoffnung, eine knapp-informative Grundlage für das Voneinander-Lernen, das Lernen aus den Fehlern der Vergangenheit und das Miteinander-Handeln anzubieten. Angesichts der erdrückenden Probleme der Gegenwart halten wir mutige Brückenschläge zwischen den Religionen für notwendig.
Dabei gilt es, die spezifischen Ausrichtungen, die zwischen, aber auch innerhalb der Religionen als Orientierungssysteme bestehen, nicht zu verwischen.

Die religiösen Werte und Lebensformen des *Judentums*, wie sie sich in den Grundschriften – allen voran in der Tora (die »fünf Bücher Mose« der hebräischen Bibel) – und den Hauptwerken der Rabbinen finden, gründen im »Wort Gottes«. Grundlage jüdischer Ethik sind die »Zehn Gebote« und das doppelte, auf den einen und einzigen Gott (Monotheismus) sowie auf den Mitmenschen gerichtete Liebesgebot. Die Verinnerlichung des göttlichen Wortes befähigt den Juden zu ethischem Handeln. »Jede ethische Tat (...) ist Gottesdienst« (Leo Trepp).

Über alle theologischen Dissonanzen hinweg ist die *christliche Ethik* auf das durch Christi Kreuzestod ermöglichte Heil ausgerichtet; Christus als Erlöser, der die Befreiung aus der vom Menschen generell vorgefundenen »sündhaften« Unheilssituation ermöglicht (vgl. insbes. die Ausführungen zu → Schuld/Sünde → Gut/Böse). Das Ziel der Jesus-Nachfolge ist wesentlich für alle christliche Ethik, wird allerdings in unterschiedlichen Lebensentwürfen entfaltet.

Als Handlungsgebot wird vor allem das »Doppelgebot der Liebe« hervorgehoben: »Du sollst den Herrn, deinen Gott, lieben mit ganzem Herzen, mit ganzer Seele und mit all deinen Gedanken. Das ist das erste und wichtigste Gebot. Ebenso wichtig ist das zweite: Du sollst deinen Nächsten lieben wie dich selbst« (Mt 22,37ff.; vgl. Lev 19,18). Darüber hinaus dienen insbesondere die (an zwei Stellen in der hebräischen Bibel aufgeführten) »Zehn Gebote« und die neuen Auslegungen alttestamentlicher Weisungen durch Jesus wie z.B. in der »Bergpredigt« (Mt 5-7; vgl. Lk 6,17ff, die sog. »Feldrede«) als Grundorientierungen einer christlichen Ethik. Die »Goldene Regel« für sittliches Verhalten wurde auch von Jesus bekräftigt: »Alles, was ihr also von anderen erwartet, das tut auch ihnen! Darin besteht das Gesetz und die Propheten« (Mt 7,12). Scharf wandte sich Jesus gegen selbstgerechtes Moralisieren: »Richtet nicht, damit ihr nicht gerichtet werdet!« (Mt 7,1).

Wenn auch die Bibel gemeinsame Grundlage der Christenheit ist, so gibt es doch zwischen den bzw. innerhalb der Kirchen – teils sehr erhebliche – Unterschiede über die autoritative Bibelauslegung. Die Spanne der ethischen Schwerpunktsetzungen ist sehr weit. Nebeneinander stehen die schon in der Alten Kirche hervortretende weltabgewandte, mönchisch-asketische Ethik und das Ja zu weltoffenem, weltgestaltendem Handeln. In den orthodoxen Kirchen werden bis heute die Frömmigkeit der asketisch lebenden Mönche, überhaupt mystische Frömmigkeit (kontemplative Gottesanschauung) besonders hoch geschätzt. Die orthodoxe Ethik ist wesentlich durch die Überzeugung vom Wirken des Heiligen Geistes in Kirche und Welt, von der Menschwerdung Gottes, der Auferstehung Christi und der dadurch ermöglichten »Theosis« (Vergöttlichung) des Menschen geprägt; ihre Lehre vom Menschen hat »einen sehr optimistischen Zug« (Demosthenes Savramis).

Als »Vater eines christlichen Naturrechts« begründete Augustinus (354-430) die Vorstellung eines überzeitlich geltenden, durch die Vernunft erkennbaren Sittengesetzes als Abbild der göttlichen Seinsordnung. Im Verlauf der Jahrhunderte ist die christliche Ethik entscheidend durch die antike Philosophie mitgeprägt worden. In Anknüpfung an die aristotelische Ethik stellte Thomas von Aquin (1225/6-1274) den klassischen vier Kardinaltugenden (Klugheit, Gerechtigkeit, Tapferkeit, Maß) die drei göttlichen Tugenden (Glaube, Hoffnung, Liebe) voran. Im Anschluß an die Reformatoren hat sich die evangelische Ethik auf die Lehre von Ordnungen, Ständen, Institutionen konzentriert, in denen der Mensch bei aller »Freiheit von den Werken« durch Annahme von Gottes Wort und Gnade seinen »Beruf« findet (→ Arbeit/Freizeit).

Auf das neuzeitliche Konzept der sittlichen Autonomie hat die christliche Ethik sehr unterschiedlich reagiert: einerseits mit scharfer Ablehnung, Heraufbeschwörung der damit drohenden Gefahr unkontrolliert egoistischer Willkür des einzelnen Subjekts und dem Rückverweis auf die »objektiven«, überzeitlichen Werte und Normen als Ausdruck der göttlichen Schöpfungsordnung; andererseits mit theologischen Begründungen für ein Ja zum sittlich autonomen Vernunftgebrauch als Befreiung des Menschen zum Tun des Guten und Gerechten im christlichen Sinne. Wenn sich die »moderne« christliche Ethik am Prinzip sittlicher Autonomie orientiert, wird dabei oft an den von Immanuel Kant (1724-1804) formulierten Kategorischen Imperativ angeknüpft: »Handle nur nach derjenigen Maxime, durch die du zugleich wollen kannst, daß sie ein allgemeines Gesetz werde.«

In der deutschsprachigen römisch-katholischen Theologie z.B. hat u.a. die Krise nach der päpstlichen Enzyklika »Humanae vitae« von 1968 (Verbot jeder »künstlichen« Methode der Empfängnisverhütung) die fundamentalethisch-kritische Konzipierung einer »autonomen Moral im christlichen Kontext« stimuliert (neuartige Anknüpfung an Thomas von Aquin bei Alfons Auer und Franz Böckle, Rekurs auf Meister Eckhart bei Dietmar Mieth). Der »alten«, im 16. Jahrhundert konstituierten katholischen »Moraltheologie« wird heute, angelehnt an ältere Reformbestrebungen, eine »Theologische Ethik« entgegengesetzt, die sich stärker

auf den biblischen Ursprung besinnt, ein statisch-starres Naturrechtsverständnis durch ein geschichtlich-dynamisches ablöst,
von der Wirklichkeit ausgeht, ökumenisch ausgerichtet ist. Die
im 19./20. Jahrhundert auf der Grundlage von Offenbarung,
christlichem Naturrechtsverständnis und kirchlicher Lehrautorität entwickelte»Katholische Soziallehre« (prägnante Übersicht:
Weiler 1993) wird von progressiven Ethikern als zu päpstlich-
autoritär, als»unwandelbare Sozialtheorie einer katholischen
Sonderwelt« (Bernhard Edmunds) kritisiert.
Die christliche Ethik der Gegenwart geht von – in den Großkirchen mehr oder weniger miteinander konkurrierenden – unterschiedlichen Auffassungen von Autorität aus, die in jüngster Zeit
in der»Fundamentalismusdebatte« hervorgetreten sind. Der sog.
»protestantische Fundamentalismus« ist durch eine Ethik ge-
kennzeichnet, die radikal auf die wortwörtlich von Gott inspi-
riert geglaubte Bibel ausgerichtet ist und unangefochten von
»modernen« Bibelforschungen (historisch-kritische Methode,
symbolistisch bzw. psychoanalytisch orientierte Auslegungen)
bestimmte Bibelaussagen über ethisches Verhalten als»göttliche Wahrheit« verabsolutiert. Als»fundamentalistisch« wird
speziell auch jene römisch-katholische Ethik bezeichnet, die in
übersteigerter Form das Lehramt des Papstes als Verkünder überzeitlich geltenden»göttlichen Wissens« über die objektive Güte
und Bosheit menschlicher Handlungen betont. Wenn in Neuansätzen der christlichen Ethik heute die christlich geprägte Freiheit und Vernunft als Notwendigkeit für das bedrohte Heil des
einzelnen und der Menschheit hervorgehoben wird, so paart sich
dies durchweg mit kritischen Wendungen gegen die in den Kirchen herausgebildete»autoritäre Autorität« und mit ökumenischer
Dialogbereitschaft ohne Überlegenheitsanspruch; die von der
heutigen Wirklichkeit ausgehende, individuelle Gewissensbildung
erhält dabei einen zentralen Stellenwert für das christlich gebotene Leben aus dem Glauben heraus.

Islamische Ethik, gegründet auf den Koran, das geoffenbarte Wort
Gottes, ergänzt durch die Sunna, die»Gewohnheit« des Prophe-

ten, wie sie sich in seinen Aussprüchen, Handlungen, Gepflo-
genheiten sowie stillschweigendem Einverständnis ausdrückt, kodifiziert in der Sharia (Recht), beruft sich auf zwei Instanzen: die
Autorität Gottes und das menschliche Gewissen. Der Mensch,
als der von Gott gut geschaffene »Stellvertreter« bzw. »Statthalter« (Khalifa) Gottes, ist stets in Gefahr, Böses zu tun: weniger
durch seine Auflehnung und Rebellion gegenüber Gott (obwohl
der Koran auch diese Tendenzen kennt) als durch seine Schwach-
heit, Vergeßlichkeit und Verführbarkeit durch den Satan. Am Jüngsten Tag müssen Frau und Mann vor Gott Rechenschaft über ihr
irdisches Tun ablegen. Die Frage, ob es Gut und Böse »an sich«
gibt, ist in der islamischen Theologie kontrovers diskutiert worden: Während die orthodoxe Lehre der Ashariten dies verneint
und die Qualifizierung der Taten als »gut« oder »böse« auf willkürliche göttliche Entscheidung zurückführt, vertreten die von
der Mitte des 7. bis zum 10. Jahrhundert die islamische Theologie beherrschende mutazilitische Schule sowie die schiitischen
Schulen bis heute die Ansicht, daß es an sich gute und böse Werte gibt. In dem Grundsatz, daß das Gute dem Willen Gottes entspricht und der Wille Gottes dem Guten, stimmen alle Schulen
überein. Die asharitische Schule legt den Akzent hierbei aber stärker auf den göttlichen Willen: Das »Gute« ist nur »gut«, weil und
insofern Gott es will, nicht unabhängig davon.
Islamische Theologen klassifizieren die menschlichen Handlungen folgendermaßen: geboten, empfohlen, erlaubt, mißbilligt und
verboten. Entscheidend vor Gott ist die rechte Gesinnung, die
gute Absicht. Islamische Individual- und Sozialethik beruht auf
einer Reihe von Grundsätzen wie: Barmherzigkeit, Demut, Bescheidenheit, Achtung, Hilfsbereitschaft, Recht und Gerechtigkeit. Sure 17,22-39 enthält einen wichtigen, den jüdisch-christlichen »Zehn Geboten« vergleichbaren Katalog ethischer Forderungen.

Der Buddhismus hat – im Unterschied zu den auf einen personalen Gott hin orientierten Religionen – seine Ethik von anderen
Voraussetzungen aus entwickelt. Weder hat ein Schöpfer diese

Welt in ihr Dasein gerufen, noch ist ihr ein Ziel eingestiftet. Das menschliche Leben wird nicht als einmalig-individuelle Zeitspanne zwischen Geburt und Tod betrachtet. Alle Geschöpfe befinden sich auf einer »Weltenirrfahrt« (Georg Grimm) sowohl durch ungezählte individuelle Leben als auch in verschiedenen »Welten«. »Für den Buddhismus – und zwar für den frühen Buddhismus ebenso wie für die mahayanistischen Systeme – gilt grundsätzlich, daß die Ethik nicht Folge, sondern Voraussetzung für die Erlösung bzw. die Heiligkeit ist. Das moralische Handeln steht also nicht am Ende und ist nicht das selbstverständliche Ergebnis eines Lebens in Glauben und Meditation, sondern ist die Bedingung für die ›rechte Anstrengung‹, die ›rechte Achtsamkeit‹, die ›rechte Sammlung‹« (Peter Gerlitz).

Da es *den Hinduismus* als eine dem Judentum, Islam, Christentum, Buddhismus usw. vergleichbare Größe nicht gibt, steht eine Bestimmung hinduistischer Ethik vor großen Schwierigkeiten. Einer durch deskriptive Betrachtung gewonnenen Bestandsaufnahme »hinduistischer« Verhaltensweisen steht die Beschäftigung mit den hinduistischen Idealen, Werten und Normen gegenüber. Ein geschlossenes ethisches System gibt es im Hinduismus nicht. Traditionellerweise geht man vom dharma-Begriff aus, bestimmt Hinduismus dann als »sanatana dharma«: als ewige »Seins- und Sollensordnung«, wie der Religionswissenschaftler Gustav Mensching (1901-1978) den Dharma-Begriff interpretiert hat. Der Inhalt des dharma war Thema der klassischen Lehre vom »richtigen Verhalten«, wie es u.a. in den Dharmasutras (Lehrfäden normativen Verhaltens) und Dharmashastras (Lehrbücher rechten Verhaltens) expliziert wurde. Ihre Begründung fand diese Lehre in der geoffenbarten heiligen Schrift des Veda. Die Bestimmung der Strukturen und Inhalte richtigen Hindu-Verhaltens hat u.a. folgendes zu berücksichtigen: Bedeutsam sind Grundbegriffe wie Dharma, Karma (Tat- und Tatvergeltung) und Moksha (Erlösung, Befreiung). Unterschieden wird zwischen allgemein geltenden Normen (z.B. Ahimsa: »Nicht-Verletzen«) einerseits und kastenspezifischen andererseits (Lehre von den »vier Lebensstadien« und »Lebenszielen«). Darüber hinaus ist auf in Ausnahmefällen geltende Normen hinzuweisen. Beim rechten individuellen und sozialen Verhalten in Familie und Gesellschaft wird von bestimmten Grundwerten ausgegangen: Wahrheit, Furchtlosigkeit, Ausgeglichenheit, Reinheit, usw. (Peter Schreiner).

Grundlegende Literatur: F. Böckle, Fundamentalmoral, 1978; B. Häring, Frei in Christus. Moraltheologie für die Praxis des christlichen Lebens, 3 Bde., 1978ff., dt. Sonderausgabe 1989; HdcE; T. Rendtorff, Ethik, 2 Bde., 1980-81; TRE, Bd. 10 (1982), 396ff. (Artikel betr. Ethik); P. Antes u.a., Ethik in nichtchristlichen Traditionen, 1984; EdR, 5 Bde.; EKL, Bd. 1, 1129ff. (Artikel betr. Ethik); ÖL, passim; WdC, passim; J.-P. Wils/D. Mieth, Grundbegriffe der christlichen Ethik, 1991; M. Klökker, Katholisch – von der Wiege bis zur Bahre. Eine Lebensmacht im Zerfall?, 1991; H. Kochanek (Hrsg.), Die verdrängte Freiheit. Fundamentalismus in den Kirchen, 1991; G. Mensching, Gut und Böse im Glauben der Völker, Stuttgart 1950[2]; C.H. Ratschow (Hg.), Ethik der Religionen. Ein Handbuch, Stuttgart u.a. 1980; M. u. U. Tworuschka, Bertelsmann Handbuch Religionen der Welt, 1992, Neuausgabe 1996, passim; R. Weiler, Die soziale Botschaft der Kirche. Einführung in die Katholische Soziallehre, 1993; F. Hengsbach/B. Edmunds/M. Möhring-Hesse (Hrsg.), Jenseits Katholischer Soziallehre. Neue Entwürfe christlicher Gesellschaftsethik, 1993; KdKK.

Grundthemen

Arbeit/Freizeit

**Judentum:** Juden sehen in der Arbeit eine dem Menschen von Anfang an von Gott gestellte Aufgabe: »Jahwe nahm den Menschen und setzte ihn in den Garten Eden, damit er ihn bebaue und bewahre« (Gen 2,15). Arbeit gilt nicht als Folge und Strafe der Sünde. Ihre Schwere steht jedoch im Gegensatz zu der Sorglosigkeit des Paradieses. Eng verbunden mit der Auffassung von Arbeit ist das Gebot der Arbeitsruhe, das in Verbindung zum Ruhen Gottes am siebten Tag der Schöpfung gesehen wird: »Gedenke des Sabbattages, daß du ihn heiligst. Sechs Tage sollst du arbeiten und all dein Werk tun. Der siebte Tag aber ist Sabbat für Jahwe, deinen Gott. Da darfst du keinerlei Werk tun, weder du selbst, noch dein Sohn, noch deine Tochter, noch dein Knecht, noch deine Magd, noch dein Vieh, noch der Fremde, der sich in deinen Toren aufhält. Denn sechs Tage hat Jahwe den Himmel und die Erde und das Meer und alles, was ist ihnen ist, gemacht; aber am siebten Tag ruhte er. Deshalb hat Jahwe den Sabbattag gesegnet und ihn geheiligt« (Ex 20, 8-11). Wer die Gebote der Arbeit und Arbeitsruhe einhält, ahmt Gott nach.

Viele Psalmen preisen die Arbeit, häufig mit dem Ausdruck »Deiner Hände Werk«: »Was die Hand dir erwarb, darfst du genießen...«(Ps 128,2). Im rabbinischen Schrifttum finden sich zahlreiche, meist individuelle Gelegenheitsaussagen zur Arbeit. Besonders hoch schätzten die Rabbinen Landwirtschaft und Handwerk. Es war für die Gelehrten ein Problem, das Arbeitsgebot und das Gebot der unablässigen Beschäftigung mit der Tora in Einklang zu bringen. Dabei soll die Tora einen gewissen Vorrang besitzen. Diese Vorstellung besteht als Ideal durch das Mittelalter hindurch bis heute. Der im islamischen Spanien lebende Moralphilosoph Bachja ibn Paquda (2. Hälfte des 11. Jahrhunderts) begründete die Notwendigkeit der Arbeit damit, Borgen bei anderen Menschen und unrechten Gelderwerb zu vermeiden. Für den berühmten Arzt und Philosophen Moses Maimonides (1135-1204) sollte das Torastudium niemals die Existenzgrundlage darstellen, sondern immer von Arbeit begleitet sein.

Im 19. und 20. Jahrhundert ist der Arbeitsbegriff insofern einem Wandel unterworfen, als er je nach geographischer, wirtschaftlicher und politischer Situation unterschiedlich gedeutet wird. Der nach Palästina ausgewanderte Aaron David Gordon (1856-1922) entwickelte eine im Alltag praktisch vorgelebte Arbeitsethik, um einen Ausweg aus der nationalen Not der Juden zu schaffen. Eine besondere Rolle spielte bei seiner »Religion der Arbeit« die Landwirtschaft. Seine Gedanken beeinflußten nachhaltig die Kibbuz-Bewegung. Die Arbeit verbindet den Menschen nicht nur mit der Natur, sondern vor allem mit dem Boden des eigenen Landes. Während bei Gordon der körperlichen Arbeit gegenüber geistiger Beschäftigung mit Büchern ein gewisser Vorrang zukam, lautete das Motto der religiösen Zionisten: »Tora und Arbeit«, wobei der Tora Priorität zugebilligt wurde. Die in Rußland, Westeuropa und Nordamerika gegen Ende des 19. Jahrhunderts entstandene jüdische Arbeiterbewegung vertrat eine a-religiöse, sozialistische Arbeitsethik. Ebenfalls a-religiös, aber nicht sozialistisch war Theodor Herzls (1860-1904) Arbeitsauffassung: Er forderte einen Siebenstundenarbeitstag im Judenstaat. Die Arbeitsauffassung der Arbeiterbewegung und des politischen Zionismus hat dazu geführt, daß die nationalstaatlichen Komponenten ein Übergewicht zu den religiösen gewonnen haben. Heute wird häufig die Ansicht vertreten, daß der oft übertriebene Arbeitseinsatz, der »Arbeit um der Arbeit willen« gutheißt, dem Menschen nicht genug Muße zu einer sinnvollen Freizeitgestaltung läßt. Der englische Rabbiner Lionel Blue widmet dem Thema Arbeit ein eigenes Kapitel seines Buches. Arbeit ist für ihn die »Mitte der jüdischen Religion«, ein freudiger, heiliger Einsatz für das Gottesreich: »Gott ist ein Arbeiter, und wir sind die Werkzeuge seines Handwerks. Die größte Sünde für ein Werkzeug (...) ist Untätigkeit.«

Literatur: L. Blue, Wie kommt ein Jude in den Himmel? 1976; EdR, Bd.2, 9ff. (J. Wachten, A. im Judentum); H.-J. Loth, Judentum, 1987, 44-57; LrG, 58f. (P. Navè-Levinson, A., jüdisch).

 **Christentum:** Arbeit als göttliches Mandat, als Fortsetzung des göttlichen Schöpfungswerkes auf Erden, mühselig allerdings als Folge der Sünde: Diese alttestamentliche Bestimmung der Arbeit eint Judentum und Christentum. Im Neuen Testament wird Arbeit nicht sonderlich betont. Jesus will die Arbeit nicht überbewertet sehen, wendet sich jedoch nirgends gegen sie.

Theologen und Lehramt haben vor dem Horizont gewandelter Arbeitsverhältnisse das christliche Verständnis von Arbeit immer wieder neu bedacht. Während im Hochmittelalter die Berufung der Mönche zum »beschaulichen« Leben hervorgehoben wurde und damit eine Geringachtung des »tätigen Lebens« drohte, hat der Reformator Martin Luther (1483 – 1546) sowohl die Berufung aller Christen zum Glauben als auch die Arbeit als freudig bejahten »weltlichen Gottesdienst« am Nächsten betont: eine doppelte Orientierung unter dem neu gefaßten Begriff des »Berufes«. Diese Berufsethik fügte sich ein in Luthers Rechtfertigungslehre: Rechtfertigung des Menschen nicht aus guten Taten, sondern aus dem Glauben, den Gott durch Gnade schenkt. Unter dem Einfluß von Calvinismus und Puritanismus wurden Arbeitsleistung, Arbeitserfolg zum innerweltlichen Zeichen göttlicher Erwählung. Protestantische Berufsethik trug wesentlich zum modern-«westlichen« industriellen Aufschwung bei. In der modernen evangelischen Sozialethik wird von verschiedenen Ansätzen her versucht, moderne Arbeitsstrukturen mit den biblischen und reformatorischen Erkenntnissen in Übereinstimmung zu bringen.

Seit 1891 hat der Papst in einer Reihe von Lehrschreiben gerechte

Arbeitsbedingungen reklamiert. Johannes Paul II. hat 1981 in seinem Rundschreiben über die menschliche Arbeit den Vorrang der Rechte und Interessen der Arbeitenden gegenüber den Kapitalinteressen betont. Es gibt zwar weiterhin bei den christlichen Ethikern unterschiedliche Fundierungen der Arbeitsethik; ein weitgehender Konsens schält sich aber heute heraus, wenn es um Forderungen geht wie: Recht auf Arbeit, Humanisierung der Arbeitswelt, Beteiligung der arbeitenden Menschen an den Entscheidungsprozessen und Herstellung einer weltweit gerechten Wirtschaftsordnung.

Für Judentum und Christentum gilt: Der Gefahr pausenlosen Durcharbeitens wird eine »Ruhe« entgegengesetzt, in der konzentriert die Beziehung zu Gott gepflegt wird. Der traditionelle Rhythmus von Alltagsarbeit und Gottesdienst im Rahmen der kirchlichen Festtage, der herausgebildeten »Sonntagsheiligung«, überhaupt der vielen kirchlich geregelten Glaubensrituale, ist in der modernen Industriegesellschaft westlicher Prägung aufgebrochen worden; eine verweltlichte Abend- und Wochenendkultur hat sich entfaltet, bei den christlichen Großkirchen ist der regelmäßige Kirchgang eklatant zurückgegangen. Als Gegenbegriff zur modernen Arbeitswelt wurde der Begriff der »Freizeit« entwickelt. Auf ihre enorme Ausweitung in der Gegenwart (durch reduzierte Arbeitszeiten, Ausbreitung des Urlaubs, verlängerte Altersruhe) und auf ihre Ausgestaltungen jenseits christlich gebotener Ruhe reagieren die Kirchen mit einer Fülle institutionalisierter Freizeitangebote und mit ethischen Maximen. Vor allem wird Ruhe im christlichen Sinne intensiv gepflegter Beziehung zu Gott eingefordert. Sinnvolle Freizeitgestaltung wird auch unter Leitbegriffe der christlich-abendländischen Kulturtradition gestellt: Bildung und »Muße« (ursprünglich in der griechischen Philosophie verstanden als privilegiertes Freisein von ablenkenden Geschäften und ruhige Schau der Dinge). Die konsumorientierte »Freizeitindustrie«, der übertriebene Medienkonsum mit seinem Trend zu Passivität und nur genußorientierte Zerstreuungen in der Freizeit werden hingegen scharf abgelehnt.

Literatur: HdcE, Bd. 2, 343ff. (Artikel betr. Arbeit u. Freizeitproblematik); TRE, Bd. 3 (1978), 613ff. (Artikel betr. Arbeit); TRE, Bd. 11 (1983), 572ff. (Artikel betr. Eigentum); EdR, Bd. 2 (Fr. Trzaskalik, A. im Katholizismus; R. Kramer, A. im Protestantismus); ÖL, 1314 (Reg.); M. Klöcker, Katholisch – von der Wiege bis zur Bahre, 1991, 514f. (Reg.); KdKK, 772 (Reg.).

 **Islam:** Aufgrund des ganzheitlichen Menschenbildes ist im Islam jede Tätigkeit des Menschen Gottesdienst, sofern sie nicht verboten ist und aufrichtige Absicht sie leitet. Daher stellt Arbeit im engeren ökonomischen Sinn für den klassischen Islam kein religiöses Thema dar. Heute dagegen gibt es, ausgelöst durch die Industrialisierung, Entwicklungsprobleme sowie, teilweise als Antwort auf den westlichen Fatalismus-Vorwurf, Ansätze, das Verhältnis von Islam und Arbeit grundsätzlich zu erörtern und eine neue religiöse Arbeitsethik zu entwickeln. Die Mühe der Arbeit wird im Koran nicht als Strafe für den Sündenfall gedeutet.

Der Mensch,»Gottes Stellvertreter« (Khalifa) auf Erden, ist dank der göttlichen»Rechtleitung« in der Lage, richtig zu handeln und zu arbeiten. Für das im Koran oft beschriebene schöpferische Tun Gottes verwendet der Koran andere Begriffe als für die menschliche Arbeit. Gott ist der»Schöpfer« (Khaliq), nicht aber der»Arbeitende« (Amil). Der Muslim eifert nicht dem arbeitenden Gott nach. Vielmehr stellt der Muslim als Stellvertreter Gottes alle Aktivitäten in den Dienst des Höchsten.

Vor allem westliche Autoren (Max Weber), aber auch islamische Beobachter, kritisierten seit dem 19. Jahrhundert, daß der Islam im Mittelalter zwar eine kulturelle Hochblüte erlebte, sich danach aber ein allgemeiner Niedergang einstellte, der auch zu wirtschaftlicher Stagnation führte. Daher diskutierten sie die Frage, ob bestimmte islamische Vorstellungen über Arbeit und Produktion diesen Zustand mitverschuldet haben. Islamische Kommentatoren räumen zwar ein, daß falsch verstandenes Gottvertrauen mitunter wirtschaftliche Passivität mitverschuldet hätte. Da der Islam seinem Wesen nach jedoch entwicklungsbejahend sei, könne man Wirtschaftsprobleme nicht einseitig der Religion anlasten.

Schon in den 30er Jahren dieses Jahrhunderts propagierten muslimische Aktivisten ein besonderes Arbeitsethos. Der ägyptische Korankommentator Rashid al-Barrawi definierte Arbeit als Pflicht jedes Arbeitsfähigen. Arbeit galt ihm darüber hinaus als ehrenvoll, weil sie die Würde des Menschen aufrechterhält. Der Staat müsse entsprechend dem göttlichen Willen allen Bürgern Arbeit beschaffen. Aus Koranversen, wie 4,32: »Dem Mann steht ein Teil zu von dem, was er erworben hat, ebenso der Frau«, leitete al-Barrawi ein Arbeitsrecht für Frauen bei gleicher Vergütung ab. Im Vers 7,42: »Wir verlangen von niemandem mehr, als er zu leisten vermag«, sah er ein Verbot der Ausbeutung, der Kinderarbeit und zu schwerer Arbeit für Frauen. Außerdem leitete er aus dem Vers die Rechtfertigung für Kranken-, Sozialfürsorge und Jahresurlaub ab. Für den ehemaligen iranischen Ministerpräsidenten Mehdi Bazargan, der eine Abhandlung »Work and Islam« verfaßte, ist die ideale Gesellschaft der Zukunft dann erreicht, wenn gemäß 6,132: »Alle werden nach dem, was sie getan haben, eingestuft« die gesellschaftliche Position jedes einzelnen nur durch seine Arbeitsleistung bestimmt wird. In einem ägyptischen Religionsschulbuch finden sich – gestützt auf Belege aus Koran und Sunna – Aussagen über die Wertschätzung von Zeit und Planung, den Ausgleich zwischen Arbeit und Ruhe, pünktliche Erledigung und Gründlichkeit sowie über die Notwendigkeit zur Zusammenarbeit.

In vielen islamischen Ländern sind Gewerkschaften nach westlichem Vorbild entstanden. Diese Entwicklung scheint aber vom islamischen Gedankengut weitgehend unbeeinflußt zu sein. Ebenso gibt es kaum islamische Stimmen zur Rechtfertigung von Streiks.

Die islamische Bewertung von Arbeitskämpfen kann jedoch anders aussehen, wenn sich die Streiks gegen Arbeitgeber richten, die der Ausbeutung der islamischen Gemeinschaft für schuldig befunden werden. Dies verdeutlicht die Botschaft Imam Khomeinis 1978 an die Beschäftigten der iranischen Erdölgesellschaft: »Jede Stunde eures Streiks ist ein Dienst an Gott, dem Erhabenen und dem islamischen Land.«

Der Islam kennt keinen besonderen Ruhetag. Der dem christlichen Sonntag oder dem jüdischen Sabbat am ehesten entsprechende Tag ist Freitag, der Tag des Gemeinschaftsgebets. Früher wurde freitags die Arbeit nur zum Gebet unterbrochen. Heute zeigt sich in vielen islamischen Ländern die Tendenz, die Geschäfte zu schließen und schulfrei zu geben.

Mehdi Bazargan wie auch andere Denker der Re-Islamisierung kritisierten das Freizeitverhalten der Muslime. Als zu stark am Westen orientiert, sei es nicht mit dem Islam vereinbar. Während der deutsche Muslim Ahmad von Denffer die Forderung aufstellt, jede Freizeitgestaltung danach zu befragen, ob sie eine sinnvolle Verbindung von Muße und Gesundheitserhalt darstelle, erfährt der Freizeitbegriff in fundamentalistischen Kreisen heute eher eine Verengung. Statt der auch vom islamischen Menschenbild her wichtigen Frage nachzugehen, inwieweit die Freizeit der kreativen Selbstverwirklichung und der Ausrichtung auf Gott dient, konzentriert man sich auf die Diskussion verbotener Beschäftigungen (z.B. Weintrinken, Glücksspiel, heute auch oft: Tanz, Musik).

Literatur: M. Rodinson, Islam und Kapitalismus, 1971; B. M. Bazargan, Work and Islam, 1978; LrG, 62f. (S. Balić, A., islamisch); TRE, Bd.4, 72ff. (H. Wißmann, A.I. Religionsgesch).

 **Buddhismus:** Im frühen Buddhismus ist Arbeitsethik noch kein zentrales Thema. Arbeit im Sinne von Tat und Tatvergeltung hat eher eine negative Bedeutung, weil sie den Menschen an den Geburtenkreislauf bindet. In frühen Texten wird körperliche Arbeit in direktem Zusammenhang mit Plaudern, Schlafen und Geselligkeit sowie Vernachlässigung des Geistes genannt. Der Mensch wird ermahnt, keinen zu großen Gefallen an diesen Tätigkeiten zu finden; denn sie verleiten ihn dazu, an den Dingen selbst zu hängen und sie immer wieder zu begehren. Diese Dinge aber sind leidvoll, binden an den unheilvollen Geburtenkreislauf. Nichtig ist eine Arbeit dann, wenn sie nicht unmittelbar dem Lebensunterhalt des Buddhajün-

gers dient. Selbst gute Taten dienen nur der Vorbereitung für die Befreiung aus dem Geburtenkreislauf.

Unter Arbeit verstand Buddha in erster Linie »die rechte Tat«, den »rechten Lebenserwerb«, die vierte bzw. fünfte Stufe des achtfachen Pfades: »Es gibt einen rechten Lebenserwerb, der noch den Trieben unterworfen ist und weltlichen Lohn bringt; und es gibt einen rechten Lebenserwerb, der edel ist, triebfrei und überweltlich.« »Triebfrei« und »überweltlich« meint die Freiheit von Besitzstreben und dem Erwerb von Eigentum.

Buddha lobte vor allem die Krankenpflege, die frei von jeglichem Utilitarismus sei, als positive Beschäftigung. Viele Gleichnisse setzen die Arbeit als selbstverständlich voraus, bewerten sie auch positiv. Einerseits ist sie eine Grundvoraussetzung des menschlichen Lebens, andererseits soll sie sich nicht verselbständigen und den arbeitenden Menschen versklaven.

In der Moderne wird die Arbeit positiver bewertet. Ihr wird die Aufgabe zuteil, den Weg zum Nirvana vorzubereiten. Vor allem innerhalb der Mönchsgemeinden nimmt die Arbeit eine wichtige Stelle ein: Mönche unterhalten Schulen, Kindergärten, Krankenhäuser und eigene Güter. Arbeit schafft die Voraussetzung für bessere Lebensbedingungen. Das ferne Nirvana wird in ein Paradies umgedeutet, das in greifbare Nähe rückt und sich auf Erden verwirklichen läßt. Eine solche Einstellung zeigt sich auch in der aufgeschlossenen Einstellung des japanischen Buddhismus zu moderner Technik. Das japanische Wirtschaftswunder wäre nicht ohne diese bewußte Hinwendung zum Diesseits möglich gewesen. Eine wichtige Rolle kommt der Arbeit vor allem in den buddhistischen Laienbewegungen (Rissho Kosei-kai, Itto-en, Sekai Kyuseikyo) zu. Diese Gemeinschaften sind aus der arbeitenden Bevölkerung entstanden und bieten eine Alternative zu den inhumanen Arbeitsbedingungen in vielen japanischen Betrieben. Der Gründer der Itto-en, Tenko Nishida, stellt Roto, die »selbstgewählte Armenexistenz« in den Mittelpunkt seines Glaubens. Die Gemeindemitglieder verrichten bei der Roto die niedrigsten Arbeiten unter den Bewohnern der Umgebung. Durch das selbstlose Verrichten monotoner Arbeit soll Nirvana schon im Diesseits erreichbar sein. Bei der Tenrikyo spielt die »heilige Arbeit« (Hinokishin) eine große Rolle. Sie stellt einen Weg dar, sich von Selbstsucht zu befreien und für andere ganz da zu sein. Bei der Rissho Kosei-Kai gilt es, die Buddhanatur durch richtige Arbeit zu erreichen. Diese Religionsgemeinschaft unterhält eigene Farmen zur Betreuung von Kranken und Behinderten.

Buddhistische Sozialisten weisen darauf hin, daß die buddhistische Lehre dem Menschen den Besitzinstinkt nehme. So sprach Thakin Nu, der langjährige Ministerpräsident Burmas, von einem endzeitlichen Reich, in dem die Leiden ein Ende finden, weil die Menschen selbstlos für einander arbeiten und sich gegenseitig helfen.

Literatur: H. Hecker, Die Ethik des Buddha, 1976; P. Gerlitz, Gott erwacht in Japan, 1977; EdR, Bd.2, 100-118 (P. Gerlitz, A. im Buddhismus).

 **Hinduismus:** Innerhalb des Hinduismus gibt es verschiedene religiöse Strömungen mit jeweils unterschiedlichem Arbeitsbegriff. Drei Bedeutungen kommen in erster Linie vor: Arbeit im Sinne von Mühe und Last; Arbeit als neutrale Bezeichnung für jede menschliche Tätigkeit; Arbeit im Sinne von aktiver Lebensgestaltung.

Der Hinduismus kennt die Vorstellung eines idealen, goldenen Zeitalters, in dem alle Menschen glücklich und rechtschaffen im Einklang mit dem Dharma lebten, der »Ordnung« im Sinn eines »Seins- und Sollensgesetzes« (Gustav Mensching). Jedes Verlangen wurde sofort erfüllt, so daß kein mühsamer Arbeitseinsatz notwendig war. Die Symbolfarbe dieses Zeitalters war weiß. Im gegenwärtigen Zeitalter aber herrscht Kali, die Göttin von Leben und Tod. Ein Merkmal dieses Zeitalters ist die Notwendigkeit der Arbeit. Daher ist die Symbolfarbe schwarz. Es gibt Klagen, daß die klassische Ständeordnung (Kasten) und die Arbeitsteilung in spirituelle Tätigkeit, Politik, Handel und Dienstleistung nicht mehr eingehalten wird.

In der Religionsphilosophie der Samkhya-Schule, eine der sechs Lehrsysteme des Hinduismus, gilt die Zusammensetzung des Karmas (»Tat«) durch drei »Grundeigenschaften« (Gunas) als Erklärung der Vielfalt der Welt. Die drei Eigenschaften heißen Sattva, Rajas und Tamas. Sattva ist eine Seins- oder Lichtqualität. Sie ist weiß, voller Frieden und Merkmal des Brahmanenstands. Sattva führt zur Vergeistigung des Individuums, zu einer höheren Wiedergeburt. Rajas, die Energie-Qualität, verursacht Leidenschaft, treibt den Menschen zu rastloser Aktivität und Bindung an die Außenwelt. Ihre Farbe ist rot. Rajas ist ein Merkmal des Kshatriya-Standes, der Kriegerkaste. Die Farbe von Tamas, der Dunkel- und Trägheitsqualität, ist dunkel. Tamas charakterisiert den dritten und vierten Stand. Arbeit ist hier mühselige Sorge um die eigene Existenz. Der Mensch, bei dem im Augenblick des Sterbens Sattva vorherrscht, wird im Himmel der Weisen wiedergeboren. Der im Rajas-Zustand Sterbende wird unter den werkfreudigen Menschen wiedergeboren. Ein arbeitender Mensch kann nur rajasisch oder tamasisch sein.

Die vier klassischen Lebensziele des Hinduismus lauten Moksha (»Befreiung«, »Erlösung«), Dharma (»Pflicht«), Artha (»Besitz«), Kama (»Lust«). Trotz des Moksha-Strebens empfiehlt der Hinduismus ein Leben, das allen Aspekten der menschlichen Existenz gerecht wird. Vor allem Artha, im Sinne des Erlangens von weltlichen Gütern, betrifft auch die Arbeit.

In der Bhagavadgita wurde der Karma-yoga, der »Weg der Werke«, aufgewertet: Der Mensch soll die Pflichten erfüllen, in die ihn seine Lebenssituation stellt. »Handeln ist besser als Untätigkeit« (3,8). Selbstlos und ohne Begehren zu handeln ist genauso verdienstvoll wie der üblicherweise höher eingestufte »Weg der Erkenntnis«. In der neueren indischen Bhagavadgita-Auslegung wird das tägliche Leben in der Welt in Verbindung mit der spirituellen Entwicklung sowie als »Handeln ohne Begehren« gelehrt. Der sich im 19. Jahrhundert entwickelnde Neuhinduismus interpretierte Karma-Yoga im Sinne einer Grundlage für die soziale und religiöse Umformung der traditionellen indischen Gesellschaft. Das Handeln in der Welt wird nicht mehr nur als bloße

Notwendigkeit gesehen, sondern als Einsatz für die Erhebung Indiens in politischer, religiöser und sozialer Hinsicht. Swami Vivekananda (1862-1902) betrachtete seinen praktischen Vedanta als eine Religion der Tat und Arbeit. Bei Aurobindo (1872-1950) spielte die Arbeit eine Rolle bei der menschlichen Evolution. Mahatma Gandhi (1869-1948) lobte den Wert der einfachen Arbeit. In seinen Klöstern (Ashrams) gehörte der Lebensunterhalt durch körperliche Arbeit zu den Grundregeln. Sein Nachfolger, Vinoba Bhave (1895-1982), interpretierte Karma-Yoga neu: Arbeit stand für ihn in unmittelbarem Verhältnis zum Wohlergehen der Gesellschaft. Der Karma-Yogin erwirbt durch seine Arbeit wahre Erkenntnis. Sein Tun ist voller Andacht und dienender Hingabe.

Literatur: EdR, Bd. 2, 85-99 (A. van Dijk, A. im Hinduismus); F. Huber, Die Bhagavadgita in der neueren indischen Auslegung und in der Begegnung mit dem christlichen Glauben, 1991.

Besitz/Armut

 **Judentum:** Solange in Israel die Stammesordnung mit ihrer kollektiven Besitzauffassung vorherrschte, gab es noch keine Klassenbildung, kann man also noch nicht von arm und reich sprechen. Das in der Praxis wohl recht erfolglose »Bundesbuch« (Ex 20,22-23.33) enthält die Sozialvorschriften für die unter Jahwes Schutz stehenden Schwachen und Armen. Wucher- und Zins-Verbot, Verzicht der Mächtigen auf Rechtsbeugung sowie das Sabbatjahr, in dem die Armen von Acker, Ölbaum und Weinberg ernten durften, sollten diese Zustände mildern. Die sozialen Vorschriften des Deuteronomiums aus dem 7. Jahrhundert v. Chr. (gefordert wird darin u.a. tägliche Bezahlung des bedürftigen Lohnarbeiters; Zugang zu Weinberg und Kornfeld des Nachbarn zum Stillen des Hungers; Schulderlaß im Sabbatjahr) bezeugen eine Zunahme der Armut. Seit dem 8. Jahrhundert v. Chr. gab es wohl Spannungen zwischen den religiösen Werten und der sozialökonomischen Entwicklung, was auch durch die Sozialkritik der Propheten Amos, Jesaja, Micha und Hesekiel verdeutlicht wird. Dennoch wird Reichtum nicht als grundsätzlich schlecht und Armut nicht als Ideal betrachtet. In den Psalmen wird der Arme jedoch als der Fromme bezeichnet, der von Gott erhöht werden wird.

Die Aufstände gegen Rom ließen die Armut vor allem in den Städten anwachsen. Sozialer Aufstieg war nur über das Torastudium möglich. Armut einzudämmen galt als religiös verdienstvoll. Zedakah (»Wohltätigkeit«) bedeutet auch Gerechtigkeit, stellt ein Attribut Gottes dar. Institutionalisiert wurde die Zedakah durch die Entrichtung einer Armensteuer, die nach oben hin auf ein Fünftel des Vermögens begrenzt war. Zedakah, die nur an Lebenden mit Geld ausgeübt werden kann, wird von Chasäd, der allgemeinen Mildtätigkeit, in den Gemilut Chassidim (»Liebeswerken«) abgegrenzt.

Die Wohlfahrtsinstitutionen lebten im Mittelalter weiter. Moses Maimonides (1135-1204) schätzte Zedakah höher als andere Gebote. Eigentum ist nur ein anvertrautes Gut, das der Besitzer verwalten und von dem er gegebenenfalls den Armen etwas abgeben muß. Die staatliche Ordnung soll Eigentum schützen, zugleich soziale Solidarität schaffen. Der Arme hat aber auch eine gewisse Eigenverantwortlichkeit. Schon bei Maimonides, der acht Arten von Wohltätigkeit unterscheidet, stand an oberster Stelle die Hilfe, die den Bedürftigen in die Lage versetzt, zukünftig ohne Hilfe auszukommen. Ähnlich argumentierten Gelehrte wie zum Beispiel Jakob ben Ascher (1280-1340) oder Joseph Caro (1488-1575). Eine andere Position nahm der Sefer Chassidim (»Buch der Frommen«) ein. Dieses Hauptwerk des deutschen Chassidismus lehrt, Armut im Geist frommer Resignation zu akzeptieren, weil sie als Folge von Sünde auftreten kann. Die deutschen Gemeinden des 13. Jahrhunderts betrachteten jedoch das Geben des »Zehnten« als fromme Pflicht. Damals entstanden fromme Gesellschaften zur Ausübung der Gemilut Chassidim: Beerdigungsgesellschaften, Vereinigungen für Waisenfürsorge und Befreiung von Gefangenen.

Während in den vergangenen 150 Jahren die osteuropäischen Juden aufgrund der Massenverarmung zur Auswanderung gezwungen waren, führten Sozialgesetze in Westeuropa zur Eingliederung in das Sozialsystem. Bedeutsam: die großen jüdischen Philanthropen, Sir Moses Montefiore (1784-1885), Edmund de Rothschild, Baron Maurice de Hirsch. Sie setzten sich dafür ein, »Einzelwesen zu arbeitenden Menschen zu machen, die sonst Almosenempfänger werden müßten«.

Israel hat sich nach 1953 bemüht, ein Sozial- und Wohlfahrtssystem aufzubauen. Vor allem in benachteiligten Stadtteilen gibt es dennoch Armut. Rund 250 Freiwilligenorganisationen leisten Gemilut Chassidim im klassischen Sinn. Es besteht auch die Möglichkeit, Eigentum in eine Stiftung zum Zweck der Armenhilfe umzuwandeln.

Literatur: EdR, Bd.4, 9ff. (H.-J. Loth, B. und A. im Judentum); LrG, 1134ff. (D. Vetter, Wohlfahrt, jüdisch).

 **Christentum:** Gegenüber Besitz oder aber Mangel an materiellen bzw. immateriellen Gütern und Möglichkeiten hat sich im Christentum eine in verschiedene Richtungen verlaufende Ethik entwickelt: Sie bewegt sich zwischen dem Ja zum materiellen Besitz (rechtlich gesichert als »Eigentum«), der Warnung vor Reichtum als Hindernis für die Nachfolge Christi, besonderer Hinwendung zu den schutzbedürftigen Armen und freiwilliger Armut als radikaler Lebensform im christlichen Geiste. Diese Ethik ist vorgeprägt im Auftreten Jesu als besitzloser Wandercharismatiker, der zwar seine Jünger in die gleiche Lebensform beruft, die Armen selig preist und die Gefahren des Reichtums aufweist, Besitz jedoch auch nicht rigoros ablehnt.

Armut als tatsächlich gelebtes Ideal materiellen Verzichtes und geistlich-geistiger Konzentration: Diese Ausrichtung ist in der Kirchengeschichte eher am Rande, bei radikalen Minderheiten vorgelebt worden wie der Urgemeinde, den ersten Mönchen, bestimmten (»Bettel«-)Orden und Laienbewegungen. Armut zählt neben Jungfräulichkeit und Gehorsam zu den frei gewählten Mitteln christlicher Vollkommenheit (= »evangelischen Räten«), die im klassischen Mönchsgelübde versprochen werden. Im evangelischen Verständnis wird die frei gewählte materielle Armut des Mönchtums abgelehnt; hier werden die geistliche Armut (reich in der Gewißheit ewigen Heils) und das angemessene christliche Wirken in der Welt betont, wobei etwa Zwingli gegenüber Luther größere Reserve gegenüber dem privaten Eigentum nahelegte. Thomas von Aquin (1225/1226 – 1274), wirkungsvoller Kirchenlehrer der römisch-katholischen Kirche, hat das Privateigentum zwar als vernünftig begründet, allerdings an das Gemeinwohl, an eine bessere Nutzung der Güter im Sinne aller gebunden.

Die lange Tradition christlicher Organisationen und Institutionen für die materiell Bedürftigen (Orden, Klöster, religiöse Genossenschaften) mündete in den modernen Industriestaaten in Beteiligungen am modernen Wohlfahrtsstaat. Auf die weltweite Verflechtung des heutigen Wirtschaftssystems einschließlich extremer Formen von Hunger und Ausbeutung in der »Dritten Welt«

hat das Christentum mit vielfachen kollektiven bzw. individuellen Aktivitäten und theologischen Neubesinnungen reagiert. Die um 1970 in Südamerika von römisch-katholischen Kirchenvertretern entwickelte »Theologie der Befreiung« mit ihrer »vorrangigen Option für die Armen« hat mit beigetragen zu dem weltweit geknüpften Netz christlicher (oft ökumenischer) Basisgemeinden, die sich als Gemeinschaften gelebter Solidarität mit den Armen in der eigenen Gesellschaft und den fernen Zentren der Armut (mittlerweile in beträchtlichem Ausmaß auch in kommunistischen Folgestaaten) begreifen. In etlichen programmatischen Aussagen haben die Kirchenführungen die christlich gebotene Armenethik eingefordert. Beispiele sind die von Papst Johannes XXIII. geforderte Erneuerung der Kirche unter der Perspektive der »Kirche der Armen«, die 1980 in Hoddeston/England verabschiedete Erklärung »Eine evangelikale Verpflichtung zu einem einfachen Lebensstil«, das Plädoyer der Kommission für kirchlichen Entwicklungsdienst des Weltkirchenrates von 1980 »Für eine mit den Armen solidarische Kirche«. Über die einer christlichen Ethik von Besitz und Armut angemessene, weitestmöglich »gerechte« Ordnung von Wirtschaft und Gesellschaft in den modernen Staatssystemen gibt es innerhalb des Christentums anhaltend erhebliche Differenzen.

Literatur: TRE, Bd. 4 (1979), 69ff. (Artikel betr. Armut); TRE, Bd. 9 (1982), 404ff. (Artikel betr. Eigentum); EdR, Bd. 3 (Fr. Trzaskalik, B. u. A. im Katholizismus; R. Kramer, B. u. A. im Protestantismus); ÖL, 81 ff.; KdKK, 772, 776 (Reg.)

 **Islam:** Gott gilt im Koran als Urheber allen Besitzes, den er den Menschen – wenn auch in unterschiedlicher Höhe – fürsorglich zur Verfügung gestellt hat. Immer wieder wird der Wohlhabende allerdings dazu aufgefordert, den Armen an seinem Besitz teilhaben zu lassen. Denn er ist ja nur Treuhänder Gottes, muß sich dereinst vor ihm verantworten. Reichtum wird in vielen Koranversen als Gefahr

dargestellt, die von Gott und der wahren Religion ablenken kann. Als soziale Verpflichtungen werden häufig Sadaqa (»Almosen«) und Zakat (»Pflichtabgabe«) erwähnt. Die Zakat besitzt bis heute als Bestandteil der fünf Grundpflichten eine besondere Bedeutung. Besitz oder Armut werden im Koran nicht als persönliches Verdienst bzw. als Schande begriffen; denn Gott selbst ist für die Unterschiede verantwortlich.

Im Koran und im frühen Islam wird – im Gegensatz zur späteren Mystik – freiwillige Armut nicht gepriesen. Insgesamt entsteht aber der Eindruck, daß die Reichen es schwerer haben, des Heils teilhaftig zu werden. Denn Besitz ist vergänglich (18,44; 27,36; 57,19), macht den Menschen nicht unsterblich (104,3). Am Tag des Gerichts helfen weder Gut noch Söhne (26,88; 58,18), Inbegriffe des irdischen Reichtums. Gut und Kinder stellen vielmehr eine Versuchung dar, den Reichtum mehren zu wollen und darüber Gott zu vergessen (30,28; 89,21; 90,6). Sure 24,36-38 lobt daher solche Männer, die weder Ware noch Handel von dem Gedanken an Gott, der Verrichtung des Gebets und der Entrichtung der Pflichtabgabe an die Armen abhält. Der Gläubige kann auch Gottes Vergebung und Belohnung durch Spenden erringen. Almosen sollen aber aus Glaubensüberzeugung gegeben werden, nicht aber, um »von den Menschen gesehen« zu werden (2, 265.273).

Die Pflichtabgabe soll nach Sure 9 zur Unterstützung der Armen und Bedürftigen, der Steuerverwalter, Schuldner, mittellosen Wanderer, der für den Islam Kämpfenden und Konvertiten, die durch den Glaubensübertritt zum Islam in materielle Not geraten sind, sowie für den Freikauf von Sklaven verwendet werden.

Da die Pflichtabgabe aufgrund ihrer Orientierung an der frühen Beduinengesellschaft späteren Regierungen nicht genügend Einnahmen gewährleistete, wurden weitere, nicht durch den Koran legitimierte Abgaben erhoben. Mit dem Anstieg der übrigen steuerlichen Belastung ging jedoch die Bereitschaft der Gläubigen zurück, zusätzlich die Pflichtabgabe zu zahlen. Da ihr als einer der »fünf Säulen« aber besondere Bedeutung zukam, prangerten Kritiker diese Diskrepanz zwischen religiösem Gebot und gesellschaftlicher Praxis an. Die Zakat wurde zum Symbol sozialer

Gerechtigkeit, wie sie in der frühen medinensischen Gemeinde existierte, von späteren Herrschern aber korrumpiert wurde. Die Frage nach gerechter Besitzverteilung und Gewinnstreben, die auch im Mittelalter zwischen Mystikern und Kaufleuten diskutiert wurde, erhält in neuerer Zeit in Auseinandersetzung mit westlichen Ideologien und bei der Suche nach angemessenen Wirtschafts- und Entwicklungskonzeptionen neue Bedeutung. Man versucht häufig, Koranverse vor dem Hintergrund sozialstaatlicher Programme neu zu interpretieren.

Hatte Muhammad noch übermäßige Askese abgelehnt, so erhielt der Gedanke der freiwilligen Armut in der Mystik, dem Sufismus, eine beträchtliche Bedeutung. »Armut« (Faqr), die im Koran vorwiegend materiell verstanden und durch Spenden der Begüterten gemildert werden sollte, wurde von einigen Mystikern im Sinne geistiger Armut gedeutet. Manche Mystiker, die sich arm und heilsbedürftig vor dem Angesicht Gottes empfanden, entsagten freiwillig der Welt. Oft stand am Anfang asketische Weltflucht. Dieser Rückzug aus der Gesellschaft resultierte u.a. aus einem Protest gegen die ungerechten sozialen Verhältnisse. Die langen und blutigen Bürgerkriege, der Fanatismus einiger politischer Sekten, der zunehmende moralische Verfall sowie der teilweise bestehende militärische Despotismus des ersten islamischen Jahrhunderts standen im krassen Widerspruch zum theokratischen Ideal, so daß einige Gläubige sich voller Abscheu von der irdischen Welt abwandten und verstärkt mit dem Jenseits beschäftigten. Weltflucht und Besitzlosigkeit bildeten zugleich die erste Stufe auf dem Bemühen um den rechten »Weg« (Tariqa) mit dem Ziel der Vereinigung mit Gott.

Kritisch bleibt anzumerken, daß die in Mystikerkreisen praktizierte Weltflucht, die Vergeistigung und Idealisierung von Armut und ihr Verständnis von Gottvertrauen mit dazu beigetragen haben, weite Bevölkerungskreise nicht den Versuch unternehmen zu lassen, ungerechte Besitzverhältnisse zu ändern.

Literatur: A. Köhler, Islam – Leitbilder der Wirtschafts- und Gesellschaftsordnung, 1981; EdR, Bd.4, 67ff. (M. Tworuschka, B. und A. im Islam); LrG, 1139 (S. Balić, Wohlfahrt, islamisch).

 **Buddhismus:** Das Verhältnis des Buddhismus zu Besitz und Armut ist je nach Richtung unterschiedlich. Der Gouverneurssohn Siddharta Gautama, der spätere Buddha, trennte sich bewußt von seinem Besitz, um ein Leben als armer Asket zu führen. Er ging »aus dem Haus in die Hauslosigkeit«. Nach Ernst Benz setzt ein solches buddhistisches Asketentum ein harmonisches Gleichgewicht der Gegensätze von arm und reich voraus; denn ein Land muß wohlhabend sein, um die Menschen, die sich im Kloster erlösender Meditation widmen, miternähren zu können.

Erlaubt waren dem Mönch nur Kutte, Almosenschale, Nadel, Rosenkranz, Rasiermesser und Filter, um Tiere aus dem Trinkwasser zu entfernen. Parallel zum Gebot der Armut wird auch die Freigebigkeit des Spenders gelobt. Der »edle achtgliedrige Pfad« wird auch als »mittlerer Pfad« beschrieben, weil er einen Weg zwischen lebensverneinender Askese und Hingabe an Gier, insbesondere an Sexualität und Besitz darstellt.

Im Mahayana-Buddhismus gilt Besitz nicht mehr als etwas, von dem sich der ernsthafte Gläubige trennen soll, sondern als Objekt, dessen sich der Gläubige bewußt bedient. Armut wird weniger als Besitzlosigkeit, mehr als Mangel an Besitz verstanden. Auch mit Besitz kann man Buddha verehren, wenn man sein Hab und Gut richtig verwaltet und nutzt. In China gibt es sogar die Auffassung, daß der Besitz dem Buddha dient oder sogar selber Buddha ist.

Gilt im Mahayana Besitz als Aufgabe, so kommt im japanischen Amida-Buddhismus der Glaube an das vorzeitige Gelübde Buddhas dazu. Entscheidend für die Buddhawerdung des Einzelnen ist die Übung der vollkommenen »Freigebigkeit« (Danaparamita). Während in der älteren Richtung des Theravada die freiwillige Armut als positive Leistung des Asketen, der ohne Besitz in der Heimatlosigkeit lebt, im Vordergrund steht, nimmt im Mahayana die Zuflucht bei dem barmherzigen Amida-Buddha die erste Stelle ein. Amida verleiht einen der reformatorischen Gewißheit ähnlichen Glauben, der dem Gläubigen einen »natürlichen« Umgang mit dem Besitz ermöglicht (besitzen, als besäße man nicht.) Im Umgang mit dem Besitz bewährt sich der Glaube. Wer sich der unverdienten Gnade Amidas öffnet, ist von der Seinsweise des wahren Buddas erfüllt und in der Lage, selbstlose Barmherzigkeit zu üben.

Im Zen-Buddhismus wird eher die Auffassung vertreten, daß Reichtum und Armut gleichwertig sind, so wie zwei Seiten einer Münze zusammengehören. Subjekt und Objekt sind abstrakte Begriffe oder Abgrenzungen einer konkreten Wirklichkeit, die zwischen ihnen liegt: Die Wirklichkeit von Reichtum und Armut, Gewinn und Verlust liegt in diesem »Zwischenbereich«, verlangt situatives ethisches Handeln. Wohlstand und Besitz als Ergebnis beruflichen Einsatzes werden positiv gesehen.

Für einige moderne Sozialreformer (Ambedkar, 1891-1956; der Singhalese Vijayavardhana) war Buddha ein Revolutionär, der Armut auch als ein ökonomisches Problem beseitigen wollte. Armut wird sozial verstanden: Man will sozialen Randgruppen politische, wirtschaftliche, religiöse und pädagogische Hilfe zukommen lassen.

In Japan hatten mit zunehmender Industrialisierung die neuen Religionen erheblichen Zulauf. Sie vertreten einen weltoffenen, diesseitsorientierten Erlösungsgedanken. Die Soka Gakkai (»Studiengesellschaft zur Schaffung von Werten«) interpretiert Besitz und Armut neu: Der Einzelne soll in die Lage versetzt werden, mit Hilfe der Religion die als Unglück begriffene Armut in diesem Leben zu Glück – durchaus verstanden als Besitz und Wohlstand – zu verwandeln. Nach der Werteskala der Soka Gakkai ist ein Leben dann glücklich, wenn alle Werte, die der Mensch sucht, auch wirklich gefunden werden. Dieser Weg, der Wohlstandswirtschaft, soziale Sicherheit und Schaffung von Kultur beinhaltet, gilt als dritter, religiöser Weg zwischen Kapitalismus und Kommunismus.

Literatur: H. Hecker, Die Ethik des Buddha, 1976, 271ff.; EdR, Bd.4, 92ff. (H. E. Hamer/N. Hanada, B. und A. im Buddhismus).

 **Hinduismus:** Das Leben des Hindu wird vom Dharma, dem »Seins- und Sollensgesetz« (Gustav Mensching), bestimmt. Dieses ist unterschiedlich, hängt von Kaste und jeweiligem Lebensstadium ab. Jede der vier Hauptkasten und jede der zahlreichen Unterkasten haben ihre eigenen Pflichten und Aufgabenbereiche. Den Brahmanen ist es aufgetragen, den Veda zu lehren, selbst zu opfern und für andere Opfer auszuführen sowie Almosen entgegenzunehmen und zu verteilen. Schutz der Menschen, Almosen geben, Opfer und Veda-Rezitation sind die dem Kshatriya auferlegten Pflichten. Die Vaishyas sollen das Vieh schützen, Almosen geben, den Veda rezitieren, Handel, Geldverleih und Ackerbau betreiben. Der vierten Kaste, den Shudras, wurde von Gott Brahma nur aufgetragen, »ohne Groll den anderen Kasten zu dienen«. Dies bedeutet auch, daß sich der größte Anteil des Volkseinkommens in der Hand der Angehörigen der oberen Kasten befindet, während die unterhalb der niedrigsten Kaste angesiedelten, als »unberührbar« geltenden und Millionen zählenden »Kastenlosen« häufig besitzlose Landarbeiter sind oder kaum bezahlte niedrige Arbeiten verrichten.

Artha (»Besitz«) gehört neben den drei übrigen Werten Kama (»Lustgewinn«), Dharma (»religiöse Pflichterfüllung«) und Moksha (»Befreiung«, »Erlösung«) zu den wichtigen vier »Lebenszielen« des Hindu. Moksha, die Befreiung aus dem Kreislauf der Wiedergeburten, ist die höchste Stufe, stellt damit die Überwindung der drei anderen Ziele dar. Um dieses vierte Lebensziel zu verwirklichen, soll sich der Hausvater, nachdem er eine Familie gegründet und männliche Nachkommenschaft gezeugt hat, die den Totendienst später an ihm verrichten können, aus seinem Berufsleben zurückziehen, den Besitz hinter sich lassen und Asket werden. Mohandas Karamchand Gandhi (1869-1948) legte diesem alten indischen Asketenideal folgend 1906 ein Keuschheitsgelübde ab, das auch den Verzicht auf persönlichen Besitz einschloß.

Im Neuhinduismus sind immer wieder Denker aufgetreten, welche die Armut der sozial Schwachen bekämpfen wollten. Swami Vivekananda (1863-1902) lebte eine Zeitlang in den Elendsvierteln seines Landes und entwickelte ein starkes soziales Gewissen: »Jene Armen seien euer Gott (...) Nur den allein nenne ich Mahatma [große Seele], dessen Herz für die Armen blutet (...) Aber solange Millionen in Hunger und Unwissenheit leben, gilt jeder Mensch als Verräter, der auf ihre Kosten ausgebildet, sich nicht um sie kümmert.« Er setzte sich dafür ein, das Los der Massen zu heben. Dabei standen weniger soziale Arbeit als die geistige Botschaft von der Göttlichkeit des Atman, des »Selbst«, im Vordergrund. Bhimrao Rhami Ambedkar (1891-1956), der sich für eine Verbesserung des »Unberührbaren«-Status einsetzte und schließlich, als er die Möglichkeiten des Hinduismus als erschöpft betrachtete, zu einem massenhaften Glaubensübertritt zum Buddhismus aufforderte, warnte vor der Verherrlichung von Armut durch die Religion: »Zwar kann der Verzicht auf die Reichtümer seitens derer, die sie besitzen, ein gesegneter Zustand sein, aber niemals die Armut als solche. Die Verkündigung des inneren Adels der Armut ist eine Perversion der Religion und bedeutet eine Verewigung der Laster und Verbrechen, die das Elend hervorbringt.«

Literatur: G. Dietz-Sontheimer, Die Ethik im Hinduismus, in: C.-H. Ratschow, Ethik der Religionen, 1980; R. Hörig, Auf Ghandis Spuren, München 1995.

Ehe/Familie

 **Judentum:** »Wer keine Frau hat, ist ohne Freude, ohne Segen, ohne Gutes, ohne Tora, ohne Schutzwall, ohne Frieden, ohne Leben« heißt es bei den Rabbinen. Jedes Brautpaar wird seit talmudischer Zeit mit den ersten Menschen verglichen: »Lasse diesen liebenden Freunden große Freude zuteil werden, wie du einst deinem Geschöpf im Garten Eden Freude gabst. Gepriesen bist du Ewiger, der Bräutigam und Braut erfreut. Gepriesen bist du Ewiger, unser Gott, König der Welt, der erschaffen hat Freude und Jubel, Jauchzen und Singen, Bräutigam und Braut, Liebe und Eintracht, Frieden und Freundschaft...« Jedes neue Paar wird auf diese Weise zu einem Abbild der Schöpfung. Das »Hohelied Salomos«, eine Sammlung von (z.T. altorientalisch bzw. altägyptisch beeinflußten) Liebesliedern preist mit großer Offenheit erotische Freuden zwischen einem Mann und einer Frau, von denen nicht gesagt wird, daß sie verheiratet seien. Wegen der Freizügigkeit, ja Anstößigkeit dieser Lieder war die Aufnahme des Hohenlieds in den Kanon des Alten Testaments lange umstritten. Die Liebesbeziehung wurde umgedeutet als Liebe Gottes zu seinem Volk bzw. im christlichen Verständnis als Liebe Christi zur Gemeinde.

Seit dem 13. Jahrhundert galt die eheliche Liebe bei den jüdischen Mystikern, den Kabbalisten, als Abbild der »Einigung« oder »Vermählung« der Gotteskräfte. Diese Auffassung hatte auch Rücksichtnahme und Freude in der sexuellen Partnerschaft zur Folge. Der ehelose Mensch wird als unvollkommen betrachtet. Ein sich bewußt für Ehelosigkeit entscheidender Mensch verstößt außerdem gegen das göttliche Gebot, durch Nachkommen für den Fortbestand der Menschheit zu sorgen. Singles werden in Bibel und Talmud kaum erwähnt. Beide Partner sollen in der Ehe sexuelle Erfüllung finden, selbst dann, wenn keine Nachkommen daraus entstehen. Jüdisches Recht verurteilt jede sexuelle Beziehung einer Frau mit einem Mann, der nicht ihr Ehemann ist, als Ehebruch. Falls es Zeugen vor einem Gerichtshof gibt, setzt das Alte Testament die Todesstrafe für beide Ehebrecher fest. Diese Strafe wurde jedoch in der späteren Praxis selten verhängt. Wenn die Frau des Ehebruchs überführt war, verlangte das rabbinische Recht die Auflösung der Ehe. Eine Heirat mit dem Ehebrecher war nicht gestattet. Aus diesem Ehebruch hervorgegangene Kinder durften keine gebürtigen Juden heiraten.

Da Bibel und Talmud Polygamie gestatteten, gab es keine gesetzliche Definion des Ehebruchs für den Mann. Jedoch war dem Mann Sexualverkehr mit einer anderen als seiner eigenen Frau verboten, ja sogar das Alleinsein mit Frauen außerhalb der eigenen Familie.

Vergewaltigung in der Ehe ist verboten. Während eines Ehekonflikts soll kein Verkehr erzwungen werden; denn solches wird als Prostitution betrachtet. Auch einem Betrunkenen ist es untersagt, den Verkehr mit seiner Frau zu erzwingen. Der spanische Bibelkommentator Moses Ben Nachman (13. Jahrhundert) schrieb in seiner Abhandlung über die Ehe: »Du darfst sie niemals zwingen; denn in einem solchen Akt ist die Gegenwart Gottes nicht anwesend. Deine Absicht ist anders als die ihre, ihre Verfassung ist nicht wie die deinige. Streite nicht mit ihr und schlage sie nicht um dieses Beischlafs willen.«

Der Ehemann soll nach Ex 21,10 regelmäßig mit seiner Frau verkehren, und diese soll sich ihm nicht verweigern. Die Frau hat ein Anrecht auf sexuelle Befriedigung unabhängig von der Fortpflanzung. Während ihrer Periode darf kein Verkehr stattfinden. Erst muß ein Tauchbad (Mikwe) als Ganzkörperhygiene stattgefunden haben.

Heutzutage gibt es auch im Judentum eine große Anzahl von Menschen, die aus Überzeugung unverheiratet bleiben. Sie beklagen sich oft darüber, daß sie im Gemeindeleben nicht gleichberechtigt sind. In den USA ist es üblich, daß nur Ehepaare Wahlrecht in den Synagogengemeinden besitzen.

Literatur: EdR, Bd.1, 11ff. (P. Navè-Levinson, Sexualität im Judentum); LrG, 237ff. (D. Vetter, Familie, jüdisch); L. Trepp, Jüdische Ethik: Grundlagen und Lebensformen, in: P. Antes u.a., Ethik in nichtchristlichen Kulturen, 1984, 19ff.; H.-J. Loth, Frau im Judentum, in: M. Klöcker/M. Tworuschka (Hg.), Frau in den Religionen, 1995, 11-38.

Christentum: Alttestamentliche und neutestamentliche Stellen über die Ehe erlauben ein breites Spektrum der Deutung; daraufhin haben sich im Christentum konfessionell unterschiedliche Ehekonzepte entwickelt. Die gemeinsame »theologische Grundtendenz« (Dietrich Ritschl) ist ausgerichtet auf die lebenslange, partnerschaftliche Einehe als Wille und Stiftung Gottes, als Abbild seiner unverbrüchlichen Partnerschaft mit der Kirche, der Menschheit überhaupt. »Eine eigentliche Lehre von der Ehe bietet das Neue Testament nicht. Über die gottgewollte, im Prinzip untrennbare, lebenslange, ganzheitlich körperlich-seelische, liebevoll-partnerschaftliche Einheit von Mann und Frau als Abbild der Einheit von Christus und Gemeinde hinaus sind die neutestamentlichen Aussagen über die Rolle von Mann und Frau zeit- und umweltbedingt« (Dietrich Ritschl 1986, Sp. 976).

An der im Hochmittelalter ausgebildeten Lehre der Ehe als heilswirkendes Sakrament ist die römisch-katholische Kirche orientiert: Dieses Sakrament, das sich die Brautleute unter kirchlicher Mitwirkung selber spenden (Eheschließung im Christentum: vgl. »Lebenswenden«), knüpft ein lebenslanges, unauflösliches Band. Eine volle (sakramentale) Aussöhnung von Geschiedenen, die wieder heiraten, gibt es nur, wenn diese sich der ehelichen Akte enthalten (Apost. Schreiben des Papstes, 1981). Neuorientierungen im Geiste des II. Vatikanischen Konzils sind eine stärkere Betonung der gegenseitigen »vollmenschlichen Liebe« der Ehegatten und das Verständnis der Ehe als rechtliche, aber auch und vor allem als personale und religiöse Wirklichkeit; das 1983 neu kodifizierte Kirchenrecht hat daraufhin das traditionelle Vertrags- und Zweckdenken (Zweck: Nachkommenschaft) eingeschränkt. In der orthodoxen Kirche ist die Ehe zwar auch prinzipiell unauflöslich, kann aber geschieden werden; eine vierte Ehe wird allerdings nicht mehr erlaubt. Die Gnade Gottes und das Mysterium der Liebe haben hier Vorrang vor dem Ideal der Dauer. Aus dem unverheirateten Mönchsstand gehen die Bischöfe hervor; eine Eheschließung der Priester ist vor der Diakonsweihe möglich. In der römisch-katholischen Kirche dagegen wird an dem für Priester (sowie Mönche, Nonnen) herausgebildeten geistlichen Sonderweg zölibatärer Enthaltsamkeit (völliger Verzicht auf Sexualität, Ehe, Familie, Kinder; lat. caelebs = unverheiratet) festgehalten. In neuerer Zeit wird das seit 1139 kirchenrechtlich streng vorgeschriebene Amtszölibat oft als »Ehelosigkeit um des Himmelreiches willen« im Sinne von Mt 19, 12 hervorgehoben.

Eheverbote für geistliche Amtsträger lehnen die reformatorischen Kirchen ab. Oft wird Luthers Bezeichnung der Ehe als »weltlich Ding« zitiert; damit wird auf die evangelische Negierung der Ehe als heilsbringendes Sakrament verwiesen und auf die Akzeptanz staatlicher Eherechtsordnung, die allerdings nur gilt, solange der Staat die Ehe nicht unbillig erschwert oder schriftwidrig verbietet. In evangelischer Sicht wird betont: Nicht Ehe oder Ehesakrament schenken Gnade, sondern »Gott gibt Gnade und Segen den treuen, bußfertigen und auch den fehlbaren Eheleuten. Die Ehe, obwohl ihrer Stiftung nach unzertrennbar, ist praktisch scheidbar; darüber befinden Gerichte, während die Kirche an ihre seelsorgerliche Aufgabe gewiesen ist« (Dietrich Ritschl 1986, Sp. 978).

Die kirchenrechtlichen Barrieren gegen Ehen zwischen getauften Christen verschiedener Kirchenzugehörigkeit (»Mischehen«) sind weitgehend beseitigt worden. Das 1970 revidierte katholische Mischehenrecht hat schließlich auch ökumenische Trauungen auf besonderen Wunsch ermöglicht, wobei der Pfarrer der jeweils anderen Kirche an der Trauung mitwirkt oder beide Pfarrer die Trauung vornehmen.

In der modernen Gesellschaft ist die kirchliche Ehe-Ethik weithin durch das romantische Liebesdenken geprägt worden. Die bürgerlich-rechtliche Privilegierung von Ehe und Familie wurde gemeinsam von Kirchen und Staat als Wall gegen Autoritätsverlust und zügellosen Individualismus akzeptiert. Den virulenten Problemen des Verfalls von Ehe- und Familientraditionen in der Gegenwart (Stichworte: hohe Scheidungsrate, Einkindfamilie, Berufstätigkeit der Frau, Abkehr vom bürgerlichen Familienmuster, Veränderung von Erziehungszielen und -stilen, Wandel der Familienreligiosität) begegnen die Kirchen auch mit politischer und sozialer Einmischung, speziell mit breit gestreuten institutionalisierten Angeboten der Beratung und Bildung auf übergemeindlicher und gemeindlicher Ebene. In allen Formen der Seelsorge bemühen sich hier die Kirchen, insbesondere in Ehe- und Familienberatungsstellen; zahlreiche (Laien-)Verbände engagieren sich intensiv. Neue Modelle der Beratung und Begleitung werden erprobt.

Die Ehe gilt im Christentum durchweg als verbindliche Grundlage der für geschlechtliche Partnerschaft und Kinderzeugung bzw. -erziehung unersetzlichen Familie. Papst Johannes Paul II. hat 1981 in seinem Apostolischen Schreiben über die familiäre Schicksalgemeinschaft die römisch-katholischen Lehraussagen und pastoralen Richtlinien zusammengefaßt; vier Hauptaufgaben der christlichen Familie treten hervor: Bildung einer Gemeinschaft von Personen, Dienst am Leben, Teilnahme an der gesellschaftlichen Entwicklung, Teilnahme am Leben und an der Sendung der Kirche. Während die Familie im römisch-katholischen Verständnis traditionell von der Seinsordnung her als dauerhaft von Gott gesetzte Institution akzeptiert wird, wird sie in evangelischer Sicht eher (nicht ausschließlich) als »Sollensordnung« begriffen. Jesus selbst hat die Familie relativiert mit Sätzen wie: »Wer den Willen Gottes tut, der ist mein Bruder und meine Schwester und meine Mutter« (Mk 3,31-35; Mt 12, 46-50; Lk 8, 19-21).

Die Erziehung ihrer Kinder im christlichen Sinne gilt generell als Hauptaufgabe der Eltern. Die Glaubenserziehung wird jeweils an die konfessionstypische Sozialisation gebunden. Die nach den 1950er Jahren hervortretende Abkehr von normativer Pädagogik und strengen Autoritätsverhältnissen zugunsten partnerschaftlicher Formen wie auch moderne Ergebnisse der Erziehungswissenschaft und Psychologie prägen weitgehend die christliche Familienerziehung in der Gegenwart; dabei mischen sich Kritik und Akzeptanz. Viele christliche Religionspädagogen bemühen sich in Theorie und Praxis um eine konsequente Abkehr von einer theologisch-normativen Grundlegung, in der alle Erziehungsfragen vorweg »fundamentalistisch« bestimmt werden, und um eine ökumenische Erziehung im Sinne einer gemeinsamen Verantwortung aller Christen für diese Erde. Die Kirchen engagieren sich jeweils in vielfältigen Formen (Glaubensrituale, spezielle Institutionen), die Kompetenz der Eltern als Erzieher zu stärken, elterliche Erziehung in ein angemessenes Verhältnis zu den weiteren Erziehungsfaktoren innerhalb und außerhalb der Kirche (insbesondere zu der vorherrschenden Medienkultur) zu stellen.

In der römisch-katholischen Kirche wie auch in den reformatorischen Kirchen haben sich Familiengottesdienste in den letzten Jahrzehnten rasch verbreitet; mit ihren Formen der Mitbeteiligung der Gemeindemitglieder sind sie sehr attraktiv geworden, gelten teils überhaupt als »Hochform innerhalb des gemeindlichen Lebens« (Norbert Mette).

Literatur: TRE, Bd. 9 (1982), 308ff. (Artikel betr. Ehe, Eherecht, Ehescheidung); TRE, Bd. 10 (1982), 232ff. (Artikel betr. Erziehung); TRE, Bd. 11 (1983), 1ff. (Artikel betr. Familie); ÖL, 336ff. (Artikel betr. Erziehung aus evgl. u. kath. Sicht); EKL, Bd. 1, 956ff. (Artikel betr. Ehe, Ehescheidung, 974 – 985: Abschnitt »Dogmatisch-ethisch« von D. Ritschl), 1251ff. (Artikel betr. Familie); M. Klöcker, Katholisch – von der Wiege bis zur Bahre, 1991, 514f. (Reg.); KdKK 775f., 779 (Reg.); A. Freund, Frau im Protestantismus, in: M. Klöcker/M. Tworuschka (Hg.), Frau in den Religionen, 1995, 97ff.; F. Trzaskalik, Frau im römischen Katholizismus, in: ebd., 67ff.; G. Tsakalidis, Frau in der Orthodoxie, in: ebd., 39ff.

 **Islam:** In Koran und Prophetenüberlieferung (Sunna) gilt die Ehe als eine empfohlene selbstverständliche Einrichtung. Beide Partner sollen einander in Liebe und Verständnis zugetan sein und sexuelle Erfüllung finden dürfen. Auf das Ganze gesehen genießt der Mann in der Ehe jedoch eine rechtliche Vormachtstellung. Muhammad untersagte einige vorislamische Eheformen: polyandrische Gemeinschaftsehe, Handelsehe, Ehe auf Zeit, jegliche Form der Prostitution. Die Polygamie wurde auf vier Frauen beschränkt.

Das Ehe- und Familienleben genießt im Islam hohe Wertschätzung. Der Koran sieht in der Ehe für heiratsfähige Männer und Frauen eine Verpflichtung: »Wer heiratet, hat eine Hälfte seiner Frömmigkeit gesichert, dann soll er für die zweite Hälfte Gott fürchten« (24,32). Ein Sakrament ist die islamische Ehe nicht. Dennoch hat sie eine tiefe religiöse Bedeutung. Der islamische Ehevertrag stellt sowohl eine rechtliche Vereinbarung als auch eine religiöse Verpflichtung dar.

Im Mittelpunkt der Ehe steht traditionell die Fortpflanzung. Über diese Funktion hinaus soll in ihr auch jene geistige Verbundenheit bestehen, welche die Ehe zur bedeutsamsten zwischenmenschlichen Beziehung zwischen erwachsenen Muslimen macht. Prägend für die ehelichen Partnerbeziehungen soll die Rahma (»Barmherzigkeit«) sein, die Mitgefühl, Rücksichtnahme und Fürsorge mit einschließt.

Der Koran knüpft an Ehe und Scheidung bestimmte Bedingungen: So wird dem Mann in Sure 4,3 die Möglichkeit eingeräumt, bis zu vier Frauen zu heiraten. Dies verknüpft der Koran aber mit der Forderung an den Mann, alle seine Ehefrauen gleich und gerecht zu behandeln. Spätere Koranausleger haben darin oft die indirekte Aufforderung zur Einehe gesehen.

Die gesellschaftliche und familiäre Stellung der Frau sowie ihre Möglichkeiten zur freien Wahl eines Partners hängen – abgesehen vom Stadt-Land-Gefälle und der Gültigkeit gewohnheitsrechtlicher Vorstellungen – auch davon ab, welche Bereiche des jeweiligen Landes vom zivilen und welche vom religiösen Recht geregelt werden. Daher bestehen im Ehe- und Familienrecht, wo

die islamische Sharia teilweise noch Gültigkeit besitzt, einige
Nachteile für die Frau. In einigen Ländern gibt es immer noch
Polygamie. In Algerien und der Volksrepublik Jemen wurde die
willkürliche Verstoßung der Frau offiziell untersagt. Abgeschafft
wurde die Mehrehe in Tunesien und in der Türkei, wo sie ohnehin keine sehr große Rolle spielte. In anderen Ländern muß die
Erstfrau einer Zweitheirat des Mannes zustimmen.

In der ländlichen Türkei hat der Brautpreis immer noch eine erhebliche Bedeutung. Zahlreiche Ehen kommen auch heute durch Vermittlung zustande. Das muß nicht unbedingt bedeuten, daß die
Mädchen gegen ihren Willen verheiratet werden, auch wenn das
für in der Bundesrepublik Deutschland aufgewachsene Kinder aber
wohl vielfach der Fall ist. Die Heirat durch Vermittlung soll dem
Mädchen helfen, einen Partner zu finden, ohne mit der herrschenden Sexualmoral und Familienehre in Konflikt zu geraten. Ein
Muslim darf eine Nichtmuslimin ehelichen. Denn es wird davon
ausgegangen, daß der Vater die religiöse Erziehung der Kinder bestimmt, also kein Verlust für die islamische Gemeinschaft entsteht.
Eine Muslimin darf jedoch keinen Nichtmuslim heiraten, da ihre
Kinder sonst in einem anderen Glauben aufwachsen. Die Zahl
muslimischer Männer, die christliche Frauen heiraten, soll in Europa ungefähr zehn Mal so hoch sein wie die Zahl islamischer Frau-
en, die christliche Männer ehelichen. Bei einer religionsverschie-
denen Ehe ergeben sich einige Fragen und Probleme: 1. das unterschiedliche Rollenverständnis von Mann und Frau; 2. die rechtli-
chen Rahmenbedingungen für eine solche Ehe (Güterrecht,
Ehevertrag); 3. die Rechtsstellung der Kinder (Sorgerecht bei eventueller Scheidung, Erbrecht); 4. die Ausübung der jeweiligen Religion. Hierbei ist es entscheidend, ob die Ehe in einem westlich
geprägten oder islamischen Land geführt wird. Lebt das Paar in
Europa, so sind die Chancen für die Entwicklung eines partner-
schaftlichen Verhältnisses größer. In vielen islamischen Ländern
ist dagegen eine Gehorsamspflicht der Frau gegenüber dem Mann
mehr oder weniger selbstverständlich, auch wenn dies mit dem
Koran nicht immer in Einklang steht. Für den aus dem Westen
kommenden Ehepartner ist es schwer, die intensive Verbindung der

gesellschaftlichen und familiären Beziehungen zu akzeptieren. Von dem christlichen Partner erwarten die Muslime, daß er sich mit der islamischen Familie identifiziert und für ihre Ehre eintritt. Obwohl der Trend zur Kleinfamilie auch in islamischen Ländern zunimmt, dominiert die Struktur der Großfamilie, was auch eine Einordnung der Ehefrau unter die älteren Frauen der Familie bedeutet. Es wird durchaus nicht für selbstverständlich gehalten und akzeptiert, wenn die Frau einen Beruf ausüben will.

In Deutschland gilt eine Ehe nur dann als rechtsgültig, wenn sie standesamtlich geschlossen wird. Will das Ehepaar in Deutschland leben, muß es sich über die Bestimmungen des Ausländerrechts informieren. Die Ehe einer deutschen Frau mit einem Mann anderer Nationalität unterliegt dem internationalen Privatrecht mit unterschiedlichen nationalen Bestimmungen. Geht ein Scheidungswunsch von dem ausländischen Ehemann aus, wird nach dem Recht des Landes entschieden, in dem sich die Ehepartner überwiegend aufgehalten haben. Lebt das Ehepaar in einem islamischen Land, so sieht die Rechtslage anders aus. Außer in der Türkei, wo die standesamtliche Eheschließung vorgeschrieben ist, gilt die Ehe als privatrechtlicher Vertrag. Darin sichert die Familie der Braut die Rechte der zukünftigen Ehefrau zu. Auch für eine nichtislamische Frau ist das Abschließen eines solchen Ehevertrages außerordentlich wichtig. Denn in ihm kann z.B. ausdrücklich festgelegt werden, daß eine Frau bei einer weiteren Heirat ihres Mannes das Recht erhält, von sich aus die Scheidung zu verlangen. Ferner kann die Frage des Sorgerechtes, das nach islamischem Verständnis von einem bestimmten Alter an fast ausschließlich beim Mann liegt, anders geregelt werden. Die Frau muß den Wohnsitz ihres Mannes teilen. Er kann ihr verbieten, das Haus zu verlassen, Besuch zu empfangen oder ohne seine Einwilligung Auslandsreisen zu unternehmen. Im sunnitischen Erbrecht kann weder der Muslim die Erbfolge seiner christlichen Frau antreten noch die Christin die Erbfolge ihres muslimischen Mannes. Im schiitischen Islam, z.B. im Iran, haben die muslimischen Nachkommen einer verstorbenen Christin Erbrecht, nicht aber die christlichen. Christen können nur durch eine besondere

Erwähnung im Testament durch eine besondere Schenkung berücksichtigt werden.

Die Problemfelder Kindererziehung und Sorgerecht bei eventueller Scheidung können Bestandteile eines Ehevertrages sein. Nach Ansicht der islamischen Rechtsschulen kommt dem Vater dabei das Sorgerecht zu. Zwar haben dies beide Eltern, solange die Ehe besteht. Stirbt jedoch der Vater, dann geht das Sorgerecht auf den nächsten männlichen Verwandten über. Die Mutter hat das Sorgerecht bei Jungen höchstens bis zum 7., bei Mädchen bis zum 9. Lebensjahr. Ihr Sorgerecht erlischt, wenn sie als geschiedene Christin das Land des Mannes verläßt. Daher ist eine Sorgerechtsregelung zugunsten der Mutter in einem vorher geschlossenen Ehevertrag unbedingt notwendig. Der muslimische Vater geht im allgemeinen von der Vorstellung aus, daß die Kinder aus einer christlich-islamischen Ehe als Muslime zur Welt gekommen sind. Hat die Frau andere Vorstellungen über die religiöse Erziehung, sollte dies – wenn möglich vor der Eheschließung – geklärt werden. Der Koran verlangt bei der Ehe einer christlichen Frau mit einem Muslim keinen Glaubensübertritt. Die hanafitische und malikitische Rechtsschule verpflichten den islamischen Mann sogar, seine christliche Frau an Gottesdiensten ihres Glaubens teilnehmen zu lassen. Trotzdem erwarten manche Muslime den Glaubensübertritt ihres Ehepartners. Bei einer Eheschließung in der Moschee ist es üblich, daß der Imam die erste Sure des Korans rezitiert und der Ehevertrag vor ihm bestätigt wird. Wenn der christliche Partner dabei aufgefordert wird, das islamische Glaubenszeugnis zu sprechen, und er dies tut, gilt er als Muslim.

In der evangelischen Kirche gibt es eine besondere gottesdienstliche Form bei der Eheschließung eines Christen mit einem Nichtchristen. Dabei werden Gottes Verheißung für den Ehestand zugesprochen und sein Segen erbeten.

Literatur: Muhammad al-Ghazzali, Das Buch über die Ehe, 1917; P. Antes, Islamische Ethik, in: Ders. u.a., Ethik in nichtchristlichen Kulturen, 1984, 61ff.; M. Tworuschka, Frau im Islam, in: M. Klöcker/M. Tworuschka (Hg.), Frau in den Religionen, 1995, 121ff.; A. Schimmel, Meine Seele ist eine Frau. Das Weibliche im Islam, 1995.

 **Buddhismus:** Mit der Gründung von Laiengemeinden, die neben den Mönchsgemeinden bestanden, mußte der Buddhismus auch eine Ehe-Ethik entwickeln. Buddha bezeichnete Eheleute, die ein sittlich einwandfreies Leben führten, als »gottgleich« (Deva und Devi). Der Sexualität wird im frühen Laienbuddhismus aber keine große Wertschätzung entgegengebracht. Buddha soll zum Brahmanen Dona gesagt haben: »Zum vollkommenen Brahmanen wird man, wenn man sein Weib nicht wegen der Sinnenlust, noch des Vergnügens oder des Geschlechtsgenusses hat, sondern nur um der Fortpflanzung willen.« Hat der Brahmane diese Pflicht erfüllt, soll er »aus dem Haus in die Hauslosigkeit ziehen«, also der Welt entsagen.

Im frühen Buddhismus wird der Sexualität nur die Funktion zugesprochen, Nachkommen und damit den Erhalt der Menschheit zu gewährleisten. Eine positive Beurteilung sexueller Lust ist dem frühen Buddhismus fremd. Jeder Mönch wird als standhaft und heldenhaft gepriesen, dem es gelingt, bei seinem morgentlichen Bittgang dem Anblick einer Frau zu widerstehen und seinen Trieb zu besiegen.

Die Ordnung der Ehe wird bejaht, die Wichtigkeit der Familie betont. Der Mann soll die Frau versorgen und beschützen, die Ehefrau hat ihrem Mann zu dienen. Als Buddha gefragt wurde, in welcher Form eine tugendhafte Ehefrau wiedergeboren wird, antwortete er: Eine glückliche Wiedergeburt ist von acht Eigenschaften abhängig – davon, wie die Ehefrau ihrem Gatten dient; wie sie Menschen behandelt, die ihr Haus besuchen; wie sie ihre häuslichen Arbeiten verrichtet; wie sie mit ihrem Gesinde umgeht; wie sie Wertgegenstände ihres Gatten achtet; ob sie eine treue Laienjüngerin ist; ob sie die fünf Sittengebote einhält; wie sie die Armen behandelt. Eine solche Ehefrau darf damit rechnen, in die Gemeinschaft der »anmutigen Gottheiten« wiedergeboren zu werden. Der Mann hat die Pflicht, seine Frau zu ehren, zu respektieren, ihr treu zu sein und ihr Schmuck zu schenken.

In der Geschichte von dem Ehepaar Nakulapita und Nakulamata wird erzählt, wie gut sich beide verstehen und wie sie den Wunsch haben, auch das nächste Leben zusammen zu verbringen. Buddhas Meinung dazu war, daß sich beide auszeichnen sollen durch »gleiches Vertrauen, gleichen Sittenwandel, gleiche Freigebigkeit und gleiche Weisheit«. Dann werden sie einander »in diesem Leben sehen und auch im nächsten Leben.«

Zu Lebzeiten Buddhas gab es in Indien auch polygame Ehen. Die Äußerungen des »Erwachten« zu diesem Thema sind nicht eindeutig. Einerseits lobte er die Zufriedenheit mit nur einer Ehefrau als besondere Tugend. Gleichzeitig setzte er die Existenz eines königlichen Harems als selbstverständlich voraus. Vom Hinduismus übernahm er die Vorstellung, daß ein Mensch nacheinander Hausvater sowie schließlich Sannyasin sein kann.

Vorstellungen des tantrischen Buddhismus und der Modernismus im Mahayana haben dazu geführt, das Thema Sexualität in den Kreisen der Laienbuddhisten neu zu durchdenken. Dies hat Auswirkungen auf die Vorstellungen von der Ehe. In einer zeitgenössischen Stellungnahme heißt es: »Damit ist nicht gesagt, daß Buddha die Sexualität verdammt, wenn sie sich als Kommunikationsverhältnis zwischen zwei Menschen ereignet. Schließlich hat er sich auch positiv zur Ehe, zur Familie gestellt. Die buddhistischen Sittenregeln begnügen sich darum auch damit, Verkehr mit Minderjährigen, Prostitution und Ehebruch zu verurteilen, daß heißt, alles, was anderen oder sich selbst Schaden zufügen kann. Entscheidend ist, wenn wir die Berechtigung erotischer Bindung als Buddhisten nicht verleugnen, daß wir uns darüber klar werden, daß sie nicht das Höchste eines Lebens ausmachen kann, weil sie auch etwas Vergängliches ist wie Jugend und Schönheit. Wir müssen deshalb lernen, den Wert, den wir einem seelisch fundierten sexuellen Erlebnis zuordnen, richtig einzuschätzen. Wir dürfen den Eros, den man durchaus bejahen kann, nicht zu unserem Götzen machen. Dann aber dürfen wir erkennen, daß unser Handeln vor dem Buddha besteht, wenn es sich nach dem großen

Leitgedanken des Buddhismus richtet: der Güte. So orientiert, vermeiden wir, andere zu unserem Lustobjekt zu machen« (Wolfgang Wirsig).

Literatur: H. Hecker, Die Ethik des Buddha, 1976, 151ff.; EdR, Bd. 1, 148ff. (P. Gerlitz, Sexualität im Buddhismus); J. Stevens, Lust und Erleuchtung, 1993; P. Gerlitz, Frau im Buddhismus, in: M. Klöcker/M. Tworuschka (Hg.), Frau in den Religionen, 1995, 149ff.

 **Hinduismus:** In der vorvedischen Zeit galt die Frau außerhalb ihrer Rtu-Zeit als frei verfügbar. Während der vedischen Periode wurden eheliche Treue und Monogamie gefordert, obgleich die vorherrschende Promiskuität nicht grundsätzlich in Frage gestellt wurde.

Dem Rigveda läßt sich entnehmen, daß es möglich war, die Braut mit einer Familie von Brüdern zu verheiraten. Die Vertrautheit zwischen der Frau des älteren Bruders und dem jüngeren Bruder sowie seine sexuellen Rechte ihr gegenüber lassen sich bis auf den Rigveda und den Atharvaveda zurückführen. Die allgemeine Praxis sah so aus, daß die verwitwete Frau nach dem Tod des älteren Bruders mit dem jüngeren zusammenlebte, mit ihm eine sexuelle Beziehung hatte, ohne daß besondere Eherituale stattfanden. Diese Praxis unterschied sich vom nachvedischen Niyoga-Brauch: der Aufforderung an eine Frau oder Witwe, mit einem bestimmten Mann zu verkehren, um einen Sohn zu zeugen. Dieses Recht war auf die Zeugung beschränkt.

In nachvedischer Zeit (ab ca. 600 v. Chr. bis zum Beginn der christlichen Zeitrechnung) sahen Hindu-Denker in der sexuellen Freizügigkeit eine große Gefahr. Die neue Sexualethik schränkte die Promiskuität ein, richtete sich gegen die Wiederverheiratung von Witwen und verlangte, daß die Frauen keusch, dem Mann ergeben sein sollten. Nach den neuen moralischen Vorstellungen waren intime Beziehungen mit dem Schwager verboten. Nur wenn der Ehemann tot oder impotent war, durfte in Ausnahmefällen eine einmalige Beziehung eingegangen werden, die sich auf die Zeugung eines Sohnes beschränkte.

Rtu spielte in der hinduistischen Sexualethik während der Zeit der Epen (600 v.Chr.-100 n.Chr.) eine wichtige Rolle. Es herrschte die Überzeugung, daß nur der Verkehr während der Rtu-Zeit eine Empfängnis zur Folge haben könnte. Von dieser Theorie ausgehend und in dem Bestreben, eine größere Kriegsstärke im Land zu erreichen, vertraten die Gesetzgeber die Ansicht, die Rtu-Zeit einer Frau nicht ungenutzt verstreichen zu lassen.

Während der Zeit der Epen galt das Maryada-Prinzip, nach der jegliche außereheliche Beziehung einer Frau Sünde war. Verlangt wurden von der Frau Beständigkeit, Treue und Loyalität. Zu Beginn der christlichen Zeitrechnung begannen die Gesetzgeber damit, Kinderehe und Witwenverbrennung einzuführen. Diese Verhältnisse dauerten bis zum 19. Jahrhundert, als sich Reformer um eine Verbesserung der Stellung der Frau bemühten. Ram Mohan Roy (1722-1833) war der erste, der sich gegen die Witwenverbrennung aussprach. Obwohl diese Praxis bereits 1829 für illegal und strafbar erklärt wurde, sind bis auf den heutigen Tag einzelne Fälle bekannt. Der »Child Marriage Restraint Act XIX« (1929) verbot Kinderheirat, und der »Hindu Marriage Disabilities Removal Act XXVIII« (1947) erklärte Ehen zwischen derselben Gotra sowie verschiedenen Religionen, Kasten und Sekten für gültig. In den 1940er Jahren wurden auch Gesetze zum Verbot der Polygamie erlassen.

Literatur: M. Winternitz, Das altindische Hochzeitsritual, 1892; EdR, Bd. 1, 170ff. (B. Datta, Sexualität im Hinduismus); P. Schreiner, Das richtige Verhalten des Menschen im Hinduismus, in: P. Antes u.a., Ethik in nichtchristlichen Kulturen, 1984, 104ff.; Carl-A. Keller, Frau im Hinduismus, in: M. Klöcker/M. Tworuschka (Hg.), Frau in den Religionen, 1995, 181ff.

Ernährung

 **Judentum:** Die jüdische Einstellung zum Essen und Trinken ist prinzipiell positiv. Bestimmte Vorschriften müssen aber beachtet werden: Speisen müssen koscher, d. h. »rein«, »tauglich«, »geeignet« sein. Die Speisegebote werden aus der Tora und dem Talmud abgeleitet. Lev 11 enthält eine längere Aufzählung eßbarer und nicht-eßbarer Tiere. Von den Säugetieren gelten nur solche als rein und erlaubt, die gespaltene Hufe haben und Wiederkäuer sind. Das Schwein ist also unrein, und sein Fleisch darf nicht verzehrt werden.

Rein und unrein sind hier nicht im alltäglichen, sondern im kultischen Sinne zu verstehen: Unreine Dinge enthalten negativ-numinose Macht, machen kultunfähig. Der Ursprung des Schweinefleischverbotes, das auch der Koran kennt, ist nicht eindeutig geklärt. So könnte die Vorschrift ihren Ursprung darin haben, daß das Schwein in der frühen Umwelt Israels eine positive kultische Bedeutung hatte und man sich von solchen religiösen Praktiken abgrenzen wollte.

Die Tabuisierung bestimmter Nahrungsmittel beruht auf folgenden Gründen: Abgesehen von der Assoziation von heiliger und reiner Kost werden heutzutage oft Hygiene und Gesundheitsgebote genannt. Von soziologischer Seite wird darauf hingewiesen, daß die Speisegebote die jahrhundertelang in der Diaspora lebenden Juden als Lebensgemeinschaft zusammengehalten hätten. Dem halten Kritiker entgegen, daß gerade die Speisegebote mit ein Grund für die Absonderung gewesen sind.

Die Speisevorschriften sind relativ kompliziert. So sind in der koscheren Küche z.B. der Genuß von Talg und einer bestimmten Hüftsehne verboten. Dies wird mit einer Schriftstelle (Gen 32,26) begründet, nach der Jakob von einem Engel überfallen und an eben dieser Sehne verletzt wurde. Wichtigste Voraussetzung der koscheren Küche ist die vorschriftsmäßige Schlachtung, die Schächtung. Nach der Schächtung läßt man das geschlachtete Tier ausbluten. Blut in jeder Form zu genießen ist dem gläubigen Juden untersagt. Ein auf talmudischer Grundlage ausgebildeter Fachmann untersucht die Innereien des Tieres auf Krankheiten.

Eine weitere zentrale Bestimmung ist die strikte Trennung von »Milchigem« und »Fleischigem«, d.h. von Fleisch und Fleischprodukten sowie Speisen, die aus Milch hergestellt werden, wie Butter, Sahne usw. Diese Forderung stützt sich auf die in der Tora dreimal vorkommende Bestimmung: »Du sollst das Böcklein nicht in der Milch seiner Mutter bereiten« (Ex 23,19; 4,26; Dtn 14,21). Wenn auch der Ursprung dieser Vorschrift (Tierschutz, Verbot des Verzehrs ganz junger Tiere?) unklar ist, so wird sie dennoch in der koscheren Küche eingehalten. Getrenntes Geschirr und Besteck sowie Küchengeräte für »Milchiges« und »Fleischiges« sind selbstverständlich. Ein frommer Jude darf sechs Stunden nach einer Fleischmahlzeit keine milchhaltigen Speisen zu sich nehmen.

Was Alkohol betrifft, so schlägt das Judentum einen vermittelnden Weg ein: Prinzipiell ist der Genuß nicht untersagt. Doch soll sich der Gläubige von exzessivem Trinken und Trunkenheit fernhalten.

Literatur: Kizzur Schulchan Aruch, I, 1969, Kap. 35-61; S. Landmann, Die koschere Küche, 1976; L. Blue/J. Rose, Ein Vorgeschmack des Himmels, 1979; LrG, 982ff. (D. Vetter, Speisegesetze, jüdisch).

 **Christentum:** Christliche Ernährungs-Ethik ist auf das Heilsziel ausgerichtet (vgl. »Gesundheit«). Das dabei leitmotivisch erhobene Gebot der Enthaltsamkeit kann mit Christi Warnung in der Bergpredigt begründet werden: »Hütet Euch, daß Eure Herzen nicht beschwert werden mit Fressen und Saufen« (Lk 21,34). Fasten ist im Alten und Neuen Testament bekannt, wird auch von Jesus ausgeübt und

empfohlen. In den orthodoxen Kirchen sind noch heute lange und strenge Fastenzeiten vorgeschrieben, so z.B. zehn Wochen vor dem lichtvollen »Fest der Feste«, Ostern. Die in der römisch-katholischen Kirchengeschichte – insbesondere im Mönchtum – herausgebildete Fastenkultur ist sehr reduziert worden (nur Aschermittwoch und Karfreitag sind verbindliche Fast- und Abstinenztage). Die Reformatoren haben Fasten nicht prinzipiell abgelehnt, jedoch seine Gesetzlichkeit und Verdienstlichkeit bekämpft.

In einer Reihe evangelischer Freikirchen und christlicher Sondergemeinschaften gelten rigide Ernährungsvorschriften; diätetische Gewohnheiten führen dort zu statistisch nachgewiesenen längeren Lebenszeiten.

In jüngster Zeit gibt es in der christlichen Ethik eine verstärkte Rückbesinnung auf das traditionelle Fasten als Heilmittel für Seele und Leib mit den Motiven: Buße, Überwindung der fleischlichen Begierde, Reinigung vor der Gottesbegegnung, intensivierte Spiritualität. Die um 300 entwickelte Fastenzeit vor Ostern als Nachahmung des vierzigtägigen Fastens Christi in der Wüste wird von vielen Katholiken und Protestanten heute nicht nur als Anlaß zu einem gesünderen Lebensstil genutzt, vielmehr mit Sparen für soziale Zwecke (z.B. Hilfe für die unfreiwillig Hungernden) verbunden. Auf den physischen und sozialen Nutzen des Fastens haben schon die Kirchenväter hingewiesen.

Im Rahmen konfessioneller und regionaler Eigenkultur gibt es im Christentum vielfältige Vorschriften und Gewohnheiten für das Essen und Trinken an den kirchlichen Festtagen. Eine für die christliche Frömmigkeit zentrale Gemeinsamkeit ist das »Essen des Gottes« im »Abendmahl«; diese Bezeichnung ist vorwiegend im protestantischen Bereich zu Hause, der frühkirchliche Begriff der »Eucharistie« (Danksagung) dient in den katholischen Kirchen zur klassischen Bezeichnung der Abendmahlsfeier. »Zusammen mit der Taufe gehört das Abendmahl zu denjenigen Sakramenten, die in den christlichen Kirchen als konstitutiv für das gottesdienstliche und kirchliche Leben gelten, auch wenn im Blick auf den genaueren Stellenwert des

Abendmahls Unterschiede bestehen. Traditionell versteht man das Abendmahl als von Christus eingesetztes gottesdienstliches Gemeinschaftsmahl. Brot und Wein, die ausgeteilt werden, sind zeichenhafte Erinnerung an das Kreuzopfer Christi, an seinen für den Menschen gegebenen Leib und sein vergossenes Blut. Kraft des Wortes Christi werden Brot und Wein durch den Heiligen Geist zu Trägern der Gegenwart des gekreuzigten und auferstandenen Christus, heilswirkend für den, der sie im Glauben empfängt« (ÖL,2).

Literatur: EdR, Bd. III, 188 (Reg.); ÖL 2ff. (H. Meyer/H. Schütte, Abendmahl); WdC, 17ff., 314f. (Artikel betr. Abendmahl, Eucharistie u. Essen, Trinken) – vgl. weiterhin die im Artikel »Gesundheit« angegebene Grundlagenliteratur.

 **Islam:** Prinzipiell gilt für den Muslim: »Eßt und trinkt von den guten Dingen, aber treibt keine Verschwendung« (Koran 7,29). Die dem Menschen von Gott zur Verfügung gestellte Nahrung soll zweckmäßig gebraucht werden. Als Tugend gilt es, alles, was sich auf dem Teller befindet, aufzuessen. Der Islam kennt »reine« und »unreine« Speisen. Muslime dürfen nur das Fleisch rituell geschlachteter Tiere verzehren. Türkische Fleischereien (Kasab) verkaufen es als Halal et (»rituell reines Fleisch«). »Sprich: Ich finde nichts in dem, was mir offenbart ward, dem Essenden verboten zu essen, als Krepiertes oder vergossenes Blut oder Schweinefleisch – denn dies ist ein Greuel – oder Unheiliges, über dem ein anderer als Gott angerufen ward. Wer aber gezwungen wird, ohne Begehr und ohne Ungehorsam wider Gott, nun dann ist dein Herr verzeihend und barmherzig« (6,146). Verboten sind dem Muslim auch aus Schwein hergestellte Produkte, etwa Kartoffelchips und bestimmte Käsesorten.
Islamische Gesundheitsexperten untermauern heute das Schweinefleischverbot mit medizinischen Argumenten. Sie sehen darin zum Beispiel eine Vorbeugemaßnahme gegen Trichinose, die

durch das Schwein auf den Menschen übertragen werden kann und eine besonders sorgfältige Fleischbeschau verlangt, die früher nicht zu leisten war. Schweinefleisch wird heute nicht nur von islamischen Medizinern als Ursache vieler Krankheiten (Gallenkoliken, Darmkatarrhe, Gastroenteritis mit typhösen und paratyphoiden Krankheitsbildern sowie akuten Ekzemen, Furunkeln und Abszessen) angesehen. Es wird auch ein Zusammenhang zu erhöhtem Blutdruck, hohem Cholesterinspiegel und Arteriosklerose gesehen. Schließlich wird auf das im Schweinefleisch vorhandene Histamin und die Immidazolkörper hingewiesen, die Magengeschwüre, Asthma und Heufieber einleiten können. Muslime betrachten es als Bestätigung ihrer Argumente, daß verschiedene Richtungen alternativer Ernährung Schweinefleisch – wenn auch nicht aus denselben Gründen – ablehnen.

Der Genuß alkoholischer Getränke ist im Islam ebenfalls verboten: »O ihr, die ihr glaubt, siehe, der Wein, das Spiel, die Bilder und die Pfeile sind ein Greuel von Satans Werk. Meidet sie. Vielleicht geht es euch wohl« (5,92). Ein wichtiger Grund für dieses Verbot wird im nächsten Vers genannt: »Der Satan will nur zwischen euch Feindschaft und Haß werfen durch Wein und Spiel und euch abwenden vom Gedanken an Gott und dem Gebet. Wollt ihr deshalb nicht davon ablassen?« Heute wird insbesondere die gesellschaftszerstörende Kraft des Alkohols betont. Auf die Gefahren der Trunkenheit weist 4,46 hin: »O ihr, die glaubt, nähert euch nicht trunken dem Gebet, sondern wartet, bis ihr wisset, was ihr sprecht.«

Trotzdem wird eine gewisse nützliche Wirkung des Alkohols nicht verneint. Jedoch heißt es: »Sie werden dich befragen nach dem Wein und dem Spiel. Sprich: In beiden liegt große Sünde und Nutzen für den Menschen. Die Sünde in ihnen ist jedoch größer als der Nutzen« (2, 216). Im Zuge von Re-Islamisierung und Fundamentalismus in den islamischen Ländern wird besonders streng auf die Einhaltung des Alkoholverbots geachtet. Alkohol enthaltende Arzneien gelten jedoch weitgehend als erlaubt.

Das Fastengebot gehört zu den fünf Grundpflichten. Jeder gesunde Muslim muß im Monat Ramadan vom Anbruch des Morgengrauens bis zum Einbruch der Nacht fasten: Er darf weder essen, trinken noch rauchen, muß sexuelle Enthaltsamkeit üben. Altersschwache, Kranke und Reisende sowie schwangere und stillende Frauen erhalten Erleichterungen, müssen das Fasten aber zu einem anderen Zeitpunkt nachholen. Letzteres gilt auch für menstruierende Frauen, die nicht fasten dürfen. Wer aus einem anderen Grund nicht fastet, soll als Ersatzleistung einen Armen speisen. Heutige liberale Theologen neigen dazu, auch Schwerstarbeitern ein Verschieben des Fastens zu gestatten. Prinzipiell muß es unterbrochen werden, wenn die Befürchtung besteht, daß der Fastende sich selber oder anderen Schaden zufügt. Bezüglich der türkischen Arbeitnehmer in Deutschland wurde auf zunehmende Krankmeldungen, verringerten Arbeitseinsatz und erhöhte Unfallgefahr hingewiesen.

Demgegenüber betonen Muslime die positiven Aspekte des Fastens, trage es doch zur Entlastung und Erholung des Körpers bei. In der Fastenzeit erscheinen in den Zeitungen islamischer Länder häufig medizinische Artikel über die positiven Auswirkungen des Fastens bei einer Reihe von Erkrankungen. Die durchaus verbreiteten überreichlichen Mahlzeiten nach dem abendlichen Fastenbrechen betrachten auch muslimische Kritiker als ungesund und im Widerspruch zur ursprünglichen Idee des Fastens stehend. Der Fastende übt sich in Selbstbeherrschung, lernt eine geduldige Einstellung sowie Opferbereitschaft zu entwickeln. In der Fastenzeit soll man sich intensiv mit religiösen Fragen beschäftigen, soziale Aufgaben wahrnehmen, verstärkt Almosen geben und den Mitmenschen gegenüber besonders freundlich sein. Zu den positiven Folgen des Fastens zählt auch der verstärkte Zusammenhalt der Gemeinde, die einen stabilisierenden Einfluß auf den einzelnen haben kann.

Literatur: L. Blue/J. Rose, Ein Vorgeschmack des Himmels, 1979, 97ff.; EdR, Bd. 3, 73ff. (M. Tworuschka, Gesundheit im Islam).

 **Buddhismus:** Der Buddhismus unterscheidet ethische Vorschriften für Mönche und Laien. Obgleich die strengeren Speisevorschriften den Mönchen vorbehalten sind, wird allen Buddhisten empfohlen, übertriebenen Genuß von Essen zu vermeiden. Da viele Menschen weltweit an Hunger und Unterernährung sterben, andere sich dagegen in der Wohlstandsgesellschaft durch übertriebenen Genuß von Speisen gesundheitlich schaden, empfiehlt der Buddhismus auch in der Ernährung den von ihm propagierten »mittleren Weg«. In vielen Theravada-Klöstern wird zwar Obst- und Gemüseanbau betrieben, doch sind die Mönche angehalten, sich ihre Speisen zu erbetteln. Oft wird nur eine Hauptmahlzeit gegen Mittag eingenommen, für die es keine eigene Essenszeremonie gibt. Man ißt nur, um den Körper zu erhalten, nicht aber, um dem Essen Freude abzugewinnen. Gemieden werden Fleisch, Fisch, Eier und Alkohol. Es werden auch Einwände gegen Pfeffer, Knoblauch, Schnittlauch, Peperoni und Zwiebeln erhoben.

Im Mahayana-Buddhismus sind ähnliche Argumente zu hören. Für das vegetarische Essen werden auch moralische Gründe angeführt; denn beim Fleischessen würde man den Haß, den das Tier im Augenblick seiner Ermordung verspürt, in sich aufnehmen. Porree und Knoblauch sollen gemieden werden, da sie sexuelle Gier auslösen können. Insgesamt gilt: Gutes Essen bewirkt Klarheit des Herzens, schlechtes ruft dagegen Schwere, Müdigkeit und ein unbequemes Gefühl hervor. Auch der Laie soll kein Fleisch kaufen und Tiere töten. Es ist ihm jedoch unter bestimmten Umständen erlaubt, Fleisch zu essen, das ihm aus dritter Hand zukommt. Der Verzehr größerer Tiere bewirkt größeres negatives Karma.

Der Buddhismus kennt auch Fastentage. Fasten fördert die physische und geistig-seelische Gesundheit, und auch der Meditation ist es förderlich.

Der deutsche Buddhist Helmuth Hecker versucht in seiner Abhandlung »Die Ethik des Buddha«, buddhistische Essensregeln auf europäische Verhältnisse zu übertragen. Europäischen Buddhisten rät er, nur drei Hauptmahlzeiten zur Tageszeit einzunehmen und mindestens einmal in der Woche auf das Abendessen zu verzichten. Für den Mönch gibt es fünf freiwillige Sonderübungen: 1. Essen aus einem Topf, um die Geschmacksvielfalt einzuschränken; 2. Brockensammeln, d.h. nur das essen, was man sich erbettelt hat; 3. von Haus zu Haus gehen, keine Lieblingshäuser auswählen, die ihm womöglich besseres Essen anbieten; 4. alleine essen, weil man dabei besser maßhalten kann; 5. als asketische Sonderübung nur einmal am Tag essen.

Für den homöopathischen Berliner Arzt Paul Dahlke (1865-1928), einen der Gründerväter des deutschen Buddhismus zwischen den Weltkriegen, sprechen triftige Gründe gegen den Verzehr von Fleisch, weil man durch das Töten von Tieren Schuld auf sich lade. Aber dennoch dient vegetarisches Essen nur in zweiter Linie der Weltverbesserung: »Das erste ist rechtes Denken im Sinne Buddhas. Ist das da, so wird sich alles andere schon fügen, und Milde gegen alles Lebende wird die notwendige Folge sein. Ist aber rechtes Denken nicht da, so wird das Prinzip der fleischlosen Diät es auch nicht machen...«

Literatur: H. Hecker, Die Ethik des Buddha, 1976, 222ff.; L. Blue/J. Rose, Ein Vorgeschmack des Himmels, 1979, 161ff.

 **Hinduismus:** Bei den orthodoxen Hindus sind Nahrungsmittel, Küchenutensilien sowie die Essenden selbst in verschiedene Gruppen mit unterschiedlicher Heiligkeit eingeteilt. Die Esser können Yogis sein, sich also in einem Stadium befinden, in dem sie kaum noch Nahrung benötigen. Daneben gibt es Bogis, anspruchsvolle Esser, die mehr Wert auf Qualität als auf Quantität legen. Rogis schließlich sind gierige Vielesser. Auch das Essen wird unterschiedlich gestuft. Sattvisch und rajasisch sind ganz reine Speisen: gekochte Getreideerzeugnisse und Gemüse, kein Fleisch und Fisch, keine Eier, kein Chili, kein Knoblauch und keine Zwiebeln. Nahrungsmittel mit hohem Proteingehalt wie Fisch, Eier und Fleisch sind gestattet. Tamasische Speisen gelten als unrein. Dazu gehört

scharf Gewürztes, weil es die Leidenschaften erweckt (Chili, Knoblauch, Zwiebeln). Mehr als drei Tassen Kaffee oder Tee pro Tag, Tabak, Drogen, Alkohol gehören ebenfalls zu dieser Kategorie. Lediglich das Fleisch der Kuh – Milchgeberin und Schöpfungssymbol – ist generell verboten. Die Ernährung eines Hindu hängt entscheidend davon ab, in welchem der »vier Lebensstadien« er sich befindet.

Sauberkeit spielt beim religiösen Leben eine wichtige Rolle. Die Angst höherkastiger Hindus, sich an Vertretern niederer Kasten, »Unreinen« oder Nicht-Hindus, zu verunreinigen, ist groß. Auch beim Zubereiten der Speisen wäscht man sich nach jeder neuen Tätigkeit die Hände. Zu einem normalen Essen gehören Linsen, Reis, zwei Gemüse, Chipati (eine Art Fladenbrot), ein süßes und ein pikantes Gericht. Es gibt keine verschiedenen Gänge. Man probiert jede Schüssel, mischt Süßes und Pikantes. Orthodoxe Hindus bringen im Anschluß an das Essen Opfer dar: dem Feuer, der Kuh, dem Hund, der das Haus bewacht, den Vögeln, einem Bettler oder einem heiligen Mann. Viele Hindus stellen einen gefüllten Teller vor die Figuren der Hausgötter, bevor sie selber mit dem Essen beginnen. In manchen Haushaltungen wird bei den Mahlzeiten nicht gesprochen, um die Konzentration zu fördern. Ältere Menschen lesen während des Essens oft ein religiöses Buch.

In den Sommermonaten fasten junge Mädchen für Gott Shiva fünf Tage lang, beten um einen guten Ehemann und um Fruchtbarkeit. Es handelt sich nicht um ein vollständiges Fasten, aber die Speisen müssen ohne Salz und Gewürze verzehrt werden. Die Frauen dürfen sich ein Getreideerzeugnis als Hauptnahrung aussuchen, zum Beispiel Reis oder Weizenmehl. Während der fünften Nacht bleiben die Frauen wach. Früher wurde dabei ausschließlich gebetet, heute besucht man z.B. ein Kino, das die ganze Nacht Vorstellung hat.

Ein weiteres traditionelles Fest ist das Bruderfest. Dabei bereiten die Schwestern ein festliches Mahl für den Bruder, wobei er sie mit Geschenken belohnt.

Literatur: L. Blue/J. Rose, Ein Vorgeschmack des Himmels, 1979, 113ff.; R. Tannahill, Kulturgeschichte des Essens, 1979, 140ff.

Familienplanung

 **Judentum:** Nach klassischer jüdischer Vorstellung soll jedes Ehepaar mindestens einen Sohn und eine Tochter zur Welt bringen. »Wer keine Kinder zeugt, gleicht einem Mörder«, heißt es in einem Kommentar zu Gen 9. Er mindert gleichsam das göttliche Ebenbild. Kinder gelten als Segen und Glück für die jüdische Gemeinschaft. Kindersegen war angesichts der Verfolgungen oft die einzige Möglichkeit, dem Judentum zum Überleben zu verhelfen. In Ländern mit erlaubter Mehrehe heiratete der Mann im Fall der Kinderlosigkeit eine weitere Frau. Nachdem die Polygamie im westlichen Judentum seit dem 11. Jh. untersagt worden war, ist es üblich geworden, eine Ehe nach zehnjähriger Kinderlosigkeit zu scheiden, um beiden Partnern eine neue Chance zu geben. In neuerer Zeit gelten Adoption und nach Ansicht einiger Autoritäten sogar künstliche Befruchtung als legitime Möglichkeiten, Kinder zu bekommen. Verhütungsmittel sind erlaubt, wenn das Leben und die Gesundheit der Frau auf dem Spiel stehen. Daher wird die Verhütung als Aufgabe der Frau betrachtet. In Ausnahmefällen wird dem Mann die Benutzung eines Kondoms gestattet. In den Quellenschriften gilt die »Vergeudung« von Sperma als schweres Vergehen. Der Koitus interruptus, als Sünde Onans, ist nicht erlaubt. Streng verboten ist die Kastration des Mannes, es sei denn, sein Leben würde durch einen solchen Eingriff gerettet.

Das Judentum erlaubt durchweg die Einnahme von oralen und intravaginalen Verhütungsmitteln, hält deren willkürliche Anwendung, besonders außerhalb der Ehe, jedoch für anstößig. Der Talmud erwähnt drei Fälle, in denen eine solche Vorkehrung erlaubt ist: eine Minderjährige, weil sie schwanger werden und sterben könnte, eine Schwangere, weil ihr Fötus zu Schaden kommen könnte; eine Stillende, weil ihre Milch versiegen und ihr Kind sterben könnte.

Seit dem 19. Jahrhundert beriefen sich Pessar-Befürworter auf diesen Text. Ein schon seit der Antike benutztes, auch im Talmud erwähntes Mittel aus Pflanzenextrakten wird als Vorläufer der Pille betrachtet und gilt daher im gesundheitlichen Notfall als erlaubt. Neben den religiösen Erwägungen spielen stets ärztliche Gutachten eine Rolle. Ebenfalls war im frühen Judentum das Berechnen von fruchtbaren und unfruchtbaren Tagen bekannt, galt aber als eine nur bedingt zuverlässige Methode.

Abtreibung wird auf der Basis von Ex 21,22 bewertet: »Wenn Männer streiten und eine schwangere Frau verletzen, so daß ihre Frucht abgeht, ihr aber kein Unheil geschieht, so wird er mit einer Geldbuße belegt, wie der Ehemann es berechnet; es komme vor die Richter. Aber wenn ein Unheil geschieht, dann sollst du Leben um Leben geben« (Nefesch tachat Nefesch). Der Fötus ist bis zur Geburt nicht Nefesch, also kein eigenständiges Leben, sondern Teil der Mutter. Bedroht das Ungeborene das Leben der Mutter, hat ihr Leben Vorrang. Das gilt auch für den Vorgang der Geburt. Der Talmud gestattet in einigen Fällen den Schwangerschaftsabbruch: nach Vergewaltigung, bei einer reumütigen Ehebrecherin, bei gewissen Krankheiten und wenn die seelische Gesundheit der Frau auf dem Spiel steht.

Abtreibung gilt auch weitgehend als erlaubt, wenn eine starke Behinderung des Kindes wahrscheinlich ist. Wirtschaftliche Gründe für eine Abtreibung erkennt das Judentum nicht an.

Literatur: EdR, Bd. 1, 11ff. (P. Navè-Levinson, Sexualität im Judentum); Leo Trepp, Jüdische Ethik: Grundlagen und Lebensformen, 1984, 16ff.; LjchB, 95ff. (J. J. Petuchowski, Ehe/Ehescheidung).

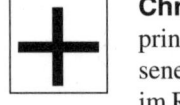 **Christentum:** In der christlichen Ethik herrscht ein prinzipielles Ja zum Kind in der kirchlich geschlossenen Ehe. In der römisch-katholischen Kirche wird im Rahmen der erneuerten Ehe-Ethik über den traditionell betonten Ehe-«zweck« der Erzeugung von Nachkommen hinaus die »vollmenschliche« Liebe der Ehegatten hervorgehoben. Ein striktes Nein zu jeder künstlichen Empfängnisverhütung wird

in dem 1968 von Papst Paul VI. vorgelegten Rundschreiben »Humanae vitae« formuliert; daran hält auch Johannes Paul II. ungeachtet innerkatholischer Kontroversen fest. Die strikte Ablehnung jeder Form künstlicher Befruchtung als unsittlich,eine päpstliche Leitlinie, ist innerkatholisch weniger umstritten. In seinem Rundschreiben »Evangelium des Lebens« betont Johannes Paul II. 1995 nochmals die Leitlinien der Familienplanung; dazu zählen: schärfste Ablehnung der Abtreibung, die ohne jede Einschränkung Mord sei; Verbot jeder Form künstlicher Befruchtung; keine Experimente und Manipulationen an oder mit Embryonen. Gegen die in den letzten Jahrzehnten sich überschlagenden Fortschritte in der Gen- und Reproduktionstechnologie hatte schon die Kongregation für die Glaubenslehre in ihrer Instruktion »Über die Achtung vor dem beginnenden menschlichen Leben und die Würde der Fortpflanzung« (1987) sittliche Barrieren errichtet.

Neuere Linien der evangelischen Ethik zur Familienplanung faßt Dietrich Ritschl 1986 im »Evangelischen Kirchenlexikon« zusammen: ökumenisches Verständnis sowohl für Eheverzicht (auf Zeit oder auch lebenslänglich) als auch für die römisch-katholische Betonung des Ehezweckes der Erzeugung von Nachkommen, ohne dabei Sexualität einzig auf die Zeugung neuen Lebens hin zu verstehen; »Mut« machen zur Zeugung neuen Lebens, aber auch zur sinnvollen Beschränkung der Geburtenzahl.

Literatur: EKL, Bd. 1, hier speziell Sp. 981f. (Artikel von D. Ritschl); M. Klökker, Katholisch – von der Wiege bis zur Bahre, 1991, 138ff.; Johannes Paul II., Enzyklika »Evangelium des Lebens«, 1995 – vgl. weiterhin die am Ende der Artikel »Ehe/ Familie« u. »Sexualität« angegebene Grundlagenliteratur.

 **Islam:** Die Anerkennung des Geschlechtsverkehrs als rechtmäßiges Verlangen hatte zur Folge, daß man sich bereits im klassischen Islam mit Methoden der Empfängnisverhütung auseinandersetzte.

Eine relativ freimütige Diskussion dieses Problems war auch deshalb möglich, weil es keinen klaren kanonischen Text zu dieser Frage gibt. Daher darf man sich zur Bestimmung der »Interessen« (Masalih) der Gläubigen, an die Ulu'l-Amr wenden, d.h. die juristischen Experten.

Im islamischen Recht gibt es Bestimmungen, welche die Beziehung Schöpfer – Geschöpf betreffen und solche, die das Zusammenleben der Menschen untereinander regeln. So wird zwischen dem Rechtsanspruch Gottes und dem des Menschen unterschieden. Diese Unterscheidung spielt auch bei der Beurteilung der Geburtenkontrolle eine Rolle, die hauptsächlich die Beziehung zwischen Schöpfer und Geschöpf berührt.

In der klassischen Diskussion der Empfängnisverhütung, die sich in erster Linie auf den Coitus interruptus (Azl) bezieht, aber auch das Einnehmen konzeptionshemmender Mittel durch die Frau und die Vorkehrung mit Schutzmitteln durch den Mann umfaßt, gibt es zwei Hauptrichtungen: Die eine betrachtet die Einschränkung von Geburten (z.B. aus wirtschaftlichen Erwägungen) als Zweifel an der göttlichen Fürsorge. Der Auffassung, daß Empfängnisverhütung Ungehorsam gegen Gott darstelle, wurde von anderer Seite entgegengehalten, daß Gott trotz menschlicher Maßnahmen Leben entstehen lassen kann, wenn er will.

Die zweite Richtung, zu deren prominentesten Vertretern der berühmte Theologe Abu Hamid al-Ghazzali (1058-1111) gehörte, erklärt Empfängnisverhütung unter bestimmten Voraussetzungen für erlaubt. Al-Ghazzali analysierte vor allem die Motive, die den Wunsch nach Empfängnisverhütung entstehen lassen können. Argumente, wie die Furcht vor der Geburt eines Mädchens oder eine Abneigung der Frau gegen Geburt und Stillen an sich, lehnte er ab. Die Befürchtung, man könnte durch allzuviele Kinder in schwere Not geraten und bei der mühevollen Beschaffung des Lebensunterhalts sogar zu unredlichen Geschäften verleitet werden, erkannte der Gelehrte dagegen als stichhaltigen Grund an. Zwar räumte er ein, daß die höchste Vollkommenheit Gottvertrauen sei; dennoch ist das Rechnen mit der Zukunft nicht unbedingt verboten, selbst wenn dadurch ein gewisser Mangel an Gottvertrauen deutlich wird. Ebenso erlaubt sind für al-Ghazzali die Absicht, Schönheit und Leben der Frau zu erhalten, sowie begründete Angst vor den Gefahren des Kindbetts.

Geburtenkontrolle ist im Rahmen des islamischen Rechts ohne Anleihen bei anderen modernen Ideologien möglich. Jedoch gibt es keine Patentlösung. Das Gewissen muß immer erneut geprüft werden. Die Motive haben sich allerdings im Lauf der Zeit gewandelt. Heute wird die Empfängnisverhütung vor allem unter bevölkerungspolitischen Gesichtspunkten erörtert. Der ägyptische Großmufti veröffentlichte bereits 1937 auf Anfrage ein Rechtsgutachten, das Empfängnisverhütung bei Einwilligung beider Partner erlaubte, wenn sie zur Wahrung der Gesundheit der Frau oder aus wirtschaftlicher Not praktiziert wird. Ähnlich äußerte sich 1965 der Großmufti von Algerien. Einer Stellungnahme aus der Islamischen Republik Iran zufolge liegt die Entscheidung ausschließlich bei der Frau.

Es gibt heute verschiedene Gutachten in den einzelnen islamischen Ländern, die eine gezielte Familienplanung begrüßen, sofern durch die Verhütungsmaßnahmen keine andauernde Unfruchtbarkeit hervorgerufen werden. Es gibt aber auch Gutachten, welche eine Empfänigsverhütung für unislamisch erklären. Diese Argumente kommen in erster Linie solchen sozialen Schichten entgegen, die traditionell in einer zahlreichen Nachkommenschaft ihre einzige Sozialversicherung sehen müssen. Die Diskussion ist noch in vollem Gang, wie die Auseinandersetzung bei der Bevölkerungskonferenz 1994 in Kairo zeigte.

Die Schutzbedürftigkeit und -würdigkeit des menschlichen Lebens vom Zeitpunkt der Zeugung an scheint heute stärker betont zu werden als in der klassischen Periode. Denn der werdende Mensch ist als Diener Gottes (19,93) Eigentum seines Schöpfers (10,68). Er ist nicht der Verfügungsgewalt seiner Eltern unterworfen. In den Rechtsschulen werden unterschiedliche Meinungen über den Beginn des menschlichen Lebens vertreten. Nach traditioneller Auffassung besteht ein menschliches Wesen erst dann vollkommen, wenn sich bestimmte Teile des Körpers deutlich gebildet haben und wenn dem Embryo die Seele eingehaucht wird. Dieser Zeitpunkt war nach Meinung einiger Rechtsgelehrter 120 Tage nach der Zeugung, nach Meinung anderer schon früher. Obwohl heutige Rechtsgelehrte auf ein generelles Verbot der Abtreibung drängen (1. Internationale Konferenz für Islamische Medizin 1981 in Kuwait), bestehen Ausnahmen. In Ägypten, Algerien, Iran, Pakistan und der Türkei ist Abtreibung prinzipiell verboten. Jedoch werden Ausnahmen eingeräumt, wenn das Leben der Mutter in Gefahr ist. In Tunesien und Marokko wird die medizinische Indikation weit gefaßt: Anerkannt werden hier nicht nur die Rettung des Lebens der Mutter, sondern auch der Schutz ihrer Gesundheit. Jedoch wurden Verfügungen erlassen, um willkürliche Abtreibungen zu verhindern. Tunesien hat die Fristenlösung der klassischen Rechtsschulen wieder aufgenommen und eine Abtreibung vor dem Ablauf des dritten Monats für erlaubt erklärt. Diese Bestimmung wird als Regulativ für die Bevölkerungsexplosion begriffen.

Daneben gibt es in manchen Ländern nicht unbedingt religiös begründete Auffassungen, die sich für eine Abtreibung aus sozialen Gründen aussprechen. Sie weisen auf die Gefahren der illegalen Abtreibung und die ungenügende Aufklärung über Verhütungsmittel bei weiten Bevölkerungsschichten hin. Hier soll die Abtreibung in Notfällen eine Hilfe für die oft völlig überlastete Frau darstellen. Häufig muß sie nämlich die Verantwortung für die Geburtenregelung allein tragen.

Literatur: Al-Ghazzali, Das Buch über die Ehe, 1917; EdR, Bd. 1, 119ff. (M. Tworuschka, Sexualität im Islam); N. Minai, Schwestern unterm Halbmond, 1991.

Buddhismus: Die Problematik der Geburtenregelung wird unterschiedlich bewertet: Für die eine Position stellt sie kein grundsätzliches Problem dar, wird dem jeweiligen Ehepaar überlassen. Der »Mönchsorden« (Sangha) wird in die Entscheidung nicht eingreifen. Andererseits sind buddhistische Mönche aufgetreten, die gegen Geburtenkontrolle waren, diese als unerlaubt hinstellten. Aus der

Sicht des Buddhismus, der kein Lehramt kennt, haben solche Aussagen nur den Rang von Privatmeinungen, gelten also nicht offiziell.

Eine zweite Position sieht in der Geburtenkontrolle einen Versuch, das Wirken des Karma zu beeinflussen. Vertreter dieser Position neigen daher zur Ablehnung jeglicher Geburtenregelung. In der Praxis war jedoch die Notwendigkeit von Geburtenkontrolle stillschweigend anerkannt. Empfängnisverhütung wurde auf verschiedene Weise praktiziert: durch Enthaltsamkeit, Coitus interruptus und schon seit Buddhas Zeiten durch empfängnisverhütende Medikamente. Abtreibung wird als Tötungsdelikt grundsätzlich negativ bewertet. Sie steht im Gegensatz zum buddhistischen Tötungsverbot: »Ich gelobe, vom Töten abzustehen.« Eine andere Deutung sieht in der Abtreibung die Vernichtung eines potentiellen Buddhas, sieht in der Tötung ein Verbrechen gegen den Erhalt der menschlichen Rasse. Für viele zeitgenössische Denker stellt Abtreibung neben Todesstrafe, Umweltzerstörung und Drogenmißbrauch eines der größten Probleme der heutigen Zeit dar. Einige Autoren lassen Abtreibung vereinzelt zu, wenn die Gesundheit der Mutter ernsthaft bedroht ist und die Abtreibung als das geringere Übel erscheint.

Asiatische Buddhisten lehnen – zumindest offiziell – Abtreibung ab, nicht aber Empfängnisverhütung. Im Entstehen neuen Lebens wird kein religiöser Wert gesehen; denn wie der Tod, so gilt auch die Geburt aufgrund der ersten und vierten »edlen Wahrheit« als dukkha (Leiden), mithin als Ausdruck unerlösten Daseins im Kreislauf der Weiterverkörperungen. Das Töten, auch das eines Embryos, wird jedoch als schwerer Verstoß gegen das grundsätzliche Tötungsverbot betrachtet.

91,8% der thailändischen Bevölkerung stehen der Abtreibung positiv gegenüber, wenn dadurch das Leben der Mutter gerettet wird. Nur 12,7% votieren aber bei unverheirateten Frauen positiv. Aus bevölkerungspolitischen Gründen liegen die Verhältnisse in Sri Lanka anders (Hindu-Mehrheit in der Bevölkerung!), wo zeitweise auch die Empfängnisverhütung von buddhistischer Seite verdammt wurde. Im buddhistisch geprägten Japan ist Abtreibung eine weithin geübte Praxis der Familienplanung. Auffällig ist die zunehmende, seit ca. 1970 auch die großen Denominationen erfassende mizuko-Praxis, bei der Eltern abgetriebener Föten (mizuko = »Kind des Wassers«) um das Wohlbefinden dieser verhinderten Leben beten. Auf manchen buddhistischen Friedhöfen findet man oft mehrere zehntausend sog. mizuko-jizos – puppenähnliche, oftmals bekleidete und geschmückte Figuren. Sie werden dort von den Eltern abgetriebener oder totgeborener Kinder aufgestellt. Sehr viel verbreiteter als die moralischen Bedenken gegen die Abtreibung ist die Angst vieler Japaner vor den wiederkehrenden Geistern der abgetriebenen Föten, die sie oder die Neugeborenen evtl. heimsuchen.

Literatur: EdR, Bd. 1, 148ff. (P. Gerlitz, Sexualität im Buddhismus); J. Stevens, Lust und Erleuchtung, 1993.

 **Hinduismus:** Aufgrund verschiedener Hindu-Traditionen gibt es unterschiedliche Einstellungen zur Familienplanung. In der Praxis hängen sie entscheidend vom sozialen Status einer Familie ab. Der Sozialreformer Vinoba Bhave (1895-1982), der als Unabhängigkeitskämpfer viele Jahre im Gefängnis zubrachte, sprach sich gegen Empfängnisverhütung durch mechanische Mittel aus. Er plädierte stattdessen für Enthaltsamkeit.

Indien hat als säkularer Staat die Abtreibung nicht verboten, obwohl der Hinduismus als Religion Vorbehalte hat. Diskutiert wird seit einiger Zeit die Frage der Legalität der pränatalen Geschlechtsbestimmung durch Fruchtwasseruntersuchung. Da eine Frau nach traditionell-hinduistischer Auffassung weniger als der Mann gilt, ist zu befürchten, daß in diesem Zusammenhang die Abtreibung weiblicher Kinder zunimmt.

Wichtiges Ziel einer Hindu-Ehe ist das Zeugen männlicher Nachkommen; denn nur sie können die Totenriten für den verstorbenen Vater ausführen. Unter dem Druck, dem Mann nur ja den erwünschten Stammhalter zu schenken, werden oft weibliche

Föten abgetrieben. So kann man auch die teure Mitgift für Mädchen sparen. Dies sind aber Entartungen, die nicht Inhalt des hinduistischen Glaubens sind. Solche Entartungserscheinungen stehen im Widerspruch zur hinduistischen Lehre.

Literatur: EdR, Bd.1, 170ff. (B. Datta, Sexualität im Hinduismus); D. Rothermund, Das Bevölkerungswachstum, in: D. Rothermund (Hg.), Indien. Ein Handbuch, München 1995, 59ff.

 **Judentum:** Das Judentum vertritt eine grundsätzlich positive Einstellung zum Fremden. Das Alte Testament betont die Liebe zum Gast – als Teil der Nächstenliebe – und seine Gleichberechtigung: »Wenn ein Fremder bei dir in deinem Land gastet, plackt ihn nicht, wie ein Sproß von euch sei der Fremde, der bei euch gastet, halte lieb ihn dir gleich, denn Fremde wart ihr im Land Ägypten. ICH bin euer Gott.«(Lev 19,34, ähnlich Dtn 10,17-19). Daraus leitet sich das Gebot ab: »Einerlei Satzung sei für euch und den Fremden, der gastet, Weltzeit-Satzung für euere Geschlechter: gleich ihr, gleich sei der Fremde vor IHM, einerlei Weisung und einerlei Recht sei für euch und den Fremden, der bei euch gastet« (Gen 15,15f.). Es gibt zahlreiche Beispiele im Alten Testament für gewährte Gastfreundschaft (Gen 18,2-8: Abrahams Verhalten zu den Engeln; 19, 1ff: Lot; 24,18.19: Rebekka; 29,13: Laban u.a.). Den Ammonitern und Moabitern wurde die Gastfreundschaft nicht etwa wegen ihrer fremden Religion verweigert, sondern »weil sie euch nicht entgegenkamen mit Brot und Wasser auf dem Wege, als ihr aus Ägypten zogt« (Dtn 23,5). Der leidende Hiob bekennt: »Kein Fremder durfte draußen zur Nacht bleiben, sondern meine Tür tat sich dem Wanderer auf« (31,32). Im alten Israel war der Fremde politisch, rechtlich und auch religiös dem Juden gleichgestellt. Fremde mußten sich daher nicht beschneiden lassen.

Nach jüdischer Vorstellung nimmt sich Gott der Unterdrückten und Unterprivilegierten besonders an, verpflichtet dazu auch den Gläubigen. Die Rabbinen sagen: »Ich rufe Himmel und Erde zu Zeugen, daß auf jedem, sei er Jude oder Nichtjude, Mann oder Frau, Knecht oder Magd, der heilige Geist ruht und zwar gemäß des einzelnen Tun« (Jalkut Schimoni, Richter 42). Diese ethischen Prinzipien sollen auch heute das Verhältnis zu Gastarbeitern und Fremden bestimmen.

Wie wichtig die Gastfreundschaft genommen wird, läßt sich u.a. daraus ersehen, daß das Pessachmahl mit der Einladung eingeleitet wird: »Jeder Hungrige komme und esse mit uns, jeder Bedürftige schließe sich unserem Pessachmahl an.«

Bei der jüdischen Einstellung zum religiös Fremden sind zwei Linien zu unterscheiden: 1. die Abschottung gegenüber Götzendienern, den Gojim (»Völkern«), die den »wahren« Gott nicht kennen; 2. der Noah-Bund (Gen 9f.) mit den »Kindern Noahs«, also der gesamten Menschheit, die sich von unsittlichem Tun fernhalten. Eine universalistische Denktradition bezieht die Textaussagen gegen die Götzendiener auf die kanaanäischen Völker im alten Israel, rechnet heutige »Nichtjuden« (Nochrim), die sich zivilisiert und sittlich verhalten, nicht als Heiden.

Bei der Beziehung zum Islam sehen Juden durchweg zahlreiche Parallelen u.a.: strenger Monotheismus, Gebet, Religionsgesetz, Speisevorschriften. Jüdische Gelehrte im Mittelalter zählten Muslime nicht zu den Götzenanbetern, mit denen fromme Juden während der letzten drei Tage vor jedem bedeutenden Fest keinen Kontakt haben sollten. Kritisch steht das Judentum der islamischen These gegenüber, daß die Juden ihre Heilige Schrift im Laufe der Jahrhunderte verfälscht hätten und daß Muhammad der letzte Prophet sei. Die besondere Hervorhebung der Persönlichkeit Moses beispielsweise bei Maimonides kann als Antwort auf diese islamischen Anschuldigungen gedeutet werden. Andererseits waren es vor allem arabische Übersetzungen, die den Juden die Welt der Antike erschlossen und Philosophie und Wissenschaft bereicherten. Die offizielle jüdische Ansicht zum Islam sieht folgendermaßen aus: Wenn Muslime entsprechend den höchsten Anforderungen ihres eigenen Glaubens leben, gehören sie zu den »Gerechten der Völker.« Ein Jude, der zum Islam übertritt, wird jedoch als Meshhummad, d.h. »Abtrünniger« des israelitischen Volkes, betrachtet.

Einerseits steht das Judentum vielen Aspekten des buddhistischen Denkens und praktischen ethischen Lebens durchaus positiv gegenüber. Andererseits kritisiert man den fehlenden Monotheismus. Jüdische Denker weisen auf Parallelen hin: Sowohl Mose als auch Buddha wuchsen in Herrscherpalästen auf, nahmen sich der Ungerechtigkeit und des Leidens der Menschen an. Dennoch sehen sie einen fundamentalen Unterschied: Während Mose im göttlichen Auftrag zur Veränderung aufruft, will Buddha das Leiden dadurch überwinden, daß der Mensch weder Zufriedenheit noch Unzufriedenheit zeigt. Gewisse Übereinstimmungen werden bei den Chassiden gesehen, die das menschliche Ego als Barriere zwischen Mensch und Gott betrachten. Die »Vernichtung« des Selbst (bittul ha-yesh), ein Zustand, in dem Begierde und Stolz ausgelöscht sind, um zur Unio mystica zu gelangen, hat Entsprechungen zur Nirvana-Idee.

Der Hinduismus war dem klassischen Judentum so gut wie unbekannt, so daß sich keine Hinweise in den heiligen Schriften oder Gesetzestexten befinden. Während die meisten Juden bis heute dem hinduistischen Götterglauben und Kastensystem kritisch gegenüber stehen, erkennen manche die tiefe Spiritualität der hinduistischen heiligen Schriften an. Ferner werden Parallelen zwischen der Atman-Brahman Spekulation der Upanishaden und der Vorstellung eines »göttlichen Funken« im Chassidismus gesehen.

Literatur: L. Jacobs, What does Judaism say about...?, 1973, 58ff. (Buddhism), 169f. (Hinduismus), 191ff. (Islam); I. Maybaum, Trialogue between Jew, Christian and Muslim, 1973; L. Trepp, Jüdische Ethik: Grundlagen und Lebensformen, in: P. Antes u.a. Ethik in nichtchristlichen Kulturen, 1984.

 **Christentum:** Die unselige Traditionslinie des Christentums, Nichtchristen abzuwerten, ja auch gewaltsam zu bekehren oder zu bekämpfen, ist im alt- und neutestamentlichen Begriff der »Heiden« verdichtet worden: ein Begriff, der religiöse Andersartigkeit allzu sehr mit irrig, primitiv, wild, unzivilisiert gleichgesetzt hat. Die historischen Abweichungen vom Grundgebot der Nächstenliebe in der Kirchengeschichte werden in kritischen Studien (etwa über die Missionsarbeit, die Kreuzzüge, Ketzer- und Hexenverfolgungen, die lange Geschichte der Judenfeindschaft) intensiv aufgearbeitet.

In hochentwickelten Industriestaaten westlicher Prägung wie der Bundesrepublik Deutschland ist der Umgang mit ausländischen ArbeitnehmerInnen, Flüchtlingen, Asylanten/Asylbewerbern und deren Familien in jüngster Zeit von erhöhter Fremdenfeindlichkeit geprägt und teils in gewalttätige Exzesse ausgeartet. Hierauf reagieren die Kirchen anhaltend mit scharfen Stellungnahmen gegen die Fremdenfeindlichkeit, mit politischen Forderungen (betr. u.a. Kinder- und Ehegattennachzug, Arbeitsmöglichkeiten für Flüchtlinge, Integrationsvorschläge), mit sozialen Diensten bei Diakonie und Caritas, Ausländerseelsorge, sowie der jährlichen Woche der ausländischen Mitbürger (seit 1971). Eine Reihe von Pfarrern bzw. Gemeinden hat, unterstützt von bestimmten christlichen Ethikern, sogar im »zivilen Ungehorsam« Asylbewerberfamilien illegal versteckt, um die rechtlich gebotene Ausweisung zu verhindern.

Innerhalb der Kirchen ist es umstritten, ob bzw. inwieweit eine »multikulturelle Gesellschaft« programmatisch so klar zu bejahen ist, wie es z.b. der Nestor der katholischen Moraltheologie, Bernhard Häring, 1990 formuliert hat: »Wer kein überzeugtes Ja zur multikulturellen Gesellschaft sagt und nicht im Dialog mit anderen Kulturen sich selbst von eindimensionalem Denken befreit hat, versteht nichts von der wahren Katholizität (der alle Kulturen und Welt umgreifenden) Weite christlichen Glaubens«.

Der Plural von Wissen, Wahrheit, Lebens- und Glaubensformen in der (post)modernen Gesellschaft hat »fundamentalistische« Wahrheitsansprüche relativiert. Im Christentum gibt es einerseits »fundamentalistische« Rückorientierungen zum absolut gesetzten Wahrheitsanspruch anderen Religionen gegenüber, andererseits gewachsene und wachsende Bereitschaft zu Dialog/Kommunikation mit anderen Religionsgemeinschaften innerhalb und auch außerhalb des Christentums ohne Überlegenheitsanspruch. Seit dem 19. Jh. hat sich innerchristlich die »ökumenische Bewegung« in Dialogen, Annäherungen, Kooperationen, ja Zusammenschlüssen breit entfaltet (Ökumene: von griech. oikos = das Haus, Begriffserweiterungen zur bewohnten, zivilisierten, christlichen Welt). Im »Ökumenischen Rat der Kirchen« (1948 gegr., Generalsekretariat in Genf) sind mittlerweile über 300 Kirchen vertreten. 1987 hat der Vatikan – bei aller Dialogbereitschaft seit Papst Johannes XXIII. – nicht versäumt, gegenüber den »Konvergenzerklärungen« der Ö.R.K.-Kommission Glaube und Kirchenverfassung über Taufe, Eucharistie und Amt (Lima 1982) kritische Bedenken hervorzuheben. Als ein Haupthindernis des Zusammenschlusses der Christenheit erweist sich das römisch-katholische Beharren auf der Institution des Papsttums.

Nach jahrhundertelangen, kirchlich genährten Dissonanzen hat sich die Frömmigkeits- und Lebenspraxis zwischen Katholiken und Protestanten sehr angeglichen. Ökumenisches Miteinander wird in einer breiten Spanne (in)formeller Initiativen und Zusammenschlüsse gepflegt.

Dialog- und Kommunikationsbereitschaft werden von einer Reihe christlicher Theologen und in bestimmten Initiativen auf alle Religionen bezogen, teils zunächst gezielt auf die »Abrahamsreligionen« Judentum, Christentum, Islam (»Trialog«). Der Tübinger Theologe Hans Küng z.b. tritt für weltweit »verbindende und verbindliche Normen, Werte, Ideale, Ziele« ein, aktualisiert damit den Impuls des »Weltparlaments der Religionen« in Chicago 1893. In Konzepten des Interreligiösen Dialogs, der Interreligiösen Kommunikation, des Interreligiösen Lernens wird versucht, die alten Barrieren zwischen den Religionen niederzureißen: mit Lern- und Kommunikationsformen der Solidarität und Akzeptanz, die den bloß argumentativen Dialog überschreiten.

Literatur: ÖL, passim; M. Klöcker, Katholisch – von der Wiege bis zur Bahre, 1991, 520 (Reg.); M. Klöcker/U. Tworuschka (Hrsg.), Miteinander – was sonst? Multikulturelle Gesellschaft im Brennpunkt, 1990 (79ff.: B. Häring, Richtschnur: das Pfingsterlebnis); LThK, Bd. 1 (Artikel betr. der Andere. AusländerInnen, Ausl. ArbeitnehmerInnen, Ausländerseelsorge, Außenseiter); H. Küng, Projekt Weltethos, 1990; M. Klöcker/U. Tworuschka, Religionen in Deutschland, 1994 (bei Darstellung aller, also auch der christlichen Religionsgemeinschaften jeweils Angaben zum Verhältnis zu anderen Religionen; 66ff.: Sonderabschnitt zu den ökumenischen Bestrebungen); J.A. van der Ven/H.-G. Ziebertz (Hrsg.), Religiöser Pluralismus und interreligiöses Lernen, 1994; Zweijahresreihe: Religionen im Gespräch, hrg. von R. Kirste, P. Schwarzenau, U. Tworuschka, 1990ff.; Zeitschrift: Dialog der Religionen, 1990ff.

 **Islam:** Aufgrund der schon in vorislamischer Zeit verbreiteten Ehrauffassung war es Pflicht des Familienoberhaupts und der anderen Mitglieder, einem Fremden Gastrecht zu gewähren. Als Muhammad in Mekka verfolgt wurde, schloß er bei Aqaba mit den Bewohnern von Yathrib, dem späteren Medina, eine Übereinkunft: Ihr zufolge wurden er und seine Anhänger als Fremde in den neuen Stammesverband aufgenommen. Grundidee der nun entstehenden Umma (»Gemeinde«): Glaube ist wichtiger als Stammesbande. Daher konnten auch Stammesfremde in die Umma aufgenommen werden. Die Hochschätzung der Gastfreundschaft blieb ein zentrales Anliegen: »Wer an Gott und den Jüngsten Tag glaubt, der soll seinen Gast ehren.«

In Sure 4, 101: »Und wer wegen der Religion Gottes auswandern muß, der wird manchen auf Erden zu demselben gezwungen sehen und dennoch hinlänglich versorgt finden«, sehen manche heutigen Muslime eine Verankerung des Asylrechts. Viele islamische Länder haben den Schutz politisch Verfolgter in ihren Verfassungen verankert.

Zunächst bestand die islamische Umma ausschließlich aus Arabern. Als später immer mehr Nichtaraber zum Islam übertraten, entstanden mit diesen Fremden Probleme des Zusammenlebens. Man bemühte sich daher, den Gedanken der Universalität der islamischen Umma hervorzuheben und schrieb dem Propheten folgende Überlieferung zu: »Ein Araber ist keinem Nichtaraber vorzuziehen, noch ein Nichtaraber einem Araber, noch ist ein Weißer einem Farbigen vorzuziehen – es sei denn aufgrund seiner Frömmigkeit.« Ein ägyptisches Religionsschulbuch unserer Tage drückt diesen universalistisch-fremdenfreundlichen Gedanken folgendermaßen aus: »Umma basiert nicht auf einer Rasse, Sprache, Geschichte oder einem Land, sondern auf den ewigen menschlichen religiösen Prinzipien. In ihr verschmelzen Völker, Rassen und Farben zu einer familiären Bruderschaft. Zu ihr gehören arabische, nichtarabische, östliche, westliche, weiße und schwarze Menschen.«

Der Koran gewährt den Schriftbesitzern Toleranz. Damit sind

in erster Line Juden und Christen, später auch die Sabier sowie die Zoroastrier gemeint. Zunächst erkannte er die Gültigkeit der verschiedenen Wege an: »Ihr habt eure Religion, und ich habe meine.« Letztlich bleibt die Entscheidung Gott überlassen, und es gilt der koranische Grundsatz: »In der Religion gibt es keinen Zwang« (2,256). Muhammads Einstellung gegenüber den Schriftbesitzern änderte sich im Anschluß an die Auswanderung nach Medina (622). Aufgrund seiner deprimierenden Erfahrungen, daß sich vor allem die Juden, aber auch die Christen seiner Botschaft verschlossen, argumentierte der Prophet, daß die Schriftbesitzer ihre ursprünglich mit dem Koran übereinstimmenden Schriften in wesentlichen Teilen, welche die Klarheit des Eingottglaubens betrafen, gefälscht hätten. Buddhismus und Hinduismus betrachtet der Islam besonders wegen der Gottesvorstellungen als Polytheismus.

Die Einstellung gegenüber den Fremdreligionen entwickelte sich nicht unabhängig von der jeweiligen politischen Situation. Die »Schriftbesitzer« bildeten eine besondere Gruppe innerhalb des islamischen Staates. Die Muslime schlossen mit den eroberten Schriftbesitzern zweiseitige Verträge, die den Nichtmuslimen folgendes zugestanden: Leben, Eigentum, Wahl des Aufenthaltsortes, Regelung von Heirat, Erbschaft, Eigentum, Handel, das Recht, die Gerichte anzurufen sowie Schutz der Kultorte. Als Gegenleistung mußten die »Schutzbefohlenen« (Dhimmi) Abgaben, später Steuern entrichten. Aufgrund der Unerfahrenheit der Muslime in Verwaltungsangelegenheiten übernahmen Juden und Christen zum Teil hohe und höchste Ämter in der islamischen Administration. Albrecht Noth hält den Einfluß der Religion auf die Toleranz gegenüber Fremden eher für gering. Auffällig sei die »pragmatische Komponente« im Erscheinungsbild islamischer Toleranz. Trotz religiöser Anerkennung konnte es in politischen Krisenzeiten zu Schikanen kommen. Dies ist bis heute der Fall: Divergenzen zwischen den Kopten und dem ägyptischen Staat, die Kurden- oder Alewiten-Frage in der Türkei oder die Konflikte, die zum libanesischen Bürgerkrieg führten, haben durchweg politische und allenfalls vorgeschobene religiöse Ursachen.

Durch die Entstehung des Staates Israel verschlechterte sich in manchen islamischen Kreisen die Einstellung gegenüber den jüdischen Fremden. Wohl bemüht man sich, zwischen Juden und Zionisten zu unterscheiden, sieht die Juden aber zunehmend kritischer. Die Wurzeln des islamischen Antijudaismus liegen in Europa; denn die islamische Welt kannte zwar vereinzelte, politische motivierte Verfolgungen, jedoch keinen rassisch-begründeten Antijudaismus. Auch die Re-Islamisierung hat in einigen Fällen zu einer Einschränkung der Toleranz geführt. Zu Beginn des 19. Jahrhunderts bewunderten manche islamischen Denker sehr die fremde europäische Zivilisation. Die Erfahrungen der Kolonialzeit führten jedoch dazu, das fremde »Europäische« ablehnend und kritisch zu bewerten, weil man im Kolonialismus die Wurzel vieler zeitgenössischer Probleme sieht. Dadurch ist auch die Einstellung zu den europäischen Christen negativer geworden.

Literatur: A. Noth, Toleranz und Intoleranz im Islam, in: Saeculum 29/ 1978, 344-365; T. Nagel, Staat und Glaubensgemeinschaft im Islam, 2 Bde., 1981; B. Lewis, Die Juden in der islamischen Welt, 1987; A. Falaturi, Der Islam im Dialog, 1992; G. Mensching, Toleranz und Wahrheit in der Religion, 1955, neu hg. von U. Tworuschka, 1996.

 **Buddhismus:** Der historische Siddharta Gautama Buddha war ein Vorbild »inhaltlicher religiöser Toleranz« (Gustav Mensching), lehnte den Streit um religiöse Lehrmeinungen entschieden ab. Buddha akzeptierte die hinduistische Kastenlehre nicht: »Die vier Kasten sind ganz gleich«. In der Metta-Meditation wird die Güte bzw. freundschaftliche Liebe zu allen Lebewesen eingeübt. Sie umfaßt auch den Fremden, ja sogar den Feind. Und sie macht beim Menschen nicht halt, bezieht sich auch auf die Tiere.

Der indische Kaiser Ashoka (um 250 v. Chr.) brachte allen Religionen Toleranz entgegen. Seine Regierungszeit gilt bis heute als musterhaftes Beispiel für das friedliche Nebeneinander verschiedener Religionen.

In den Ländern, in denen der Buddhismus Fuß faßte, wurde die vorgefundene fremde Religion nicht vernichtet. Oft kam es zum friedlichen Nebeneinander verschiedener Glaubensrichtungen. Diese grundsätzliche Toleranz schließt nicht aus, daß an den Vorstellungen fremder Religionen Kritik geübt wird: am Christentum ist es die Gottesidee, die Vorstellung von Gott als Person, als Weltschöpfer und Weltenrichter sowie die Rechtfertigungslehre und die Vorstellung von der Auferstehung des Fleisches. Im Islam werden der Monotheismus und die Schöpfungsidee, der Gedanke des Gerichtes und der Auferstehung sowie der Dschihad kritisch gesehen. Am Hinduismus wird trotz einer gemeinsamen Basis, zum Beispiel der Karma-Lehre und des Ahimsa-Prinzips, Kritik an der Autorität der Veden, dem Kastensystem und dem Herrschaftsanspruch der Brahmanen geübt. Ferner lehnt der Buddhismus die hinduistische Atman-Lehre und die Vorstellung vom göttlichen Weltenherren ab.

Literatur: G. Mensching, Der offene Tempel, 1974; H.-J. Loth/ M. Mildenberger/ U. Tworuschka (Hg.), Christentum im Spiegel der Weltreligionen, 1978; G. Mensching, Toleranz und Wahrheit in der Religion, 1955, neu hg. von U. Tworuschka, 1996.

Hinduismus: Die verschiedenen Strömungen des Hinduismus demonstrieren eine Bandbreite von intoleranter Ablehnung alles Fremden bis hin zum Gedanken der Einheit aller Religionen. Aus hinduistischer Perspektive ist die Thematik auf dem Hintergrund des in einem göttlichen Heilsplan vorgesehenen hierarchisch gestuften Kastensystems zu erörtern. Fremd ist immer der Angehörige einer anderen Kaste. Besonders groß ist dabei der Abstand der »Zweimalgeborenen« (oberste drei Kasten) zu den »Einmalgeborenen«, welche nur natürlich, nicht aber geistig geboren sind (Verbot der Lektüre der heiligen Veden). Die Essens-und Heiratsregeln sowie die kastenspezifische Bindung an bestimmte Berufe führen zur Abgrenzung gegenüber allen, die nicht zur selben Kaste gehören. Angehörige niedriger Kasten machen Höherkastige kultisch unrein. Man darf daher nicht in ihre Nähe kommen, selbst ihr Schatten verunreinigt. Nähe, Blickkontakt, Schatten, Berührung sind Stufen zunehmender Verunreinigung. Ergreifende Beispiele unterschiedlicher Formen von Fremdsein finden sich in Mulk Raj Anands Roman:»Der Unberührbare« (1985).

Der moderne politische Hinduismus steht dem Fremden aufgrund seiner politisch verstandenen Reinigungsidee kritisch gegenüber:»Sie besagt, daß die Reinigung des Landes im Sinne der zwangsweisen Durchsetzung der wahren Religion gegenüber ihren eigenen Fehlentwicklungen wie auch gegenüber eingedrungenen fremdreligiösen Elementen zu vollziehen sei. Alle fremden Bekenntnisse wie der Islam und das Christentum seien durch ›Rückbekehrung‹ ihrer Anhänger zum Hinduismus auszurotten. Es ist die Idee der Reinigung der Kaste und ihres Lebensraumes von allen sie gefährdenden, ihre Macht einschränkenden Elementen, die hier auf das als heilig empfundene Land insgesamt übertragen wird« (H.-J. Klimkeit).

Im 20.Jahrhundert gingen radikal-fundamentalistische Ideen insbesondere von Männern wie Savarkar, dem Chefideologen der orthodoxen»Partei der großen Hindugemeinschaft«, aus. Als bekannt wurde, daß aus ihren Reihen der Gandhi-Mörder stammte, wurde sie 1948 verboten. Auf die Ideen Savarkars, Golwakars u.a. berufen sich in der Gegenwart hindupolitische Nachfolgegemeinschaften, u.a. die kampfbundartig organisierte»Nationale Eigenständigkeitspartei«. Anfang 1991 planten»Hindu-Faschisten« im Namen ihres Gottes Ram in Ayodhya dort einen Tempelbau, wo bereits eine Moschee stand. Dabei ging es um Ram Raj, die»Herrschaft Rams«, die Vorherrschaft der Hindus über die Nicht-Hindus in Indien.

Neben einer institutionell, also vom Kasten-System und hindupolitischen Reinheitsideen her bedingten Intoleranz zeichnet sich der Hinduismus durch eine bemerkenswerte religiöse Einheitsschau aus:»Möge der euch seinen Geist einhauchen der da ist der Brahman der Hindus, der Ahura Mazda der Zoroastrier, der

Buddha der Buddhisten, der Jehova der Juden, der himmlische Vater der Christen! (...) Der Christ hat nicht Hinduist oder Buddhist zu werden. Noch der Hinduist noch der Buddhist zum Christen.« Worte interreligiöser Verständigung und Toleranz – wie sie typisch sind für Vivekananda (1863-1902), den »Vater des Hinduismus«. Er wurde entscheidend von dem Mystiker und Visionär Ramakrishna (1836-1886) beeinflußt, der auch Islam und Christentum in seine religiösen Erfahrungen einbezog und eine Begegnung zwischen den Religionen suchte. Im Hinduismus sah Vivekananda eine Art »Mutter der Religionen« – dazu bestimmt, der Welt Toleranz zu bringen.

Ein weiterer Vertreter des religiösen Einheitsgedankens war Sarvepalli Radhakrishnan, ein Schüler Vivekanandas. Radhakrishnan war zeitlebens ein engagierter Apologet des Hinduismus, ein Verfechter religiöser Toleranz und Gegner von Absolutheitsansprüchen. Ihn interessierte nicht der konkrete Glaube seiner Landsleute, die nach seiner Einschätzung primitiven Göttern huldigten. Radhakrishnans Hinduismus ist ein Hinduismus der Vedanta-Philosophie. Dem Christentum steht er wegen seines Gottesbildes und dem Gedanken der Einmaligkeit Jesu kritisch gegenüber.

Literatur: S. Radhakrishnan, The Hindu View of Life, 1971 (Erstaufl. 1927); W. Halbfass, Zur traditionellen indischen Xenologie. In: Ders., Indien und Europa, 1981, 191ff.; G. Mensching, Der offene Tempel, 1974; P. Schreiner, Begegnung mit dem Hinduismus, 1984; M. Böck/ A. Rao, Aspekte der Gesellschaftstruktur Indiens: Kasten und Stämme, in: D. Rothermund (Hg.), Indien. Ein Handbuch, München 1995, 112ff.; G. Mensching, Toleranz und Wahrheit in der Religion, 1955, neu hg. von U. Tworuschka, 1996.

Frieden/Krieg

 **Judentum:** Das hebräische Wort für »Frieden« (Schalom) ist mit dem arabischen Salam eng verwandt. In ihrer Grundform bedeutet die Wurzel s-l-m »heil sein, ganz sein, vollständig sein«. Spätestens seit der Zeit der Propheten gehört Schalom im Sinne von Frieden zu den wesentlichen religiösen Anschauungen Israels und ist von erheblicher Bedeutung für die messianische Zukunft, wenn der Messias als »Friedefürst« erscheinen wird (Jes 9,6). Schalom ist einer der Namen Gottes.

Jüdische Ethik lehnt Gewalt und Haß ab. Grundsätzlich verboten wird jedoch nicht das Töten schlechthin, sondern willkürliches, durch nichts gerechtfertigtes Morden. Die Rabbinen erließen ein Verbot des Blutvergießens: »So kam einst jemand vor Raba (gest. 352) und sagte: Der Herr meines Wohnortes befahl mir: Geh und tötet jenen; wenn nicht, werde ich dich töten lassen. Raba erwiderte: Mag er dich töten, du aber töte nicht! Was denkst du, dein Blut ist röter? Vielleicht ist das Blut jenes Mannes röter!«

Weil die Menschen nach dem Ebenbild Gottes geschaffen wurden, gilt das Gebot der unterschiedslosen Liebe. In der Tora wird geboten, den Bruder nicht zu hassen, den »Nächsten«, zu dem auch der »Fremdling« (Lev 19,33f; Dtn 10,18f.) gehören kann, wie sich selbst zu lieben. Nach Psalm 11,5 haßt Gott den Gewaltliebenden.

Insgesamt betrachtet, ist das Judentum keine ausschließlich pazifistische Religion. Bereits die Tora tritt einer konsequent pazifistischen Haltung entgegen: »Du sollst nicht untätig beim Blute deines Nächsten stehen« (Lev 19,16). Die Rabbinen vertraten schon die Lehre, daß es Pflicht sei, bedrohtes menschliches Leben zu retten. Neben der Forderung nach absoluter Friedfertigkeit steht der Grundsatz, der gegnerischen Tötungsabsicht zuvorzukommen. Die »Wahrung menschlichen Lebens« (Pikkuach nefesch) stellt eine situative Pflicht dar. Sie kann – auf das Volk übertragen – im Falle eines Angriffskrieges militärische Verteidigung erfordern.

Literatur: H.-J. Loth, Frieden im Judentum, in: U. Tworuschka (Hg.), Religionen heute, 1977, 124ff; LrG, 289ff. (D. Vetter, Friede, jüdisch); Der schwierige Weg zum Frieden, hg. von H. Becker u.a., 1994.

 **Christentum:** Mit der Verheißung von »Frieden auf Erden den Menschen, die guten Willens sind«, wurde (laut Lk 2,14) den Menschen die Geburt Jesu verkündet. Jesus verkündete das Reich Gottes als Friedensreich mit der Aufforderung zur Umkehr als Voraussetzung für Vergebung und Heil. Christliche Friedensethik ist auf das durch Christi Kreuzestod ermöglichte ewige Heil ausgerichtet. Das Leben Jesu, seine Liebe vor allem zu Schwachen, Verachteten, Armen, Kranken wird immer wieder als Modellverhalten für Friedfertigkeit heraufbeschworen – als Vorbild für das Gebot der Nächstenliebe: »Du sollst den Herrn, deinen Gott, lieben mit ganzem Herzen, mit ganzer Seele und mit all deinen Gedanken. Das ist das erste und wichtigste Gebot. Ebenso wichtig ist das zweite: Du sollst deinen Nächsten lieben wie dich selbst« (Mt 22,37ff.; vgl. Lev 19,18).

Neben den Weisungen Jesu zu Gewaltverzicht und Feindesliebe, verkündet in der Bergpredigt (vgl. Mt 5,38ff.), gibt es in der christlichen Ethik auch die Aufforderung zur grundsätzlichen Anerkennung der politischen Gewalten (vgl. Briefe des Apostels Paulus an die Römer, hier Röm 13,1ff.). Aus der Spannung zwischen diesen Ausrichtungen resultiert das bis zur Gegenwart zwiespältige Verhältnis des Christentums zum Kriegsdienst. Der schließlich vorherrschende Strang bedingter Kriegsbejahung mündete in der von Augustinus (354-430) formulierten, dann weiterentwickelten Lehre vom gerechten Krieg. Als akzeptable Gründe für einen gerechten Krieg werden herausgestellt: eine legitime Obrigkeit, die Krieg führt; ein gerechter Grund; die rechte Absicht; Krieg nur als letztes Mittel; Aussicht auf Erfolg; Verhältnismäßigkeit des angerichteten Schadens und des erstrebten Gutes; Anwendung gerechter Mittel. Luther hat diese Traditionslinie verschärft durch zwei Grundsätze: Wer Krieg anfängt, ist im Unrecht; niemand soll Richter in eigener Sache sein.

Die historische Überfülle christlicher Legitimierung und kirchlicher Unterstützung von Kriegen wird von vielen Christen heute sehr kritisch reflektiert, die nunmehr die in der Vergangenheit oft unterdrückten christlichen Stimmen und Kämpfer im Widerstand dagegen als vorbildlich würdigen. Der christliche Traditionsstrang radikaler Kriegsdienstverweigerung kann auf die große Distanz zu Krieg und Militärdienst in der frühen Kirchengeschichte, auf bestimmte christliche Gruppen insbesondere am »linken Rand« des Protestantismus (wie täuferische Christen, Quäker, Mennoniten), auf bestimmte Sondergemeinschaften (wie Jehovas Zeugen, Mormonen) verweisen. In der Gegenwart gibt es eine Bevorzugung der Kriegsdienstverweigerung besonders in den evangelischen Freikirchen und den reformierten Kirchen; seit dem Rundschreiben über den Frieden auf der Erde von 1963 spricht die römisch-katholische Kirche nicht mehr vom »irrenden Gewissen« des Kriegsdienstverweigerers.

Kriege, ABC-Waffen, weltweite Ungerechtigkeit der Teilhabe an den materiellen Gütern, ökologische Bedrohungen: Auf diese Herausforderungen der Gegenwart reagiert die christliche Friedensethik mit traditionellen Konzepten (Beispiel: Beteiligung an der atomaren Abschreckung in der Traditionslinie der Lehre vom gerechten Krieg), mit neuen Strategien, ökumenischen Bemühungen, teils auch mit radikaler Rückbesinnung auf die Bergpredigt.

Literatur: HdcE, Bd. 3, 425ff.; ÖL, 400ff., 730f.; WdC, 372f., 691f. (W. Dreier, Frieden bzw. Krieg); EKL, Bd. 1, 1372ff. (B. Moltmann, Frieden) u. Bd. 3, 1474ff. (W. Lienemann, Krieg; U. Finckh, Kriegsdienstverweigerung); KdKK, 781, 796 (Reg.).

 **Islam:** In Lehre und Glaubenswirklichkeit des Islam gibt es sowohl Elemente, die kriegerisches Verhalten begünstigen, als auch solche, die friedensstiftendes Potential besitzen.

Da es im Islam von der Theorie her keine Trennung zwischen weltlichem und geistlichem Bereich gibt, mußten von der Religion Belange gewahrt werden, die nach heutigem westlichen Verständnis in den Aufgabenbereich des Staates fallen. Die Kämpfe zur Ausbreitung der islamischen Staaten waren keine Missionskriege, da vor allem wirtschaftliche und politische Ziele mitbetroffen waren. Daher kann man nicht davon sprechen, daß die islamische Religion mit »Feuer und Schwert« ausgebreitet worden sei. Der Begriff Dschihad (»Anstrengung«, »Abmühen«, »Einsatz«) findet sich bereits in den ersten Offenbarungen aus mekkanischer Zeit, in der noch keine Rede von Kriegen war. Der Wortstamm g-(=dsch)-h-d verweist in seiner nominalen und verbalen Form auf einen geistigen, gesellschaftlichen Einsatz. Ausgehend von dieser Grundbedeutung bezeichnete Dschihad in medinensischer Zeit (vermutlich ab dem 2. Jahr der Hidschra) den Einsatz für den Islam schlechthin, mit der Betonung auf den Einsatz von Vermögen und Leben (vgl. auch Sure 8,72). Wesentlich ist, daß Dschihad von seinem Wortstamm her weder »Krieg führen« noch »töten«, also in diesem Sinne nicht »Aggression« beinhaltet. Anders ist dies beim Wortstamm q-t-l (»Kriegführen«, »töten«/qital = »Schlacht«) der Fall. Für kriegerische Auseinandersetzungen galten außerdem stark einschränkende Regeln: Der Kampf darf nur gegen Angreifer geführt werden, also ausschließlich zu Verteidigung und Schutz. Dabei darf »nicht übertrieben«, nicht aus Rache getötet werden. Er darf nur für die Sache Gottes, also nicht aus materiellen Gründen geführt werden und muß sofort beendet werden, wenn sich der Angreifer zurückzieht (vgl. Sure 2, 190-193).

Es widerspricht dem koranischen Wesensgehalt von Dschihad, ihn als »heiligen Krieg« aufzufassen. Ein Krieg ist aus islamischer Sicht nie »heilig«, selbst der Verteidigungskrieg gilt als ein notwendiges Übel.

Im Gegensatz zur Intention des Korans bekam der Dschihad in der Zeit nach Muhammad einen anderen Stellenwert: Weltliche Kämpfe und Kriege um wirtschaftliche und politische Macht erhielten eine »religiöse Weihe«, wurden oft zum Dschihad hochstilisiert, vergleichbar den christlichen »Kreuzzügen«.

In der modernen islamischen Diskussion erfährt Dschihad (in seiner religiös-moralischen Wortfeldbestimmung) sowohl eine neue Belebung als auch eine neue Interpretation: Befreiungskampf gegen Kolonialmächte; Kampf gegen ungerechte Herrscher und Systeme, die eine Abhängigkeit von fremden Mächten und Unterdrückung zur Folge haben; Einsatz für die Erneuerung auf wirtschaftlichem, gesellschaftlichem und kulturellem Gebiet.

Die Vorstellung, daß die bestehende Welt, die an sich nicht schlecht ist, unter der Herrschaft der rechten Religion verbesserbar ist, kann Antrieb zur religiösen Eroberung sein. Gewalt wird dann solange als ein notwendiges Übel betrachtet, wie es in dieser Welt feindliche Kräfte gibt, die der göttlichen Ordnung widersprechen.

Die enge Verbindung von Religion und Politik hat häufig bewirkt, daß der Gläubige politische Niederlagen und wirtschaftliche Mißerfolge einem religiösen Fehlschlag gleichsetzte. Die islamische Geschichte hat den Muslim gelehrt, daß die religiöse Entwicklung des Islam häufig von politischen Erfolgen begleitet war. Daher blickt er mit Stolz auf die Zeit des Frühislam zurück, sieht in ihr eine Verpflichtung für die Gegenwart. Weil die Pathosformel von einer »gerechten islamischen Gesellschaft« zur Chiffre aller Hoffnungen auf eine bessere Zukunft geworden ist, sind viele Muslime bereit, zur Erreichung dieses Ziels auch Gewalt in Kauf zu nehmen. Die fehlende Unterscheidung zwischen Religion und staatlicher Autorität bewirkt auch, daß der Islam keine Wehrdienstverweigerung in unserem Sinn kennt. Die Frage für viele Muslime lautet daher nicht: »Ist die Vernichtung von Leben selbst in einem gerechten Krieg verwerflich?« sondern: »Ist der Staat, in dem ich lebe, ein guter Repräsentant meiner Religion, so daß es gerechtfertigt ist, ihn zu verteidigen?

Zu den aggressionshemmenden Elementen gehören folgende: Für den Islam ist der Frieden der erstrebenswerte Normalzustand, Krieg hingegen nur in bestimmten Fällen eine notwendige Ausnahme. Dahinter steht die Auffassung, daß der Kriegszustand vorläufiger Natur ist und hinfällig wird, sobald eine gottgewollte Gesellschaft auf Erden verwirklicht ist. Viele Muslime argumentieren, daß der Friede dem Islam angeboren sei. Das Wort Islam kann auf eine Wurzel s-l-m zurückgeführt werden, die »sicher«, »heil sein« bedeutet. Dieselbe Wurzel s-l-m steckt auch im arabischen Wort Salam: »Frieden«. Das Wort Salam gehört übrigens zu den wichtigsten Beinamen Gottes. Die Überzeugung, daß der Friedensgedanke in der Natur des Islam verwurzelt ist, kommt auch darin zum Ausdruck, daß der Gruß der Muslime »Friede sei mit dir« lautet und das Paradies »Haus des Friedens« heißt.

Muhammad hat im Sinne des Korans einer Überlieferung zufolge zwischen einem »kleinen« und einem »großen Dschihad« unterschieden: Während die Opferung von Vermögen und Leben für die Verteidigung als »kleiner Dschihad« bezeichnet wird, gilt der »große Dschihad« dem Kampf gegen die eigenen Fehler und schlechten Eigenschaften.

Der Islam toleriert Juden, Christen und die Religionsgemeinschaft der Sabier als »Buchreligionen«. Zu diesen Gemeinschaften kamen Propheten und Gesandte und brachten die im Kern gleiche Botschaft vom einen und einzigen Gott. Das klassische islamische Recht teilt die Welt in zwei Gebiete auf: »Gebiet des Islam« (Dar al-Islam) und »Gebiet des Krieges« (Dar al-Harb). Die Muslime schlossen mit den eroberten Schriftbesitzern zweiseitige Verträge. Der islamische Staat war weniger an der Gewinnung von Proselyten, als an den Steuern seiner Schutzbefohlenen interessiert. Indirekt wurde dadurch die Toleranz gefördert.

Der Islam geht von einem ganzheitlichen Menschenbild aus. Er versucht, die Totalität des menschlichen Lebens zu erfassen und die ganze Natur des Menschen mit allen Schwächen und Mängeln mitzuberücksichtigen. Dadurch wird die Aggression nicht in den außerreligiösen Bereich verdrängt, wo sie ohne ethische Kontrolle eskalieren kann. Der Gläubige wird durch die Gebote seiner Religion dazu angehalten, Fairness walten zu lassen. Der Islam verurteilt Brutalität und die Ermordung Wehrloser streng. Die Tatsache, daß sich der einzelne Muslim bei allen Entscheidungen an seine Religion gebunden fühlt, kann daher nicht nur fanatisierende, sondern auch friedenstiftende Auswirkungen haben.

Darüber hinaus gibt es aggressionsfördernde Elemente, die ihre Ursachen nicht in der Religion haben. In vielen Ländern des Nahen Ostens gibt es wirtschaftliche, politische, soziale Entwicklungsprobleme und Spannungen. Wenn einzelne Führerpersönlichkeiten auftreten und die »westliche Überfremdung« und den »drohenden Zionismus« als einzige Ursachen für diese Probleme angeben, werden solche Parolen bereitwillig als Erklärung für das eigene Versagen aufgenommen. So wird die Frustration über die eigenen Mißstände auf auswärtige Ziele gelenkt, was Aggressionen gegenüber Fremdgruppen zur Folge hat.

Die Tatsache, daß ein großer Teil der Bevölkerung islamischer Länder Analphabeten sind und nur wenige Jahre die Schule besucht hat, erleichtert die Propagandaaktionen bestimmter Kreise. Die fehlende Bildung trägt zumindest dazu bei, daß Informationen und Propaganda nicht genügend gefiltert werden.

Viele Staaten des Nahen Ostens haben nach ihrer Unabhängigkeit als Gegenreaktion auf die Bevormundung und Überfremdung in der Kolonialzeit ein starkes Nationalgefühl entwickelt. Anderseits kann diese Überzeugung in ein Bewußtsein der übersteigerten kollektiven Selbstsicherheit und Selbstgerechtigkeit (Gruppennarzißmus) umschlagen, das den Mangel an wirklicher Befriedigung im Leben kompensiert. Gerade die ärmeren Schichten, deren Anteil an der Gesamtbevölkerung aller Entwicklungsländer ziemlich groß ist, verhalten sich häufig fanatisch, wenn es um die Verteidigung dieser glorifizierten Gruppennormen geht.

Literatur: A. Noth, Heiliger Krieg und Heiliger Kampf im Islam und Christentum, 1966; A. Falaturi, Toleranz und Friedenstraditionen im Islam, in: A. Falaturi, Der Islam im Dialog, 1992, 75-98; A. Falaturi/U. Tworuschka, Der Islam im Unterricht, 1996[3], 43ff.; Der schwierige Weg zum Frieden, hg. von H. Becker u.a., 1994.

 **Buddhismus:** Eine herausragende Rolle spielt das in die Religionsgeschichte Indiens weit zurückreichende, bis heute immer wieder aktualisierte Ahimsa-Prinzip, das Gebot des »Nicht-Verletzens«, nicht einmal mit Worten. Ganz dicht am historischen Buddha ist man bei den folgenden Versen zur Feindesgüte: »Selbst wenn da, ihr Mönche, Räuber und Mörder mit einer doppeltgezähnten Säge jemandem ein Glied nach dem anderen abtrennen, so würde jener, wenn sein Geist vor Wut erfüllt würde, eben deshalb kein Betätiger meiner Religion sein. Auch in diesem Fall, ihr Mönche, müßt ihr euch also üben: ›Nicht soll unser Geist erregt werden, kein böses Wort wollen wir ausstoßen, freundlich und mitleidsvoll wollen wir bleiben, gütig gesinnt, ohne Haß im Innern, und diesen Menschen wollen wir mit gütigem Geiste durchdringen, und von ihm ausgehend, wollen wir die ganze weite Welt mit gütigem Geiste durchdringen, mit schrankenlosem, weitem, unermeßlichem, frei von Feindseligkeit und Übelwollen‹. So also, ihr Mönche, müßt ihr euch üben.«

Glück und Frieden für jedermann – ob Mensch oder Tier: Dies ist der Inhalt der in der ganzen buddhistischen Welt beliebten Metta-Übung, der Meditation von »Güte« und »Freundlichkeit«. In den Glücklichkeitswunsch des Meditierenden wird alles Lebendige eingeschlossen: »Mögen alle Wesen glücklich sein!«

In der Metta-Haltung konzentriert sich das sozial-ethische Ideal des Buddhismus. Metta bedeutet »Freundlichkeit«, »Güte«, »Liebe« – aber nicht im sexuellen Sinne. Metta meint die Beseitigung jeglichen Übelwollens und die Erweckung der Freundlichkeit. Gemeint ist die Einstellung einer Mutter, die den einzigen Sohn mit ihrem eigenen Leben beschützt. Die Meditation beginnt bei der Person des Meditierenden selbst: »Möge ich selbst glücklich und frei von Leiden sein«. Dann wird dieser Glücklichkeitswunsch schrittweise ausgeweitet: auf die eigene Familie, Verwandten, Freunde bis hin zu Fernerstehenden, ja schließlich Feinden. Metta erstreckt sich nicht nur auf die Menschen, gleich welcher Rasse, Religion und Nation, auch auf die Tiere, ja letztlich auf alles, was lebt.

Von seinen Kernaussagen her läßt der Buddhismus wenig Raum für Verfolgungen oder »heilige Kriege«. Buddha hielt die »rechte Lehre«, um die man erbittert streiten kann, nicht für das Entscheidende. Er verglich sie mit einem Floß. Dieses tauge wohl dazu, einen Menschen an das andere Ufer zu setzen, also zum Heil ins Nirvana zu führen. Es habe aber keinen Selbstwert, nur dienende Funktion. Daher müsse man es nach dem Übersetzen einfach liegen lassen. Das Streiten um Worte gilt als müßig. In erster Linie komme es darauf an, daß der einzelne selbst erkenne, was für ihn nützlich sei, ihn weiterbringe.

Zwischen der beeindruckenden Friedenslehre des Buddhismus und seiner alltäglichen Glaubenspraxis in Geschichte und Gegenwart besteht aber eine Spannung. Die Kolonialherrschaft sowie teilweise erzwungene Missionsverträge haben zur Entstehung eines modernen politischen Buddhismus beigetragen. Vor der Zeit des Kolonialismus hatte in einigen buddhistischen Ländern ein Schutzverhältnis zwischen dem Königtum und den religiösen Institutionen bestanden. In einem modernen autonomen Staat wollte man den Buddhismus zur Staatsreligion erklären, damit Herrscher und Bürger ihr Leben mit der Lehre Buddhas in Einklang bringen könnten. Die Unabhängigkeitsbewegungen setzten sich daher das Ziel, die nicht-buddhistischen Kolonialmächte aus ihren Ländern zu vertreiben. Diese Kämpfe hatten zugleich anti-koloniale und anti-christliche Impulse. Selbst in Kriegen, die nicht gegen Kolonialmächte geführt wurden – zum Beispiel die Bruderkriege zwischen Burma und Thailand – setzten beileibe nicht alle buddhistischen Herrscher die friedlichen Kerngedanken ihrer Religion in die Tat um.

1959 wurde auf einem wichtigen Kongreß in Tokyo das Problem des Verteidigungskrieges von Vertretern der beiden buddhistischen Hauptrichtungen – Theravada und Mahayana – kontrovers diskutiert: Die Theravada-Länder sprachen sich für absoluten Pazifismus aus, die Mahayana-Staaten billigten dagegen einen Verteidigungskrieg -vorausgesetzt, alle Mittel zur friedlichen Schlichtung hätten versagt.

Der Mahayana-Buddhismus begründet Gewaltanwendung sogar mit einer alten Überlieferung: Buddha habe in einem früheren Leben einige ketzerische Hindu-Brahmanen getötet, um den Buddhismus zu schützen und um sie vor der Strafe für ihr frevlerisches Tun zu retten. Manche modernen Buddhisten hölen das Ahimsa-Gebot mit folgendem Argument aus: Es sei besser, einen Menschen zu töten, wenn dieser sonst den Tod vieler anderer verursachen würde.

Der englische Religionswissenschaftler Trevor Ling hat folgendes Resümee gezogen: »Die Geschichte der buddhistischen Königreiche Südostasiens unterstützt nicht die Auffassung, daß, wo buddhistische Institutionen und Ideen einen herausragenden Stellenwert im nationalen Leben haben, die Konsequenz friedliche internationale Beziehungen seien. Noch gibt es keine überzeugenden Hinweise dafür, daß in Ländern, wo der Buddhismus Staatsreligion ist, nationale Kriege etwa als unbuddhistisch betrachtet wurden«.

Ist eine friedliche Lehre im Alltag in der Lage, soziale Spannungen und innenpolitische Konflikte zu entschärfen? In Burma und Thailand werden zwar nur wenige Gewaltverbrechen verübt. Die natürliche Aggression der Bürger existiert jedoch unterschwellig weiter. Im Alltag bemüht man sich zwar, mit Familie, Freunden und Kollegen keinen Streit anzufangen, geht bei Konflikten mit Vorgesetzten den Weg des geringsten Widerstands. Doch dadurch wird die offene Aggression in den seelischen Bereich abgedrängt. Die Menschen reagieren sich dadurch ab, daß sie andere zum Beispiel heimlich verleugnen, hinter ihrem Rücken reden. Bürger, die sich im Alltag dem Ideal der friedlichen Koexistenz verpflichtet fühlen, sind als Gegenreaktion auf die erlittene Frustration im Kriegsfall oft besonders grausam.

Der japanische Lotos-Buddhismus hat ein beträchtliches Aggressionspotential. Sein Gründer Nichiren (1222–1282) forderte ein scharfes staatliches Durchgreifen: Die Tempel der »Feinde der Buddha-Religion« sollten enteignet werden. Mit einem für den Buddhismus untypischen Entweder-Oder-Anspruch auf Wahrheit und Absolutheit trat dieser fanatische Mönch auf. Im Hokké-Buddhismus unserer Tage findet der prophetische Eifer Nichirens seine Fortsetzung, so in der 1930 gegründeten Soka Gakkai-Bewegung (»Gesellschaft zur Schaffung von Werten«). Religion und Politik sind hier eng miteinander verzahnt. Ziel ist eine Idealgesellschaft, in der Gesellschaft und Einzelner höchstes materielles Glück erlangen sollen. Die erfolgreiche Komeito-Partei ist der politische Ableger dieser Bewegung. Sie hat das Shakubuku, die Bekehrung anderer »auf Biegen und Brechen«, zur Maxime erhoben.

Die von dem Japaner Nikkyo Niwano mitbegründete Rissho Kosei-kai (»Gesellschaft für Aufrichtung von Recht und mitmenschliche Beziehungen«) hat sich immer stärker als Friedensbewegung profiliert. Aus ihren verschiedenen Friedenssymposien ging schließlich die »Weltkonferenz der Religionen für den Frieden« hervor, die mittlerweile in über 60 Ländern verbreitet ist.

Der im indischen Exil lebende Dalai Lama, der seit seiner Flucht 1959 für das Selbstbestimmungsrecht seines unter chinesischer Herrschaft leidenden Volkes eintritt, hat die Politiker in aller Welt häufig aufgerufen, ihr Friedensengagement zu verstärken.

»Gewaltlosigkeit kann man nicht über Nacht beherrschen, man muß sie erlernen. Frieden muß man erlernen, indem man zunächst den Frieden in sich selbst sucht, mit sich selbst ins reine kommt. Damit erwirbt man auch Gelassenheit anderen gegenüber, Toleranz und Verständnis.« Mit diesen Worten beschreibt der thailändische Mönch und Menschenrechtler Sulak Sivaraksa seine Vorstellung von Gerechtigkeit.

Literatur: G. Mensching, Der offene Tempel, 1974; H. Hecker, Die Ethik des Buddha, 1976, 108ff.; TRE, Bd.11, 599ff. (H.-W. Gensichen, F. I., Religionsgesch.); Kim Lan Thai Thi, Buddhismus – Religion des Friedens, in: J. Lähnemann (Hg.), Weltreligionen und Friedenserziehung, 1989, 127ff.; G. Mensching, Toleranz und Wahrheit in der Religion, 1955, neu hg. von U. Tworuschka, 1996.

 **Hinduismus:** Für viele westliche Beobachter – meist solche, die sich mit klassischen indischen Religionstexten beschäftigen – ist Indien Inbegriff der Toleranz. Doch auf dem Subkontinent fließt oft Blut: Die Auseinandersetzungen zwischen Hindus und Muslimen, die 1947 zur Aufteilung des Landes in einen islamischen Staat (heute Pakistan und Bangladesh) und eine Hindu-Nation führten, waren von Strömen von Blut begleitet. Am 30.1.1948 wurde in Delhi der 79jährige Mahatma Gandhi von einem Hindu-Fanatiker aus nächster Nähe erschossen. In den letzten Jahren haben die Auseinandersetzungen zwischen fundamentalistisch-militanten Hindu-Organisationen einerseits und den nicht-hinduistischen Religionen an Schärfe zugenommen.

Die Verfassung des säkularen Staates Indien (1949) untersagt die Benachteilung der Bürger aufgrund von Religion, Rasse oder Kaste. Weitgehend bestimmt jedoch das religiös begründete Kastenwesen das soziale Leben, führt zu Ungerechtigkeiten, Ausgrenzungen, oft auch zu blutigen Konflikten.

Im Gegensatz zu diesem Bild steht die von bedeutenden Religionswissenschaftlern wie Gustav Mensching (1901-1978) gerühmte mystische Toleranztradition des Hinduismus. Tatsächlich ist der Hinduismus reich an Stimmen, welche die Erfahrung einer mystischen Einheit der Religionen bezeugen. Mensching interpretiert das neuhinduistische Modell einer »inklusiven Absolutheit« dahingehend, daß die fremde Gottesverehrung der eigenen zugeordnet wird. Man gehe nämlich davon aus, daß sie sich, auch wenn vordergründig ein anderer Gott verehrt wird, letztlich auf den eigenen, den einzigen Gott beziehe. Bereits im Rigveda wird die Erkenntnis ausgesprochen, daß sich hinter aller Vielheit der Götter eine letzte Einheit verbirgt. »Sie nennen es Indra, Mitra, Varuna, Agni (...) Was nur das Eine ist, bezeichnen die Sänger mit vielen Namen.«

Auch in der Bhagavadgita findet sich diese Haltung der »inklusiven Absolutheit«: Der Verehrer des monotheistischen Gottes Vishnu ist zwar durchaus von der alleinigen Realität seines Gottes überzeugt. Dennoch vermag er, fremde Kulte und Gottesanschau-

ungen einzubeziehen, weil er annimmt, daß auch diese sich –
unbewußt – auf Vishnu richten.

Die hinduistische Toleranz- und Friedensszene unserer Tage ist
vielfältig, hat zahlreiche Gruppierungen und Sondergemeinschaften hervorgebracht. Bemerkenswert ist dabei das Konzept Mahatma Gandhis, in dessen Zentrum die Begriffe Satyagraha und
Ahimsa stehen. In Südafrika formten sich Gandhis Ideen und die
Methoden seines politischen Handelns, die schließlich im Befreiungskampf der Inder gegen die Briten ihren Höhepunkt fanden. Dort prägte Gandhi zum ersten Mal den Begriff Satyagraha
(»Festigkeit in der Wahrheit«), das in europäischen Sprachen
ungenau mit »passiver Widerstand« übersetzt wird. Satyagraha
bedeutet das freiwillige Leiden für eine als wahr erkannte Überzeugung. Das hinduistische Denken kreist zentral um die Problematik von Seiendem/Wirklichem und Nichtseiendem/Unwirkli-
chem. Wahrheit (Satya) schließt Liebe ein, Festigkeit (Agraha),
vermittelt die Idee der Kraft. Satyagraha steht in enger Verbindung zum Ahimsa-Prinzip:»Kein lebendes Wesen zu verletzen,
ist zweifellos ein Teil von Ahimsa. Doch ist das wirklich nur ihre
geringste Ausdrucksform. Das Prinzip von Ahimsa wird ja schon
durch jeden übelwollenden Gedanken, durch unnötige Eile, durch
Lüge, durch Haß und Mißgunst gegenüber anderen verletzt (...)
Ohne Ahimsa ist es nicht möglich, die Wahrheit zu suchen und
ihr zu begegnen. Beide sind derart ineinander verwoben, daß es
praktisch unmöglich ist, sie zu trennen. Ahimsa ist das Mittel
und Wahrheit das Ziel.«

Gandhi bezeichnete allerdings Gewalt gegen die Regierenden als
Gewalt »gegen uns selbst«: »Weil die Regierenden nicht unbedingt schon von Geburt an schlecht sind, sondern zumeist erst
aufgrund eines bestimmten Umfeldes, habe ich Hoffnung. Die
Regierenden können ihr Verhalten selbst nicht ändern, das ist
vollkommen richtig. Wenn sie aber durch das Umfeld beherrscht
sind, dann verdienen sie es nicht, daß man sie tötet, sondern sie
sollen durch Veränderungen des Umfelds gewandelt werden. Dieses Umfeld aber sind wir – wir Menschen, die Regierende zu
dem machen, was sie sind (...) Hier sind fünf einfache Axiome

der Gewaltfreiheit, so wie ich sie verstehe. 1. Gewaltfreiheit bedeutet Selbstläuterung, so vollkommen und so weitgehend sie nur irgend menschenmöglich ist. 2. Für alle gewaltfrei Handelnden gilt, daß die Überzeugungskraft in einer gewaltfreien Aktion genau ihren Möglichkeiten entspricht, Gewalt anzuwenden. 3. Gewaltfreiheit ist der Gewalt ausnahmslos überlegen; das heißt, daß die dem Gewaltfreien zur Verfügung stehende Macht in jedem Fall größer ist, als wenn er Gewalt anwenden würde. 4. Für Gewaltfreiheit gibt es keine Niederlage. Der Gewalt jedoch ist die eigene Niederlage sicher. 5. Der Gewaltfreiheit ist der Sieg immer sicher – wenn in diesem Zusammenhang ›Sieg‹ überhaupt der richtige Ausdruck ist. Denn wo es keinen Gedanken an Niederlage gibt, da gibt es auch keinen Sieg.« Eine weitere Friedensbewegung ist die auf den Gandhi-Schüler Vinoba Bhave (1895-1982) zurückgehende Sarvodaya-Bewegung. Bei ihr spielt das Ahimsa-Ideal eine große Rolle. Ganz eigener Art sind hinduistische Friedensbewegungen wie etwa der von einem Dorfschullehrer 1970 gegründete Adi-Parashaki-Kult in Tamil Nadu. Er soll bis zu 10 Millionen Anhänger haben und vertritt einige hoffnungsvolle Perspektiven für den Dialog der Religionen: Man negiert die Kastenschranken. Die Gemeinschaft ist sozial sehr aktiv, baut Krankenhäuser, Schulen, betreibt dörfliche Aufbau- und Entwicklungsprogramme, setzt sich für die Erhaltung der Umwelt ein.

Literatur: P. Hacker, Religiöse Toleranz und Intoleranz im Hinduismus, in: Saeculum 8 (1957), 167ff.; G. Mensching, Der offene Tempel, 1974; P. Schreiner, Gewaltlosigkeit und Tötungsverbot im Hinduismus, in: H. v. Stietencron (Hg.), Angst und Gewalt, 1979, 287ff.; H.-W. Gensichen, Weltreligionen und Weltfriede, 1985, 36ff.; M. v. Brück, Friedensgespräche zwischen den Religionen in Indien, in: J. Lähnemann (Hg.), Weltreligionen und Friedenserziehung, 1989, 268ff.; G. Mensching, Toleranz und Wahrheit in der Religion, 1955, neu hg. von U. Tworuschka, 1996.

 **Judentum:** Die Tora betont die Heiligkeit des menschlichen Lebens. Gott hat Verbote und Gebote erteilt, damit der Mensch »in ihnen leben soll«. Bei Lebensgefahr darf man sich über viele Gebote und Verbote hinwegsetzen. Das rabbinische Schrifttum betrachtet den Menschen als untrennbare Einheit von Körper und Seele. Der Mensch hat die Pflicht, seinen Körper angemessen zu pflegen. Geburt, Säuglingspflege und Beschneidung sind von zahlreichen Hygienevorschriften zum Erhalt der Gesundheit begleitet. In jüdischen Gemeinden gibt es Vereinigungen, deren Mitglieder sich der Kranken annehmen (Bikkur Cholim = »Sorge um das Wohl des Kranken«). Das Judentum kennt verschiedene Anforderungen zur Aufrechterhaltung der körperlich-seelischen Gesundheit. Dazu gehört in erster Linie die Reinheitslehre, die auch das Tabu des Blutes enthält: Eine Frau muß sich während der Menstruation absondern, gilt erst nach einem Tauchbad in einer Mikwe (Bekken, Brunnen mit fließendem Wasser) wieder als rein. Es ist religiöse Pflicht, nach dem Aufstehen, vor einer Mahlzeit, nach dem Verlassen einer Toilette, ja sogar nach dem Nägelschneiden, die Hände zu waschen. Das Verbot des Schweinefleischverzehrs gilt ebenso als besonders gesundheitsförderlich wie die anderen zahlreichen Speisegebote.

Als entscheidend für die seelische Gesundheit wird auch ein besonderer Lebensrhythmus angesehen. Von alters her kommt dabei dem Sabbat eine besondere Rolle zu. Er ist nicht einfach nur Ruhetag; vielmehr ermöglicht er Besinnung, dient der Verwirklichung von körperlichem und seelischem Wohlbefinden.

Wenn die Beschäftigung mit Büchern durchaus einen besonderen Stellenwert einnimmt, so spielte doch auch die körperliche Erziehung im alten Israel eine wichtige Rolle. Im Talmud wird vom Vater gefordert, daß er seinem Sohn das Schwimmen beibringt und ein Handwerk erlernen läßt. Dem Bogenschießen wie auch dem Tanzen kamen besondere Bedeutung zu. Als körperliche Betätigung kann das Tanzen sogar als Ausdruck von Gotteslob verstanden werden. »Es gibt keinen gleichwertigen Ersatz für Leibesübungen, sie erregen natürliche Wärme und fördern die Verdauung (...) Die Gymnastik hebt den Schaden so mancher übler Gewohnheiten des Menschen auf«, formulierte der große Gelehrte Moses Maimonides.

Aus der Bibel lassen sich nur wenige Hinweise über die Ausübung der damaligen Medizin entnehmen. Die hohen Priester dürften über gewisse medizinische Kenntnisse verfügt haben, weil sie zum Beispiel Umgang mit Leprakranken hatten. Der Talmud verleiht mehreren, in der Volksmedizin kundigen Autoritäten den Titel Arzt. In rabbinischer Zeit wurde allerdings die Auffassung vertreten, daß der Mensch nicht in Gottes Heilsplan eingreifen dürfe.

Gerühmt wurde Assaf Ha-Rophe, der im 6./7. Jahrhundert in Babylonien lebte und ein wichtiges medizinisches Handbuch hinterließ. Als höchste medizinische Autorität wurde Maimonides angesehen, der Leibarzt Sultan Saladins. Er verfaßte auf arabisch Schriften zur Diätetik, Hygiene und Psychosomatik. Die Reihe bedeutender jüdischer Ärzte bis in unsere Tage ist umfangreich.

Literatur: M. Douglas, Reinheit und Gefährdung, 1985, 60ff.; EdR, Bd.3, 9ff (J.Paál, G. im Judentum); H. Loth/H.-J. Loth, »Ich bin der Gott, der dich heilt«, in: Umwelt & Gesundheit 3/4 (1988), 69ff.

 **Christentum:** Der christliche Begriff der Gesundheit ist ganzheitlich auf die leib-seelische Gesundheit ausgerichtet – eine Zielrichtung, die im Begriff »Heil« kulminiert: Durch »Erbsünde«, »Ursünde«, »Urschuld« aus der paradiesischen »ursprünglichen Ganzheit« herausgefallen, befinde sich der Mensch im Zustand des Nicht-Heilseins, abwendbar durch die Nachfolge Christi, der stellvertretend den Opfertod erlitten hat. Christentum ist die

Botschaft von dem durch Christus ermöglichten Heil des Menschen.

Jesus wird im Neuen Testament nicht »Arzt« genannt; er ist aber wesentlich eine Heilergestalt, die körperlich und seelisch Kranken hilft. Der das nahe Gottesreich verkündigende »Urcharismatiker« (Rudolf Otto) ruft Jünger in seine Nachfolge, die dann selbst die Gabe des Heilens besitzen. In der Missionspredigt der ersten Jahrhunderte war der Titel »Christus der Arzt« besonders beliebt. Die Kirche wird als Krankenhaus, die Sakramente werden als Arznei, die rechtgläubige Theologie als »Arzneikasten« gegen Irrglauben bezeichnet. Hanna Wolff hat in Reden, Tun und Leben Jesu sogar ein »Modell moderner Psychotherapie« aufgewiesen.

Seit der Frühgeschichte des Christentums gibt es einen Traditionsstrang der Leibverachtung, mit geprägt durch die griechische Philosophie (Stoiker, Pythagoreer), Gnosis bzw. Gnostizismus und die Manichäer. Fortwirkende, mystisch geprägte Impulse für eine christlich geprägte Leibhochachtung und eine naturgemäße Medizin gaben die Äbtissin Hildegard von Bingen (1098 – 1179) und Paracelsus (1493 – 1451). Die Modernisierung der Gesundheitsfürsorge in der neuesten Geschichte ist von Christen und den Kirchen zwar weitgehend mitgetragen worden; dabei werden jedoch bis heute nachdrücklich ethische Bedenken gegen den blinden Glauben an die Allmacht des medizinischen Fortschritts jenseits christlicher Heilsvorstellungen vorgebracht.

Zu einem gesunden persönlichen Lebensstil rufen zahlreiche Normen der christlichen Ethik auf; sie umfassen alle Aspekte des Lebens, fordern vielfach asketische Verhaltensweisen (vgl. z.B. im Artikel »Ernährung« die christlich-ethischen Hinweise) und verweisen stets auf das christliche Heilsziel. Wenn 1990 die Deutsche Bischofskonferenz und die Evangelische Kirche in Deutschland eine gemeinsame Erklärung zum Sport abgegeben haben, so paart sich dementsprechend das klare Ja zu Freizeit- und Breitensport als gesundheitlich sinnvoll mit Appellen zu sozialem Verhalten und dem Verweis auf christliches Heil.

Die ganzheitlich Leib, Geist und Seele umfassende Gesundheitsausrichtung des Christentums relativiert Krankheiten; ja, diese werden teils als Heilsweg sogar glorifiziert. Naturwissenschaftlich nicht erklärbare Glaubensheilungen (»Wunderheilungen«) spielen heute insbesondere in bestimmten Pfingstkirchen bzw. charismatischen Gemeinschaften eine hervorgehobene Rolle. Die aus Nächstenliebe gebotene Zuwendung zu den Kranken erfordert aus christlicher Sicht konsequente individuelle und sozialpolitische Bemühungen. Unbestritten ist deshalb im Christentum, daß die lange Tradition kirchlich institutionalisierter Krankenfürsorge gegenwärtig im Kontext moderner Sozialpolitik und insbesondere im Hinblick auf kranke Menschen in den vielen weltweiten Zentren der Not weiterzuführen ist. Umstritten ist, inwieweit über persönliche Hilfe und Hilfe zur Selbsthilfe hinaus politische und ökonomische Radikalkuren notwendig sind.

Literatur: EdR, Bd. III (Fr. Trzaskalik, G. im Katholizismus; A. Köberle, G. im Protestantismus; U. Tworuschka: G. in ausgewählten kleineren Religionsgemeinschaften); TRE, Bd. 19 (1990), 659ff. (Artikel betr. Krankenhaus, Krankenpflege, Krankenseelsorge, K.); M. Klöcker, Katholisch – von der Wiege bis zur Bahre, 1991, 517 (Reg.); EKL, Bd. II, 158ff.

 **Islam:** Die Einstellung des Islam zu Heil und Gesundheit steht in einem engen Zusammenhang mit seinem Gottes- und Menschenbild, der Frage nach dem Sinn der Schöpfung, mit Heil und Erlösung, aber auch mit der Erfahrung von Unheil, Leiden und Krankheit. Islam (freiwillige »Hingabe« an Gott) und Iman (»Glaube«) bilden für den Gläubigen unverzichtbare Elemente einer umfassenden, gesunden und harmonischen Lebensordnung, tragen bei zu Ausgeglichenheit und innerem Frieden, zur Befreiung von Angst und Bewältigung von Schicksalsschlägen. Sie bilden damit eine Voraussetzung für körperlich-seelische Gesundheit. Der Koran enthält neben der Beschreibung allgemeiner metaphysischer Heils- und Unheilsmomente für den Menschen, die auch auf das Verständnis von Gesundheit und Krankheit hinweisen, konkrete Speise- und Hygienevorschriften. Bis heute werden

diese als konstitutive Elemente islamischer Gesundheitserziehung betrachtet. Neben dem Fasten stehen auch die anderen Grundpflichten in einem Zusammenhang mit der Gesundheit: So trägt das »rituelle Pflichtgebet« zur seelischen Gesundheit bei, weil »der Gedanke an Gott den Herzen Frieden bringt« (13,28) und den »größten Segensquell« darstellt. Die »Pflichtabgabe« soll den Menschen von seiner Besitzgier »reinigen«, damit auch innere Zufriedenheit bewirken. Die »Wallfahrt« befreit den Menschen vorübergehend von seinem Alltagsstreß und sonstigen Bindungen, macht ihm die Gleichheit und Zusammengehörigkeit der Gläubigen eindringlich bewußt.

Ebenso wie sich nach koranischer Auffassung der gläubige Muslim im Heil befindet, werden Personen, die »Ungläubigen« (also Polytheisten) und »Heuchlern« nahestehen, im Koran als Kranke beschrieben: »Ihre Herzen sind krank und Gott mehrt ihre Krankheit, und für sie ist schwere Strafe für ihr Lügen« (2,9). »Und da die Heuchler und jene, in deren Herzen Krankheit war, sprachen: ›Gott und sein Gesandter haben uns nur Trug verheißen‹« (33,12). »Wahrlich, wenn die Heuchler und diejenigen, in deren Herzen Krankheit ist, und die Aufwiegler in Medina nicht aufhören, so werden wir dich gegen sie anspornen« (33,60). Das Wort »heilen« (Shafa) kommt ebenfalls im Koran vor. In 26,80 wird Gott als derjenige bezeichnet, der den Menschen heilt, wenn er krank ist. Einmal kommt das Wort auch im konkreten Sinn vor (16,71), wo Honig als Heilmittel für den Menschen genannt wird.

Erwähnung verdienen die Wunderheilungen Jesu, die der Koran im Zusammenhang mit der Wiederbelebung von Toten berichtet. In 3,43 und 5,110 heißt es: Jesus wird (mit Gottes Hilfe!) den bzw. die »Mutterblinden und Aussätzigen« heilen. Jesus genießt als großer Wunderarzt unter den Propheten besondere Verehrung. Aus einzelnen Prophetenworten mit Überlieferungen über gesunde Lebensführung und Formen der Heilbehandlung, die Muhammad zugeschrieben werden, entstand die zum Teil bis heute praktizierte »Prophetenmedizin«. Mittelalterliche muslimische Gelehrte, von der griechischen Wissenschaft beeinflußt, entwickelten einen bemerkenswert hohen, den europäischen weit überragenden medizinischen Erkenntnisstandard und eine umfassende Heilmittellehre (9.-13. Jahrhundert). Sie reflektierten gründlich über medizinethische Probleme, brachten ein fortschrittliches Gesundheitswesen hervor. Im 9. Jahrhundert wurden auf Veranlassung der Abbasidenkalifen und ihrer Minister durch syrische Christen, insbesondere durch Hunain Ibn Ishaq und seine Schule, systematisch die griechischen Werke der Antike in das Arabische übersetzt. Bedeutende islamische Ärzte waren am Hof der Abbasidenkalifen tätig. Sie fertigten nicht nur Übersetzungen an, sondern entwickelten die griechische Lehre auch weiter (z.B. Widerlegung Galens durch die Entdeckung des Lungenkreislaufes durch den Damaszener Ibn an-Nafis [gest. 1288]). Die islamische Medizin hat vor allem auf den Gebieten der Heilmittellehre und der Augenheilkunde (z.B. erfolgreiche Operationen des grauen Stars) großartige Leistungen hervorgebracht. Viele Werke islamischer Mediziner sind im 11. und 12. Jahrhundert vor allem in Süditalien und Spanien ins Lateinische übersetzt worden. Vom 13. Jahrhundert an erfuhr die wissenschaftliche Medizin einen Niedergang. Wenn sich auch in neuerer Zeit weitgehend europäische Kenntnisse und Methoden im Bereich der Medizin durchsetzten, bemühen sich muslimische Mediziner um die Wiederbelebung einer spezifisch islamischen Medizin-Ethik und in Vergessenheit geratener Heilverfahren.

Auf der »Ersten Internationalen Konferenz für islamische Medizin« (Kuwait 1981) beschloß man nicht nur die Wiederbelebung des eigenen (medizinischen) Erbes, sondern verabschiedete auch den »Islamic Code of Medical Ethics« mit folgenden Schwerpunkten: Definition des Arztberufes; Charakterisierung des Arztes; Beziehung der Ärzte untereinander; Beziehung Arzt-Patient; Schweigepflicht; Ärztliche Pflicht in Kriegszeiten; Verantwortung und Verläßlichkeit des Arztes; Unverletzlichkeit des menschlichen Lebens; Arzt und Gesellschaft; Biotechnischer Fortschritt; Medizinische Ausbildung.

Literatur: EdR, Bd.3, 69ff. (M. Tworuschka, G. im Islam); J. Frembgen, Alltagsverhalten in Pakistan, 1987, 88ff.; J.Chr. Bürgel, Allmacht und Mächtigkeit, 1991, 168ff.; M. Ullmann, Art. Medizin, in: Lexikon der

Islamischen Welt, 1992, 175ff.; V. Rispler-Chaim, Islamic Medical Ethics in the 20th Century, 1993; B. Krawietz, Medizin, Ethik und Islam, in: Ethik & Unterricht 3/1994, 12ff.

 **Buddhismus:** Von der Erfahrung ausgehend, daß kein menschliches Lebewesen dauerhaft körperliches und seelisches Wohlbefinden empfinden kann, weil es immer wieder Unzulänglichkeit erfährt, hat Buddha den Begriff Dukkha (»Leiden«) zum Ausgangspunkt seiner Heilslehre genommen: Geburt, Altern, Erkranken, Sterben, Zusammensein mit Unliebem und Getrenntsein von Liebem werden als Leiden betrachtet. Um dieses Leiden zu überwinden, soll der Buddhist den achtfachen Pfad beschreiten, der zum Heil, mithin zur Genesung führt. Aus dieser Auffassung heraus nennen schon frühe Texte Buddha einen bedeutenden Arzt und seine Lehre ein wichtiges Heilmittel. Vollkommene Genesung ist nur erreichbar, wenn der Mensch sich von Haß, Gier und Ich-Illusion befreit. Andererseits sind körperliche und geistige Gesundheit eine wichtige Voraussetzung für das Voranschreiten auf dem Weg der Erleuchtung.

Gesundheit, Krankheiten und Mißbildungen werden ursächlich auf heilsames und unheilsames Karma in diesem oder einem früheren Leben zurückgeführt. Der Mensch kann also kein undurchschaubares Schicksal verantwortlich machen. Denn Krankheit und Leid liegen als ererbte Taten in der Eigenverantwortung des Menschen.

Da nur ein gesunder Körper erfolgreich meditieren kann, gab Buddha seinen Mönchen schon früh Ratschläge, die Gesundheit durch ausgewogene Ernährung zu erhalten. Ebenso empfahl er Schwitzpackungen und heiße Bäder für Erkrankungen wie Rheuma und Anweisungen zur Behandlung von Haut- und Augenleiden. Vor allem aber lehrte er, daß jede Krankheit als Ergebnis eines negativen Karmas durch die richtige Geisteshaltung überwunden werden kann. Der Palikanon enthält zwei Meditations-

methoden zur Heilung. Die eine besteht bei nicht zum Tode führenden Krankheiten in der Meditation der »sieben Erleuchtungs-
glieder«. Der Meditierende soll ausgehend von den vier Arten
der »Vergegenwärtigung« (Sati) das Dharma ergründen und dann
durch Erweckung inspiratorischer Begeisterung zur inneren Stille und Beruhigung vordringen, die ihm eine integrierende Versenkung ermöglichen. Mit Hilfe dieser Einstellung kann er alle
Wesen mit Mitempfinden umfangen, weil sie frei von Gier und
Haß ist und daher als großes Allheilmittel gilt. Bei Krankheiten,
die zum Tode führen, sollen die Leidenden über die »Vergänglichkeit« (Anicca) meditieren. Dadurch soll der Kranke zur Erkenntnis geführt werden, die ihn vom schwersten Leiden, dem
»Nichtwissen« (Avidya), befreit und somit einen Ausstieg aus
dem Kreislauf der Wiedergeburten ermöglicht. Außerdem wurden im frühen Buddhismus Paritta-Texte, d.h. mantrische Schutz-
formeln, als Heilzeremonie von Mönchen praktiziert, eine Methode, die teilweise noch heute auf Sri Lanka üblich ist.
Etwa zur Zeit des Buddha entwickelte sich aus der indischen
Volksmedizin die ayurvedische Systematik. Der berühmteste
Schüler des weisen Arztes Atreya war Jivaka, der sich zum Buddhismus bekannte und alle Ordensangehörigen ohne Entgelt be-
handelte. Die Mönche wurden angewiesen, ihre Kompetenz als
medizinische Laien nicht zu überschreiten, aber gleichzeitig er-
krankte Mitmönche sachgemäß zu pflegen. Einen besonderen
Aufschwung erlebte die medizinische Versorgung unter dem buddhistischen Kaiser Ashoka (304-232 v. Chr.), der Krankenhäuser
für Menschen und Tiere erbauen ließ und die Anpflanzung von
Heilkräutern anordnete. Die buddhistischen Könige Ceylons folgten seinem Vorbild.
Im Mahayana tritt das therapeutische Element des Buddhismus
durch das Bodhisattva-Ideal noch stärker in den Vordergrund. Ein
Bodhisattva (»Bodhi-Wesen«), d.h. ein Buddha-Anwärter, verzichtet auf die eigene Befreiung aus dem Kreislauf der Wiedergeburten, um anderen Menschen zu helfen. Er soll in der Lage
sein, Mitleid mit allen Kranken zu empfinden und sich gleichzeitig die Leiden früherer Geburten bewußt machen können. Da-

durch kann er zum Nutzen aller Wesen wirken und eine reine Lebensführung entfalten bei vollkommenem Energieeinsatz, um ein »königlicher Arzt« zu werden, der alle Kranken heilt, d.h. ein Buddha.

Der Erfolg der späteren buddhistischen Mission in China, Japan und Tibet ist auch auf die aktive medizinische Tätigkeit der Mönche zurückzuführen, durch die das ayurvedische Denken in ganz Asien verbreitet wurde. Trotz des Anliegens, körperliche Leiden zu lindern, bleibt das wichtigste Ziel für den Buddhisten, alle Wesen vom Dukkha, d.h. dem Daseinsdurst, zu befreien und dadurch Mahasukha (»Glückseligkeit«) in der Erfahrung der Erleuchtung zu erlangen.

Literatur: R. Birnbaum, Der Heilende Buddha, 1982; EdR, Bd.3, 91ff. (K.-H. Gottmann, G.im Buddhismus); S. Thielow, Der Heilende Buddha, in: Umwelt & Gesundheit, 3/4 (1988), 19ff.

 **Hinduismus:** Da der Hinduismus aus einer Vielzahl von religiösen Strömungen besteht, gibt es keine einheitliche Einstellung zu Fragen der Gesundheit. Es gibt eine große Anzahl traditioneller Heilverfahren. Die von den Adivasi praktizierten, in den Erfahrungen vieler Generationen gründenden Methoden bedienen sich der Heilpflanzen. Die 250 Adivasi-Völker sollen insgesamt etwa 7000 Heilpflanzen beherrschen. Wie ernst diese Gesundheitstradition in Indien genommen wird, ergibt sich u.a. daraus, daß 1993 auf Initiative der Landesregierung von Kerala das landesweit erste Zentrum für Adivasi-Medizin gegründet wurde. Adivasi-Heilende behandeln die täglichen Leiden vieler Hindus, die sich Ärzte und den Aufenthalt in Krankenhäusern nicht leisten können.

Eine besondere Rolle spielt die seit 1979 von der Weltgesundheitsorganisation WHO als Gesundheits- und Therapiekonzept anerkannte Ayurveda-Medizin, die für 80% der Inder Bedeutung besitzt. Ayurveda bedeutet »Wissen vom Leben« und wurde als Atharva Veda ca. 1200 v.Chr. einer Hindu-Schrift hinzugefügt.

Schriftlich niedergelegt wurde dieses Medizinsystem, das auf Heilpflanzen-Wissen und Hindu-Philosophie aufbaut, von den beiden Gelehrten Sushruta und Caraka (6. Jahrhundert vor Chr.). Ayurveda beschäftigt sich mit den drei Phänomenen des Rajasischen, Tamasischen und Sattvischen, welche für die Aktivierung der schöpferischen, der zerstörerischen und Widerstand leistenden bzw. schützenden Energie stehen. Ihnen entsprechen die drei Doshas (»Lebenskräfte«): Vata (repräsentiert Bewegung, Empfindung, Geist), Pitta (Energie der Wärme, Physiologie, Stoffwechsel) und Kapha (Element der Trägheit, Körperlichkeit). Der Organismus wird krank, wenn diese drei Elemente aus dem Gleichgewicht geraten. Das gesamte Universum und der Mensch sind aus fünf Elementen zusammengesetzt. Äther ist überall und entspricht dem Schall. Luft ist leicht und entspricht dem Tasten. Feuer ist heiß, gibt Farbe und entspricht dem Sehen. Wasser ist naß und entspricht dem Schmecken. Erde ist feucht und entspricht dem Riechen. Der Mensch soll diese Sinnesorgane einsetzen, um sich zu vervollkommnen. Er soll also nur das sehen, hören, schmecken, was ihn weiterbringt.

Der menschliche Körper besteht aus den sieben Geweben, den Dhatus, die sich in Harmonie befinden müssen, wenn der Mensch gesund bleiben soll. Unausgewogenheit in der Nahrung kann Krankheit hervorrufen, aber auch falsche körperliche Aktivitäten, Schlaf, sexuelle Gewohnheiten und Gefühlsregungen. Eine weitere Rolle spielen Alter, Geschlecht und Umgebungseinflüsse.

Ayurveda behandelt den Menschen als Ganzes. Neben der körperlichen Untersuchung und astrologischen Fakten werden Harn, Schweiß, Speichel und die Stimme des Patienten berücksichtigt. Die Behandlung mit ayurvedischer Medizin verlangt die Mitarbeit des Patienten und besteht aus Fasten, Bädern, Hautanwendungen, Diäten und Verwendung von Klistieren. Es werden auch Mantras (Gebete) und andere Zeremonien und Techniken sowie oxydierte Mineralien, Edelsteine und geläuterte Metalle eingesetzt. Mit Ayurveda werden nicht nur innere Leiden behandelt. Es gibt Zweige für Geburtshilfe, Chirurgie, Kinderkrankheiten und Psychologie. Auch werden alle sexuellen Beschwerden behandelt. Die Ayurveda-Praktiker stellen alle Medikamente, Salben, Säfte, Puder, Pillen und Öle für jeden Patienten gesondert her.

Neben den an Hochschulen ausgebildeten Ayurveda-Ärzten praktizieren die traditionellen Vaidyas, die ihr Wissen aus Familientraditionen geerbt haben. Neben Ayurveda gibt es noch die Siddha-Heilkunst, die vor allem in Südindien praktiziert wird und im wesentlichen eine Diätenlehre darstellt. Auf klassischen persischen Texten beruht die in Indien beliebte Unani-Heilmethode. Sie kam im Zuge der islamischen Eroberung seit dem 12. Jahrhundert nach Indien, ähnelt sehr dem Ayurveda und stellt eine persische Umformung altgriechischer Medizin dar.

Literatur: B. Pfleiderer, Magische Heilung-Psychotherapie in Indien, in: Indo-Asia 24 (1982); B. Heyn, Die sanfte Kraft der indischen Naturheilkunde, München 1983; G. H. Ott/U. Ruscher, Ayurveda – Zur Diskussion gestellt, in: Münchner Medizinische Wochenschrift 133, Nr. 51/52, 1991; V. Verma, Ayurveda, 1992; N.H. Antia/K. Bhatia, People's Health in People's Hands, 1993; R. Menon/K. Friese, Traditional Medicine, in: India Today, 31.3.1994; R. Hörig, Auf Gandhis Spuren, 1995, 104ff.

Lebenswenden

 **Judentum:** In jeder Religion werden wichtige Stationen im Lebensweg eines Menschen feierlich begangen. An solchen Wendepunkten finden »Übergangsriten« statt. Jeder männliche Jude wird beschnitten, d.h. seine Vorhaut wird von einem eigens dazu ausgebildeten Mohel (»Beschneider«) durchgetrennt. Die religionsgeschichtlich weit verbreitete Praxis kommt nicht nur bei den Semiten vor. Im Judentum geht sie auf das älteste Israel zurück. Heutzutage wird sie sofort nach der Geburt – nicht wie im alten Israel während der Pubertät – vollzogen. Einander widersprechende Traditionen führen die Beschneidung auf Mose oder Abraham zurück. Allmählich wurde die Beschneidung vergeistigt, galt als »Bundeszeichen« zwischen Gott Jahwe und seinem Volk, als sichtbares Zeichen der Zugehörigkeit zu ihm. Der Vater spricht: »Gelobt seist du, Ewiger, unser Gott, König der Welt, der du uns geheiligt durch deine Gebote und uns befohlen, den Sohn in den Bund unseres Vaters Abraham aufzunehmen.«

Schon seit früher Zeit kennt das Judentum die Vorstellung, daß ein 13jähriger Junge religiös mündig und ein vollwertiges Glied der jüdischen Gemeinschaft wird. Der Titel Bar Mizwa (»Sohn der Pflicht«) ist erst seit dem 13. Jahrhundert belegt. Die heute geübte Feier ist wesentlich vom deutschen Reformjudentum des 19. Jahrhunderts geprägt, insbesondere auch von der protestantischen Konfirmationsfeier beeinflußt. Mädchen werden bereits mit 12 Jahren Bat Mizwa (»Tochter der Pflicht«). Sie haben kein vergleichbares Fest. »In neuester Zeit hat die Bar-Mizwa-Feier wiederum einen Gestaltwandel erfahren, ist ein Wallfahrtsfest geworden« (Schalom Ben-Chorin). Ganze Gruppen Dreizehnjähriger aus Israel bzw. aus dem Ausland werden an die Westmauer Jerusalems geführt.

Im Judentum wird die »innerhalb der Ehe vollzogene Sexualität als Selbstwert zur vollen physischen und psychischen Erfüllung von Mann und Frau« (P. Navè-Levinson) betrachtet. Die Ehe ist kein Sakrament, gilt aber trotzdem als etwas Geheiligtes. Die Trauung wird normalerweise in der Synagoge durch den Rabbiner vollzogen und enthält viele Elemente traditionellen Brauchtums (Segensempfang des Brautpaares unter dem auf vier Stangen ruhenden »Brauthimmel«; gemeinsames Trinken aus demselben Becher Wein; Trauungsformel; Übergabe des Eherings an die Braut; Verlesung des Ehevertrages). Scheidung ist unter bestimmten Umständen mit Einwilligung beider Partner gestattet. Jedoch soll zunächst alles Mögliche für eine Versöhnung der Ehepartner unternommen werden.

In neuerer Zeit wurden typische weibliche Rituale im Familien- und Gemeindeleben wiederentdeckt (bei Geburt, Bat Mizwa, Beginn des Studiums, Trauung, Scheidung, Menstruation, Beginn der Wechseljahre). Die Neumondfeier ist ein typischer Frauenfeiertag. Das Judentum betrachtete von Anfang an die Fürsorge gegenüber älteren Menschen als ein wichtiges Anliegen. »Du sollst dich vor dem ergrauten Kopf erheben und das Gesicht des alten Mannes ehren. Und du sollst Deinen Gott fürchten; ich bin Dein Herr!« (Lev 19,32). Im Schulchan Aruch (»Gedeckter Tisch«), einem von Joseph Karo (1488-1575) verfaßten religionsgesetzlichen Kompendium, wird das Erreichen des 70. Lebensjahres als Alter definiert. Nach jüdischer Vorstellung obliegt es der nächsten Generation, dafür zu sorgen, daß der Lebensstandard der alten Menschen dem der früheren Jahre entspricht und daß sie nicht aus der Gesellschaft abgeschoben werden, ihnen in jeder Hinsicht Fürsorge entgegengebracht wird.

Das Judentum kennt sowohl die Vorstellung der Auferstehung nach dem Tode als auch der Unsterblichkeit der Seele. Entsprechend der ursprünglichen Auferstehungslehre stirbt die Seele mit dem Körper, bis sie nach dem messianischen Zeitalter mit dem Körper wiedervereint wird, wenn dieser aus dem Grab erweckt wird. Nach der Lehre der Unsterblichkeit der Seele besteht diese nach dem Tod des Körpers weiter im Himmel bis zur Auferstehung. Orthodoxe

Juden akzeptieren beide Vorstellungen nebeneinander bis heute. Das Reformjudentum dagegen verwirft die Vorstellung der Auferstehung der Toten, lehrt die Unsterblichkeit der Seele. Diese Auffassung vertrat auch Maimonides: »Es gibt weder Körper noch körperhafte Formen im Jenseits, sondern nur die körperlosen Seelen der Rechtschaffenen zusammen mit den Engeln.« Einige moderne Denker modifizieren die Auferstehungslehre: Das, was aufersteht, ist die ganze Persönlichkeit des Menschen. Von einer körperlichen Auferstehung ist jedoch nicht die Rede.

Die rabbinische Literatur beschreibt das Jenseits als »Freude des Sabbats« und »Freude des Tora-Studiums«. Das Jenseits ist ein »Tag, der ganz Sabbat ist«, eine »Himmlische Akademie«, in der Gott selbst den Rechtschaffenen die Tora lehrt. Bei den einfachen Gläubigen herrschen weniger spirituelle, plastische Beschreibungen vor, ist von Balsamflüssen, Marmorhallen und festlichen Gelagen die Rede.

Eine Beerdigungsbruderschaft übernimmt die nötigen Vorkehrungen für die Bestattung, die sehr schnell erfolgen soll, normalerweise am Tag nach dem Tod. Freunde waschen den Körper, kleiden ihn in eine leinerne Kutte, machen einen Sarg aus Holz und begleiten den Toten zu seiner letzten Ruhestätte. Oft wird beim Besuch des Grabes ein Steinchen niedergelegt. Dieser Brauch stammt noch aus einer Zeit, als Grabmäler aus Steinhügeln bestanden. Das liberale Judentum gestattet Einäscherung; die Orthodoxie führt Argumente dagegen an. (→ Einäscherung)

Literatur: R. Kirste/H. Schultze/U. Tworuschka, Die Feste der Religionen, 1995.

Christentum: Die durchweg von den Religionsgemeinschaften wahrgenommene Aufgabe, bei den großen Lebenseinschnitten durch festgelegte Handlungsvollzüge Schutz vor Bedrohlichem zu geben, ideelle und institutionelle Orientierungssicherheit zu vermitteln, wird im Christentum durch eine Reihe von Glaubensritualen geleistet. In unterschiedlicher Anzahl und mit verschiedenen theologischen Begründungen werden diese Rituale als »Sakramente« verstanden – als von Jesus Christus eingesetzte sichtbare Zeichen, welche die in der Erlösungstat Christi vermittelte Gnade Gottes weitergeben. In der römisch-katholischen Kirche setzte sich seit Mitte des 12. Jahrhunderts die Siebenzahl der Sakramente durch (Taufe, Firmung, Priesterweihe: Sie sind unwiederholbar und verleihen ein »unauslöschliches Merkmal«; Eucharistie, Bußsakrament, Krankensalbung, Ehe). Somit bietet die römisch-katholische Kirche den Gläubigen bei den zentralen Einschnitten des Lebensweges Gnadenmittel, die heilsnotwendig und aufgrund des Werkes selbst (lat. »ex opere operato«) wirksam sind; allerdings hängt die tatsächliche Gnadenwirkung von der Disposition des Empfängers und von der Intention des Empfängers und des Spenders (»zu tun, was die Kirche tut«) ab. Die Sakramente dürfen nur auf Grund besonderen kirchlichen Auftrags gespendet werden. In den orthodoxen Kirchen gelten die Sakramente als geheimnisvolle Zeichen (»Mysteria«), wirksam durch die Kraft des herabgerufenen Heiligen Geistes. In der neueren orthodoxen Theologie werden das übernommene starre Schema der Siebenzahl in Frage gestellt und der orthodoxe Bezug zur Eucharistie bei allen Mysteria betont.

Für das Sakramentsverständnis in den evangelischen Kirchen ist die enge Verbindung zur gottesdienstlichen Verkündigung typisch, wobei es allerdings unterschiedliche Lehrauffassungen gibt (lutherische Lehre: Sakramente = gottesdienstliche Handlungen, durch Jesus Christus eingesetzt und durch göttliche Verheißung Mittel göttlicher Gnade; letzteres wird in der calvinistisch-reformierten Lehre negiert, wo Sakramente als Vergewisserungszeichen für den Glauben gelten). In den Reformationskirchen kennt man nur zwei Sakramente: Taufe und Abendmahl.

Ob als Sakrament verstanden oder nicht: Die von den Kirchen angebotenen Glaubensrituale an den Einschnitten des Lebens werden in der Gegenwart von den Kirchenmitgliedern auch in den westlich orientierten Staaten in hohem Umfang genutzt – selbst von denjenigen, die ansonsten die Kirche nicht regelmäßig besuchen. In der heutigen »postmodernen« Gesellschaft sind diese Rituale allerdings durch den Schwund herkömmlicher Kirchlichkeit und Kulturkonkurrenz bedroht. Die Pastoralkommission der Deutschen Bischofskonferenz hat so 1993 am Beispiel von Taufe, Erstkommunion und Firmung resümiert, daß die volkskirchlichen Lebenszusammenhänge in der Krise sind, überkommene Formen der Seelsorge »vielfach keine Kraft mehr besitzen« und das Sakramentenpastoral daher künftig »eine Pluralität von Handlungsmodellen« im Blick haben wird. »Erkennbar ist, daß gegenüber dem Bisherigen mehr personal, gemeindlich und gruppenmäßig verantwortete und verwurzelte Formen des Glaubens, des kirchlichen Gemeinde- und Gemeinschaftslebens an Bedeutung gewinnen«.

Die *Taufe* ist in allen christlichen Kirchen das – heute durchweg gegenseitig anerkannte – Sakrament des Eintritts in die Kirche als Heilsanstalt. Sie wird in unterschiedlichen liturgischen Formen erteilt, ist jeweils mit vielen Bräuchen verbunden. Das über die Konfessionen hinweg praktizierte Untertauchen oder Begießen des Kopfes ist nach dem Vorbild der Taufpraxis Johannes' des Täufers entstanden, von dem sich Jesus taufen ließ. Erst später setzte sich die, heute wiederum kritisch reflektierte, Kindertaufe als Norm durch; im reformierten Verständnis setzt die Taufe gläubige Annahme des Täuflings voraus, woraufhin die Erwachsenentaufe bevorzugt wird. Das Lima-Dokument über die Taufe des Ökumenischen Rates der Kirchen (1982) hat gemeinsam wünschenswerte Elemente der christlichen Taufliturgie markiert: Wortverkündigung, Anrufung des Hl. Geistes, Absage an das Böse, Bekenntnis des Glaubens an Christus und die Dreieinigkeit, Verwendung von Wasser, Erklärung über die neue Identität der Getauften als Kinder Gottes und Glieder der Kirche zum Zeugnis für das Evangelium.

Nach römisch-katholischer und ostkirchlicher Auffassung gehören die Versiegelung der Getauften mit der Gabe des Heiligen Geistes (»Firmung«) und der erste Empfang der Eucharistie mit zur vollständigen Aufnahme in die kirchliche Gemeinschaft. In der orthodoxen Kirche werden Taufe, Firmung und Kommunion unmittelbar nacheinander gespendet. Die römisch-katholische Kirche »behält den Zutritt zur heiligen Kommunion denen vor, die zum Vernunftalter gelangt sind« (KdKK, 347). Die *feierliche Erstkommunion* – sehr oft am Sonntag nach Ostern (»Weißer Sonntag«) hat dort seit der Etablierung als Familienfest in der neuesten Geschichte auch hohe repräsentative Bedeutung gewonnen. Im Anschluß an das 2. Vatikanische Konzil wird sie wiederum in der Gemeinde »verortet«: »Es geht nicht mehr darum, den Leib Christi (privat) zu empfangen, sondern durch das rituelle Essen selbst eingefügt zu werden in den Leib Christi, die Kirche« (Heller/Zulehner in: WdC 1988, 306). Organisatorisch (Elternabende, Kleingruppen), inhaltlich (Begleitmaterial, Katechese der Katecheten) und personell (»Tischmütter« und »Tischväter«) wird versucht, diese Ausrichtung vor Ort umzusetzen. Die *Firmung* im »Unterscheidungsalter« (heute in deutschsprachigen Ländern im Alter von etwa 12 Jahren) nimmt der Bischof (nur bei »schwerwiegenden Gründen« ein bevollmächtigter Priester) vor; er legt dem Firmling die Hand auf den Kopf und zeichnet mit Chrisam (geweihtes Salböl) ein Kreuz auf seine Stirn mit den Worten: »Sei besiegelt durch die Gabe Gottes, den Heiligen Geist«.

Im Widerspruch zum Sakrament der Firmung haben die evangelischen Kirchen die *Konfirmation* als kirchliche Handlung (auch »Einsegnung« genannt) entwickelt. Die Reformatoren haben hier auf die notwendige Unterweisung hingewiesen, eine Segens- und Fürbittehandlung nicht verworfen. Nach evangelischer Auffassung ergänzt die Konfirmation nicht die Taufe, vermittelt keine neue, weiterführende Gnade, ist »vielmehr Taufgedächtnis, eine Fürbitte- und Segenshandlung in einem bestimmten Lebensabschnitt unter dem Zuspruch des Evangeliums« (Gottfried Adam). Seit dem 19. Jahrhundert gibt es eine rege Debatte um Sinn und Gestaltung der als Familienfeier populär gewordenen Konfirmation. Das heutige Konfirmationsalter schwankt, liegt in der Regel bei 15 Jahren. Die Konfirmandenarbeit ist, so resümiert Adam 1989 angesichts der kulturellen Veränderungen in jüngster Zeit, »unterwegs von einer (ehemals) innerkirchlichen Sozialisationsagentur zu einem missionarischen Angebot in säkularisierter Gesellschaft«.

Die *Eheschließung* ist in den orthodoxen katholischen Kirchen seit dem Mittelalter gebunden an Konsenserklärung und Treueversprechen beider Partner sowie an den Hochzeitskrönungsritus durch den Priester – ein Sakrament, das durch den Priester gespendet wird. Die Eheschließung in der römisch-katholischen Kirche folgt der seit der Scholastik geltenden Ansicht, daß die Brautleute die Spender des Sakramentes sind; dabei hat die Kirche aber mitzuwirken, die kirchliche Trauung findet so unter Assistenz eines Ortspfarrers bzw. eines von ihm Delegierten und vor zwei Zeugen statt. Dem neuen Kirchenrecht zufolge können in Ausnahmefällen auch Laien zur Assistenz delegiert werden. Das 1970 neu geregelte kirchliche Mischehenrecht eröffnete bischöfliche Befreiungen von der kirchlich gültigen Eheschließungsform. Nunmehr sind auch gemeinsame Mischehen-Trauungen zugelassen, in denen der Geistliche der anderen Kirche Teile der Trauliturgie übernimmt.

Die aufkommende, später allgemein durchgesetzte Ehe vor Zivilbehörden (zuerst 1580 in den niederländischen Provinzen Holland und Westfriesland, im Deutschen Reich 1875 eingeführt) ist von der römisch-katholischen Kirche jahrhundertelang vielfach verworfen, schließlich widerwillig geduldet worden. In der Bundesrepublik Deutschland darf grundsätzlich die kirchliche Trauung erst zeitlich nach der staatlichen Eheschließung vollzogen werden.

Traditionell überlassen die evangelischen Kirchen Eherechtsfragen der weltlichen Ordnung und konzentrieren sich auf kirchliche Ratgebung. Die evangelische Kirche erkennt so die Willenserklärung der Brautleute im Standesamt schon als Eheschließung an. Die Kirchen- und Lebensordnungen der evangelischen Landeskirchen verlangen im allgemeinen, daß der kirchlichen Trauung ein seelsorgerliches Gespräch vorangehen und wenigstens einer der Eheschließenden evangelisch sein muß. In keiner der 24 Gliedkirchen der »Evangelischen Kirche in Deutschland« wird die Wiedertrauung Geschiedener abgelehnt; allerdings ist in einigen Kirchen ein besonderes Genehmigungsverfahren vorgesehen.

Die christliche Antwort auf *Sterben* und *Tod* ist generell das durch Christi Kreuzestod ermöglichte unendliche Heil. Alle Kirchen stimmen darin überein, daß sich die Hoffnung auf ein Leben jenseits der Todesschwelle auf die Auferstehung Christi gründet. Es gibt allerdings unterschiedliche »eschatologische« Konzeptionen (Eschatologie = Lehre von den Letzten Dingen) – sie sind sehr verschieden angesichts der Fülle biblischer Bezugsstellen, theologischer Erwägungen, kirchlicher Hinweise und Vorschriften, und aus ihnen folgen jeweils unterschiedliche ethische Akzentsetzungen. Das göttliche Gericht nach dem Tod mit Prüfung von Sünden und Verdiensten, die daraufhin drohenden ewigen Höllenqualen oder aber ewige himmlisch-selige Gemeinschaft mit Gott sind für das diesseitige Leben radikal disziplinierende Perspektiven – desto stärker normiert, je mehr die Kirchen die Lebens- und Glaubensvollzüge genau vorschreiben; ohne Alternative, wenn die Kirchen einen Exklusivanspruch des Heilsweges erheben. Sowohl die Betonung des »noch erst« Verheißenen, der »Parusie« (Wiederkunft Christi am Ende der Zeit), der »Auferstehung der Toten« bzw. des »Jüngsten Gerichtes« in naher oder ferner Zeit als auch die Betonung des Reiches Gottes »schon hier« auf Erden dienen als jenseitige bzw. diesseitige Perspektiven, die ein strikt frommes Leben herausfordern. Die Aussicht auf spätere Gerechtigkeit im Jenseits kann angesichts widriger irdischer Lebensumstände trösten. Über das »Weiterleben« nach dem physischen Tod gibt es im Christentum mehr oder weniger konkrete Vorstellungen bzw. sehr abstrakte, auf das Geheimnisvolle abhebende Aussagen; in der römisch-katholischen Kirche wird z.B. offiziell an dem Begriff »Seele« für die Zwischenzeit nach dem Tod, in welcher das Ich des Menschen ohne volle Körperlichkeit bis zum Endziel der »leiblichen Verherrlichung« im Himmel weiterbestehe, wie auch an der Möglichkeit einer Sündenreinigung im »Fegfeuer« festgehalten. Theologen verschiedenster Richtung gehen in der Gegenwart über minimale Beschreibungen des Jenseits nicht hinaus.

Während die orthodoxe Kirche in Erwartung der Vereinigung zwischen Körper und Seele in der zukünftigen Welt weiterhin die Verbrennung der Toten ablehnt, ist dies schon länger in Reformationskirchen, neuerdings auch in der römisch-katholischen Kirche erlaubt (→ Einäscherung). Die *christliche Bestattungskultur* ist in Deutschland in jüngster Zeit insbesondere im großstädtischen Bereich zurückgegangen. Den säkularen Tendenzen gegenüber (wie etwa der Bestattung in anonymer Form bzw. »in aller Stille«, der Erledigung aller Formalitäten durch das gewinnorientierte Bestattungsgewerbe, der sozialen Prestigeausrichtung) werden traditionelle und neugestaltete Sterbe- und Totenrituale wie auch Versuche einer wiederum größeren Beteiligung der christlichen Gemeinde entgegengesetzt. Bei den orthodoxen Kirchen des Ostens gibt es keine Totenmesse; reiche liturgische Gebete und das Gedächtnis der Auferstehung Jesu bilden den Mittelpunkt des Begräbnisses. Die Reformation rückte statt der Totenmesse die Verkündigung des Gerichts und der Auferstehung (als »Standrede« am Grab oder »Abdankung« bzw. Totenfeier in der Kirche) ins Zentrum. Die deutlichere Ausrichtung auf den »österlichen Sinn des christlichen Todes« und die Berücksichtigung der regionalen Traditionen – diese Reformanweisungen des 2. Vatikanischen Konzils haben in der römisch-katholischen Kirche zu einer Erneuerung der Sterbe- und Totenliturgie geführt (römisches Modellbuch 1969, dt. Fassung 1973). Die »Krankensalbung« ist als Sakrament für Schwerkranke neugestaltet worden – im Gegensatz zur traditionellen Deutung als »Letzte Ölung«.

Der *Selbstmord* wird in der christlichen Ethik traditionell verworfen; in jüngerer Zeit werden aber vermehrt ent-schuldigende individuelle und soziale Notzustände reflektiert. Im neuen römisch-katholischen Kirchenrecht gibt es kein ausdrückliches Verbot der Beerdigung eines Suizidtoten mehr.

Literatur: ÖL, passim; TRE, Bd. 5 (1979), 730ff. (Artikel betr. Bestattung); TRE, Bd. 10 (1982), 254ff. (Artikel. betr. Eschatologie); EKL, Bd. 2, 1370ff. (G. Adam, Konfirmation, Konfirmandenunterricht); TRE, Bd. 19 (1990), 437ff. (Artikel betr. Konfirmation); WdC, passim; M. Klöcker, Katholisch – von der Wiege bis zur Bahre, 1991, passim; Die deutschen Bischöfe. Pastoral-Kommission, Sakramentenpastoral im Wandel. Überlegungen zur gegenwärtigen Praxis der Feier der Sakramente – am Beispiel von Taufe, Erstkommunion und Firmung; KdKK, passim – vgl. weiterhin die im Artikel »Ehe/Familie« angegebene Grundlagenliteratur.

 **Islam:** Im Koran sind Schwangerschaft und Geburt Zeichen der Auferstehung; denn Gott kann Menschen aus dem Grab hervorholen, wie er sie aus einem Mutterschoß herausholt. Als erstes soll ein neugeborenes Kind den Ruf zum Gebet hören, dessen erster Teil ihm ins rechte Ohr geflüstert wird, das Glaubensbekenntnis dagegen ins linke Ohr. Aus vorislamischer Zeit blieb die Sitte erhalten, zur Geburt eines Kindes ein Tier zu schlachten und sein Fleisch an Bedürftige zu verteilen. Die Namensgebung erfolgt am 7. oder 40. Tag, wobei in einigen Regionen dem Kind etwas Haar abgeschnitten wird.

Der Islam praktiziert die nicht im Koran erwähnte Beschneidung. Das Alter variiert regional: vom siebten Tag bis zum 14. Lebensjahr. Fast immer ist die Beschneidung Anlaß für ein großes Familienfest. Mädchenbeschneidung ist in einigen islamischen und afrikanischen Ländern üblich. Sie ist nicht im Koran legitimiert.

Die Hochzeit ist eine religiöse und zivile Angelegenheit, die im Beisein von Zeugen stattfindet. Im Zentrum steht das Unterzeichnen des Ehevertrags. Ein männlicher Verwandter der Braut fungiert als »Bevollmächtigter« und paßt auf, daß die Rechte und Wünsche der Braut im Vertrag rechtlich geschützt sind. Der religiöse Aspekt kommt dadurch zum Ausdruck, daß ein Imam o.ä. anwesend ist. Er fragt die Zeugen, ob die Familien dem Vertrag zustimmen. Nach der Unterschrift führt er die Hände des Paares zusammen. Gebete und die Rezitation der 1. Sure beschließen die Zeremonie. In der Türkei ist zwar die Ziviltrauung vorgeschrieben, jedoch ist eine Ehe nach traditionellem Verständnis erst nach der Unterzeichnung des Ehevertrags gültig. Die Hochzeit besteht aus drei Teilen: Unterzeichnung des Ehevertrags; Zug in das Haus des Bräutigams; Festessen.

Im sunnitischen Islam ist das Thema Tod kein Leitgedanke im menschlichen Leben. Bei den Schiiten dagegen läßt die Vorstellung des Leidens und des Entrückens der Imame den Todesgedanken stärker in den Vordergrund treten. Die Drusen und

Alewiten glauben an eine Seelenwanderung: Der Tod ist kein
Endpunkt, sondern Ausgangspunkt und Auftakt eines neuen
Lebens. In vielen islamischen Todesanzeigen liest man: »Wir
gehören Gott, und zu ihm kehren wir zurück« (Sure 2,156). Für
den Theologen al-Ghazzali (gest. 1111) war gewiß: Der Tod ist
zunächst eine Unterbrechung des Zusammenhangs zwischen
Körper und Geist, letztlich aber ein Übergehen des Geistes vom
»Haus der Vergänglichkeit« in das »Haus der Beständigkeit«.
Der Tod hat für viele Muslime eine ambivalente Bedeutung.
Zum einen besitzt er düstere, schattenhafte und lebensvernei-
nende Momente, zum anderen enthält er die lebensbejahende
Gewißheit, daß danach die Unsterblichkeit beginnt. Obwohl
Gott der Richtende ist, hat er sich »zur Barmherzigkeit ver-
pflichtet« (6,12.54). Den gläubigen Muslim, der seine letzte
Reise angetreten hat, erwartet der »Garten der Ewigkeit«. Die-
ses Gartenparadies wird in den Bildern einer fruchtbaren Oase
geschildert: mit Quellen, Bächen von Wasser, Milch, Honig und
Wein, Weinstöcken, Lagerstätten und kostbaren Teppichen,
Jungfrauen mit großen Augen und züchtig niedergeschlagenem
Blick sowie Jünglingen, die einen Wein kredenzen, der keine
Kopfschmerzen verursacht. Neben der Verbesserung irdischer
Verhältnisse geht es im Koran wesentlich um Vergeistigung:
ideale, gelingende Kommunikation, gute soziale Beziehungen,
ganzheitliches Leben. Höchstes Ziel des Paradieses ist die
»Schau Gottes.«
Nach dem Sterben wird der Leichnam gewaschen, wobei die
36. Sure verlesen wird. Die Trauerphase soll nach einem Pro-
phetenwort drei Tage nicht überschreiten. Die Leiche wird in
zwei bis drei Tücher eingehüllt und in einem schlichten Holz-
kasten oder auf einer Bahre zum Friedhof getragen. Unterwegs
soll der von Koranlesungen begleitete Leichenzug an einer
Moschee haltmachen, damit der Imam ein Gebet sprechen kann.
Die Trauernden wechseln sich als Träger ab. Das schmucklose
Grab soll so angelegt sei, daß der Tote auf der rechten Seite
liegt und sein Gesicht nach Mekka gerichtet ist. Nach dem Trau-
ergottesdienst schließen die Anwesenden selbst das Grab. In

den folgenden 40 Tagen finden Armenspeisungen und Koranlesungen in der Moschee statt. Noch gibt es wenige Friedhöfe
für Muslime in Deutschland. Da die Zahl der älteren Muslime
zunimmt, entstehen im Bereich des Bestattungswesens erhebliche Probleme.

Literatur: A. Falaturi, Tod-Gericht-Auferstehung in koranischer Sicht,
in: A. Falaturi/W. Strolz/Sh. Talmon (Hg.), Zukunftshoffnung und Heils-
erwartung in den monotheistischen Religionen, 1983, 121ff.; M. und U.
Tworuschka, Kleines Lexikon Islam, 1992 (u.a. Stichworte: Beschneidung, Ehe, Geburt, Geburtstag, Hochzeit, Kalender); F. Şen/A. Goldberg, Türken in Deutschland, 1994; R. Kirste/H. Schultze/U. Tworuschka, Die Feste der Religionen, 1995.

 **Buddhismus:** Der Buddhismus hat die hinduisti-
sche Vorstellung der verschiedenen Lebensstadien
übernommen. Zunächst bestimmen die Verhaltens-
regeln in der Familie das Leben jedes Buddhisten.
Die Eltern sollen sich um das Wohl ihrer Kinder kümmern. Die
Pflicht des Sohnes gegenüber den Eltern besteht darin, für sie im
Alter zu sorgen. Er soll Sippe, Ehre und Familientraditionen auf-
rechterhalten. Er soll sich seines Erbes würdig erweisen. Die Eltern sollen ihn zum Guten ermutigen und einen Beruf erlernen
lassen. Ältere Menschen, vor allem Lehrer, gelten als Vorbilder.
Asketen sollen mit Worten, Taten und Nahrung unterstützt wer-
den.
Zu den wichtigsten Übergangsriten im Buddhismus gehört die
Mönchsweihe. Ein zentrales Fest für die jungen Novizen ist die
Mönchsweihe. Wer in ein Kloster eintritt und als Novize, schließlich als Mönch (»Bhikkhu«), das Ordensgelübde auf sich nimmt,
verpflichtet sich, die buddhistische Mönchsethik einzuhalten. Der
Eintritt in den Orden ist keine Entscheidung, die Mönch bzw.
Nonne ein ganzes Leben unwiderruflich bindet, sondern sie kann
auch wieder rückgängig gemacht werden. Oft dauert die Ordination nur drei Monate (zum Beispiel in Thailand) und gehört ge-

wissermaßen zum guten gesellschaftlichen Ton. Beim Verstoß gegen die Ordensregel kann ein Mönch aus dem Orden ausgestoßen werden.

Ein besonderer Übergangsritus für Mädchen ist das Reinigungsbad nach der ersten Regelblutung. Wie bei der Mönchsweihe, so wird der günstigste Zeitpunkt oft mit einem Astrologen abgesprochen. Anschließend wird das Mädchen neu eingekleidet.

Ein wichtiges Fest für den Laienbuddhisten ist die Hochzeit. Obwohl die Heirat keine sakrale Angelegenheit, sondern eher ein Familienfest ist, sind durchweg Mönche bei der Feier zugegen. Sie rezitieren Abschnitte aus den heiligen Schriften. Eine allgemein verbindliche Trauungsformel gibt es nicht. In Thailand findet folgende Zeremonie statt: Bei der Ankunft in der Hochzeitshütte wird der Bräutigam mit folgenden Worten begrüßt: »Unsere goldene Pforte ist geöffnet. Und wenn du durch sie hindurchgehst, wirst du großen Reichtum, großes Glück und den Segen des Herrn Buddha finden.« Der Vater des Bräutigams sagt: »Heute wird mein Herz von Glück erfüllt. Durch unseren Sohn und unsere Tochter werden wir mit einer goldenen Kette zusammengefügt werden.« Braut und Bräutigam werden mit einer Blumengirlande verbunden. Die Mönche ergreifen ein mit einem Buddhabild verbundenes gelbes Band und bilden einen heiligen Kreis. Es werden Weihwasser gesprengt und Segenssprüche gesprochen: »Möge euer erstes Kind ein Knabe sein!«

Der Tod ist für den Buddhisten aufgrund der Lehre von der Wiedergeburt kein Endpunkt, vielmehr integraler Bestandteil des Lebensprozesses. Der Zerfall des gegenwärtigen Körpers ist nicht das Ende der Existenz. Die Art und Weise, wie der Einzelne sein Leben geführt hat, die Qualität der Gedanken, die Beschaffenheit der Taten, die stark genug sind, ein wieder verbindendes Bewußtsein ähnlicher Art zu zu bedingen, schaffen die neue Existenz. Der Gedanke, zur ethischen Vervollkommnung nicht nur ein einziges Leben zur Verfügung zu haben, wird durchweg als tröstlich empfunden. Höchstes Ziel ist es, den als unheilvoll empfundenen Geburtenkreislauf zu durchbrechen und Nirvana zu erreichen. Ein zeitgenössischer Buddhist vergleicht den Tod mit dem Zerbrechen einer Glühbirne: Das Licht ist zwar verloschen, nicht jedoch die Elektriziät. Wenn man eine neue Birne einsetzt, ist wieder Licht vorhanden. Die Zerstörung des gegenwärtigen Körpers löscht nicht den Strom der karmatischen Energie aus, der sich in einem ihm gemäßen neuen Körper manifestiert. Nichts bleibt dabei dem Zufall überlassen.

Buddhistische Bestattungsbräuche variieren regional. Tote werden in Thailand in das Kloster gebracht, wo sie eine symbolische Waschung erhalten. Der eingesargte Tote bleibt so lange unbestattet, wie nicht durch Horoskop ein günstiger Termin für die Verbrennung ermittelt worden ist. Die Urne wird im Kloster eingemauert, die restliche Asche wird von der Familie dem Meer übergeben. In Tibet wird der Leichnam in weiße Tücher gehüllt. »Nicht weit außerhalb des Ortes, auf einem erhöhten Platz, der durch die zahllos auffliegenden Geier und Krähen schon von ferne kenntlich war, zerhackte einer der Männer mit einem Beil die Leiche. (...) Die Knochen der Leiche wurden zerstampft, damit sie auch von den Vögeln verzehrt werden konnten und vom Leichnam keine Spur zurückblieb. So barbarisch das Ganze anmutete, war die Handlung doch von tiefreligiösen Motiven getragen. Die Tibeter wünschten, daß von ihrem Körper, der ohne Seele keine Bedeutung hat, nach dem Tode jede Spur verschwindet. Die Leichen der Adeligen und hohen Lamas werden verbrannt, aber die im Volk übliche Art der Bestattung ist die Zerstückelung, und nur die Leichen der ganz Armen (...) werden in den Fluß geworfen« (Heinrich Harrer). In Nepal wird die Art der Bestattung (Verbrennen, Beerdigung, Flußbestattung, Geier) durch Horoskope bestimmt. Im japanischen Zen-Buddhismus erhalten Verstorbene einen eigenen Namen, dessen Ehrwürdigkeit von ihrem Verdienst um den Tempel abhängt.

Literatur: R. Kirste/H. Schultze/U. Tworuschka, Die Feste der Religionen, 1995.

 **Hinduismus:** Bevor ein Kind geboren wird, finden bestimmte Riten statt, die den guten Verlauf der Schwangerschaft und nach Möglichkeit männliche Nachkommen sichern sollen. Wenn das Kind zur Welt kommt, legt der Vater die Hand auf dessen Kopf, bittet um ein langes Leben sowie um Weisheit. Nach der Geburt wird das Neugeborene gewaschen. Teilweise bis heute hat sich der Brauch gehalten, dem Baby mit einer in Honig oder Butter getränkten Feder die heilige Silbe Om auf die Zunge zu schreiben. Frauen bleiben nach der Geburt einige Tage lang unrein. Hebammen stehen in der Hierarchie weit unten. Ferner gibt es eine Namengebungszeremonie und, ungefähr 40 Tage nach der Geburt, ein Tempeldankopfer. Die gewählten Namen sollen die Kaste des Kindes angeben, einen Götternamen enthalten und durch den ersten Buchstaben auf sein Sternzeichen hinweisen. Im sechsten Monat findet im Tempel eine Entwöhnungsfeier statt, wenn das Kind zum ersten Mal feste Nahrung zu sich nimmt.

Von besonderer Bedeutung ist das Überreichen der »heiligen Schnur« (Upanayana) für die Jungen der drei oberen Kasten. Während der Feier herrscht absolute Stille. Am nächsten Morgen gehen die Eltern mit dem Jungen in einen zu diesem Zweck errichteten Schuppen, in dem auf einem Altar ein Feuer brennt. Bei der anschließenden Festmahlzeit ißt der Junge zum letzten Mal gemeinsam mit seiner Mutter. Danach darf er als »Zweimalgeborener« nur noch mit den Männern der Familie die Mahlzeiten einnehmen. Der Lehrer fragt ihn, ob er ein Eingeweihter werden will. Wird die Frage bejaht, empfiehlt er seinen Schüler dem Schöpfergott Prajapati, dessen Tochter Savitri und allen anderen Göttern. Als Höhepunkt wird dem Jungen die heilige Formel (Gayatri-Mantra) in das rechte Ohr geflüstert. Aufgrund dieser Zeremonie tritt der Hindu als Brahmanenschüler in den ersten der vier klassischen Lebensabschnitte ein. Die Lehre von den vier Lebensstadien besagt, daß das Leben der »Zweimalgeborenen« d.h. der Mitglieder der oberen drei Kasten, aus vier Stadien besteht: Schüler, Familienvater, Eremit und Sannyasin. Als Schüler wird man von einem Meister (»Guru«) in den Veden und den

Gesetzestexten unterwiesen. Als Familienvater gründet man eine Familie, übt einen Beruf aus und trägt so zum Wohl der Gemeinschaft bei. Spätestens, wenn man männliche Enkel hat und damit für den Fortbestand der Familie und für das Totenopfer gesorgt ist, zieht man sich aus Familie und Berufsleben zurück. Man wird Einsiedler, um sich der Askese und Meditation zu widmen. Die letzte Stufe ist erreicht, wenn man als Sannyasin nicht mehr den Zwängen dieser Welt angehört.

Parallel zu den vier Lebensstadien gibt es unterschiedliche Lebensziele: Kama steht für Sexualität, Vergnügen und »Begehren«. Artha bedeutet »Wohlstand«, Vermögen und Ansehen, faßt alle diesseitigen Werte zusammen. Dharma meint in diesem Zusammenhang das »rechtschaffene Leben« in bezug auf die Gemeinschaft. Die einzige erlaubte Form, Kama auszuüben, ist die Ehe. An der Hochzeitsfeier nimmt immer ein Brahmane teil. Ein wichtiger Teil der Zeremonie besteht im gemeinsamen Umschreiten des häuslichen Feuers von Braut und Bräutigam. Diese traditionellen Rituale um die Ehe enthalten Opferhandlungen, Rezitieren von heiligen Texten und Bräuche, welche die Eingliederung der Braut in die Familie des Mannes betreffen. Beim heiligen Feuer, das der Pflege der Braut übergeben wird, spricht der Bräutigam folgende Formel aus dem Rigveda: »Ich fasse deine Hand für gutes Glück, so daß du zusammen mit mir, deinem Hausherrn, ein hohes Alter erreichen mögest. Die Götter Bhaga, Aryaman, Savitar und Puramdhi geben dich mir, um ein häusliches Leben führen zu können.« Während Kama, Artha und Dharma vornehmlich für die ersten drei Lebensstadien erstrebenswert sind, gibt es für den Sannyasin nur noch ein Lebensziel, nämlich Moksha (»Befreiung«, »Erlösung«). Das dritte und vierte Lebensstadium wird jedoch oft erst nach vielen Wiedergeburten erreicht. Viele Hindus nehmen bis zum Tod am Gesellschaftsleben teil und verschieben das Einsiedlerdasein auf die nächste Existenz.

Schon die Gesänge der Veden kreisen um das Thema Leben und Sterben. Der Mensch möchte immer auf der freundlichen Erde wandeln, muß aber die Erfahrung der Begrenztheit seines Lebens machen. Im alten Indien herrschte offensichtlich Erdbestattung vor. Man glaubte, daß der Tote im Grabhaus weilt, das als Familiengrab gedacht ist. In der unterirdischen »Väterwelt« lebt er weiter. Um die Mitte des 2. Jahrtausends wurde das Jenseits in den Himmel verlegt. Dort, wo der Totengott Yama herrscht, sind nun die Väter versammelt. Mit der Feuerbestattung tritt eine Vergeistigung der Vorstellung vom Weiterleben ein. Während beim Tod der Leib zerfällt, das Auge zum Beispiel zur Sonne geht, der Atem in den Wind und die Gliedmaßen in die Pflanzen, wird durch die Verbrennung ein neuer Geistleib geschaffen, mit dem der Tote im Kreis seiner Väter weiterlebt. Agni, Gott des Feuers, gehört zu den wichtigsten Göttern. Von den zehn Büchern des Rigveda beginnen acht mit einer Hymne an Agni. Auch für die modernen Inder ist Agni ein Symbol dafür, was »über den Tod und allen Wechsel bestehen bleibt.« In den Brahmana-Texten (nach 800 v. Chr.) taucht erstmals der Gerichtsgedanke nach dem Tode auf. Gerechte und Ungerechte werden durch eine Waage voneinander geschieden. Die seligen Toten leben mit Yama zusammen, werden als Väter, d.h. Ahnengeister, verehrt. Dem Kinderlosen bleibt »die Welt der Väter verschlossen«. Bis heute kann nur ein Sohn die Totenriten für die verstorbenen Eltern ausüben. Die Erlösten begeben sich nach dem Tod auf den Götterweg. Dieser führt durch das läuternde Feuer, und sie kehren nicht in das Dasein zurück. Dieser Weg ist den Auserwählten vorbehalten, die auf die Ewigkeit des »Selbst« (Atman) vertrauen. Die einfachen Anhänger des Opferkultes folgen dem »Weg der Väter«. Sie gelangen durch Rauch, Äther und Wind wieder zurück zur Erde und werden als Menschen wiedergeboren. Menschen, die keinen dieser Wege kennen, verharren in Unwissenheit und werden als Tiere wiedergeboren.

In den Upanishaden taucht zum ersten Mal der Gedanke der Wiedergeburt auf. Der Tod trifft nur den Körper, während der Atman weiterlebt. Wer die Erkenntnis gewinnt, daß der eigene Atman mit dem göttlichen Brahman identisch ist, dem ist Erlösung (Moksha) gewiß. Das »ewige Gesetz« von Karma und Samsara (»Weiterverkörperung«) hat den Hinduismus bis heute entscheidend geprägt. Glück und Unglück im jetzigen Dasein bedingen sich durch das eigene Verhalten in früheren Existenzen.

Rabindranath Tagore (1861-1941) vertrat eine eher positive Todesdeutung. In seinen Dichtungen »Der Traum«, »Reise in das unbekannte Land« und »Das goldene Boot« deutete er Samsara nicht als ein dem Menschen feindliches Geschick, sondern als eine Strömung, ein »Immer-in-Bewegung-sein«. Da ein einziges Leben nicht ausreicht, um Erlösung zu erlangen, muß es mehrere Leben geben, um diese zu erreichen. Als Vishnu-Anhänger betrachtete Tagore das Leben als kosmisches Spiel: Das Unendliche kann sich immer wieder mit der endlichen Seele neu vermählen. Dazu ist es nötig, daß auch die Person, das Selbst, unsterblich ist. Nur einer Person kann sich der ewig Liebende zuwenden. Sterben wird gesehen als bewußtes Schreiten von Freude zu Freude.

Heute ist Feuerbestattung üblich. Der Leichnam wird gewaschen, in Tücher gehüllt, in einen Sarg gelegt und von den männlichen Verwandten zum Verbrennungsplatz getragen. Kein Fremder darf bei der von Gebeten begleiteten Verbrennungszeremonie anwesend sein. Die Priester singen während der Feierlichkeiten: »Für den, der geboren ist, ist der Tod sicher. Aber für den, der stirbt, ist die Geburt gewiß.« Der nächste männliche Angehörige umschreitet sieben Mal den Scheiterhaufen, wobei er das Kopfende mit einem Holzscheit berührt. Dann zerschlägt der Priester den Schädel, damit die Seele entweichen kann. Am nächsten Tag, wenn der Leichnam vollständig verbrannt ist, sammeln Verwandte und Freunde die Asche ein, um sie in einem der heiligen Flüsse zu versenken. Jeder Fluß kann dabei als »Mutter Ganga« betrachtet werden, die dem Toten den Aufstieg zum Himmel ermöglicht.

Literatur: R. Kirste/H. Schultze/U. Tworuschka, Die Feste der Religionen, 1995.

Mann/Frau

Judentum: Das Wort »Vater« kommt im Alten Testament in etwa 1200 Belegen vor. Für alle Epochen der alttestamentlichen Überlieferungen werden Patrilokalität, Patrilinearität und Patriarchat als selbstverständlich vorausgesetzt. Der Mann genoß eindeutige Vorrangstellung. Dies zeigt sich an diversen Alltagsregelungen, im Glauben an den »Gott der Väter« sowie schließlich in der Aussage, daß der Mann vor der Frau geschaffen wurde. Für das Verhältnis der Geschlechter zueinander aber ist bedeutsam, daß Mann und Frau nach alttestamentlichem Verständnis beide nach dem Ebenbild Gottes geschaffen (Gen 1,27) wurden. Die Frau gilt als »Krone des Mannes« (Spr 12,4) und »Priesterin des Hauses«. Sie leitet den Sabbat und die Festtage durch das Entzünden und Segnen der Lichter ein. Um den vielfachen Ansprüchen des jüdischen Lebens in Heim und Gesellschaft gerecht zu werden, wurden von der Frau unterschiedliche Fähigkeiten erwartet: u.a. Hygiene, Heilmethoden aber auch das Lesen biblischer und rabbinischer Kommentare auf hebräisch oder in der jeweiligen Umgangssprache. Schon in der Antike war es üblich, daß jüdische Mädchen im Gegensatz zu ihren Brüdern die Sprache der nichtjüdischen Gesellschaft lernten, in der sie lebten.

Zu den religiös-kultischen Tätigkeiten der Frau gehörten: die Mitgliedschaft in der »Beerdigungsgemeinschaft« (Chewra Kaddischa), das Knüpfen von Schaufäden in Gebetsmänteln, das Zusammennähen von Torarollen, das Besticken der Torabänder und die Herstellung der Toravorhänge. Frauen konnten auch Mohelet (»Beschneiderin«) oder Schocholet (»Schächterin für Geflügel«) werden. Frauen mit kaufmännischem Wissen waren in Geld- und Bankgeschäften tätig. Jüdische Frauen leiteten auch teilweise Stiftungen für Krankenhäuser und Altenheime. Außerdem waren sie als Setzerinnen hebräischer Bücher in bekannten

Familienverlagen tätig. Das moderne jüdische Verlagswesen wurde größtenteils von Frauen aufgebaut.

Daneben gab es jedoch Bereiche, die weitgehend als männliche Domäne galten: das Tragen von Schaufäden, des »Gebetsmantels« (Tallit) und der »Gebetskapseln« (Tefillin). Ausgeschlossen waren Frauen auch weitgehend vom Tora-Vorlesen in der Gemeinde der Männer, von der Zugehörigkeit zum Minjan (»Zahl«), der Gruppe von zehn Männern als Mindestgemeinde, und von der Teilnahme als dritte Person bei der Liturgie des Tischgebets. Manche dieser Funktionen werden zeitweilig aber auch von Frauen übernommen. Wenn eine Gemeinde ganz aus Kohanim (»Priesterstämmlingen«) besteht, werden Frauen zur Tora aufgerufen und legen Gebetsriemen an. Frauen in Orient und Okzident leiteten auch oft selber ihre eigenen Gebete, und es gab auch Vorbeterinnen in Frauensynagogen.

Diese Ausnahmen gewannen eine erhebliche Bedeutung, als jüdische Frauen seit Beginn des 20. Jahrhundert ihre Rollen neu definierten. Seit dieser Zeit gibt es auch Tora-Talmud-Studien für Frauen, und auch die Orthodoxen errichteten ihre eigenen Institute.

Lily Montagu (1874-1963) war Gründerin und Laienpredigerin der liberalen Londoner Synagoge. 1926 erreichte sie die Gründung der »Weltvereinigung des religiös liberalen Judentums« (World Union for Progressive Judaism). Bertha Pappenheim (1859-1936) engagierte sich in der deutschen Frauenbewegung, übertrug deren Forderungen nach gleichen Bildungs- und Berufschancen sowie nach politischer Gleichberechtigung der Frauen auf das Judentum. In diesem Zusammenhang trat sie für eine bessere religiöse Ausbildung der Frau und deren Gleichstellung in jüdischen Einrichtungen ein. 1904 gründete sie mit Gleichgesinnten den Jüdischen Frauenbund, den sie bis 1924 als Vorsitzende leitete. Vor allem ging es ihr darum, das Rollenverständnis von Männern und Frauen im jüdischen Gemeindeleben zu modernisieren. Eine Enttabuisierung heikler Fragen (u.a. Zuhälterei, Prostitution und Verelendung), aber auch Mischehen und Taufe aus gesellschaftlicher Anpassung lagen ihr besonders am Herzen. Insbesondere setzte sie sich für die Durchsetzung des Wahlrechts in jüdischen Gemeinden ein. Die meisten Rabbiner hatten Einwände. Unterstützt in ihrem Bemühen wurde Bertha Pappenheim von dem orthodoxen Frankfurter Rabbiner Nehemia A. Nobel, der mit ihr 1919 eine neue Gemeindesatzung vorbereitete. Gegen den Widerstand seiner Kollegen erklärte er, daß es keine religionsgesetzlichen Bedenken gegen das aktive und passive Wahlrecht der Frauen gäbe.

Henrietta Szold (1860-1945), älteste Tochter des deutschstämmigen Rabbiners Benjamin Szold, studierte bei ihrem Vater den Talmud und Geschichte. Als an der John Hopkins Universität öffentliche Vorlesungen eingeführt wurden, erfüllte sie sich ihren langgehegten Wunsch nach einem Studium. Als einzige Frau war sie Gründungsmitglied der Jewish Publication Society of America in Philadelphia. Im Alter von über 40 Jahren wurde sie Schülerin am Jewish Theological Seminary of America. Allerdings mußte sie sich verpflichten, nicht die Ordination als Rabbiner anzustreben. Dies sollte erst 70 Jahre später Wirklichkeit werden. Regina Jonas wirkte als erste ordinierte Rabbinerin seit 1934 in Berlin. Sie starb in Theresienstadt.

Der Weg zu vielen Neuerungen stand auch deshalb offen, weil das »Religionsgesetz« (Halacha) den modernen Lebensumständen angepaßt werden kann. Nach der Halacha gibt es Möglichkeiten, Bestimmungen, die Frauen benachteiligen, zu reformieren. Für Reformjuden existieren viele Probleme nicht mehr, welche die Konservativen lösen wollen und an denen die Orthodoxen festhalten.

Literatur: L. Perlitt, Der Vater im Alten Testament, in: H. Tellenbach (Hg.), Das Vaterbild in Mythos und Geschichte, 1976, 50ff.; P. Navè-Levinson, Was wurde aus Saras Töchtern? Frauen im Judentum, 1990; R. Neu, Von der Anarchie zum Staat, 1992, 128ff.; M. und U. Tworuschka, Denkerinnen und Denker der Weltreligionen im 20. Jahrhundert, 1994 (B. Pappenheim, H.Szold); II.-J. Loth, Frau im Judentum, in: M. Klöcker/M. Tworuschka (Hg.), Frau in den Religionen, 1995, 11f.

 **Christentum:** Bis zur Gegenwart herrscht in den Kirchen selbst vor, was diese auch in Gesellschaft und Staat mit konstituiert haben: die zentrale, mit Herrschaft verbundene Stellung des Mannes als aktiver Beherrscher der Außenwelt, während die Frau auf dienende Tätigkeiten in »inneren« Sphären fixiert wird (»Patriarchalismus«). In den Kirchen ist diese Rollenzuteilung für die Frau oft unter Berufung auf Textstellen aus Briefen des Apostels Paulus bzw. aus dem ersten Brief an Timotheus, der laut neuerer Forschung nicht unmittelbar von Paulus stammt, erfolgt (1 Kor 11,7; Eph 5,22-24; Tim 2,11-15). Das oft zitierte Paulus-Wort von der Frau, die in der Kirche zu schweigen hat (vgl. 1 Kor 14,33), ist in neuester Exegese als nachpaulinischer Einschub eruiert worden. Seit der frühen Kirchengeschichte ist das Bild der Frau von bestimmten Theologen und Kirchenführern verbunden worden mit sexueller Gefährlichkeit (Verweis auf den ältesten Schöpfungsbericht: Eva als Urheberin ewiger Sünde; Domestizierung in der gottgewollten, auf Kindererzeugung und -erziehung ausgerichteten Ehe), biologischer Minderwertigkeit und gebotener Unterordnung in Kirche und Gesellschaft.

In der römisch-katholischen Kirche wurde die Muttergottes als Modell der opferbereit-hingebungsvollen Frau stilisiert. In lehramtlichen Äußerungen nach dem 2. Vatikanischen Konzil werden Gleichwertigkeit und Gleichrangigkeit der Geschlechter betont – so auch 1988 im päpstlichen Rundschreiben »Über die Würde der Frau«, dort jedoch verbunden mit traditionellen Rollenzuweisungen und der Ablehnung voller, gleichberechtigter Mitwirkung der Frau in der Kirche. Die römisch-katholische Kirche und die orthodox-katholischen Kirchen lehnen die »Ordination« von Frauen (Übertragung des Priesteramtes) strikt ab.

Mit seiner Lehre vom Priestertum aller Gläubigen negierte Luther eine Minderbewertung der Frau. Aber erst sehr spät sind im Protestantismus Pfarrerinnen zugelassen worden (vorab u.a. bei den Baptisten in den USA seit 1853, in Deutschland sukzessive nach dem 2. Weltkrieg); Bedenken und Widerstände dagegen halten an.

Für die Situation von Frauen und Männern in den Kirchen gilt weltweit bis heute, was Ursula Pfäfflin 1986 formulierte:»Je mehr Entscheidungsbefugnisse Personen in Ämtern oder Gremien haben, desto weniger Frauen sind unter ihnen vertreten«.

Mittlerweile häuft sich in den Kirchen die Kritik selbstbewußter Frauen gegen Männermacht. Konfessionsübergreifend hat sich in den beiden letzten Jahrzehnten auch in Deutschland – angeregt durch Impulse aus den USA und den Niederlanden, im Zusammenhang mit der Emanzipationsbewegung der Frauen allgemein und speziell christlicher Frauen – eine feministische Theologie entfaltet: Übersetzungen und Inhalte der Bibel, die Kirchengeschichte, die theologische Forschung und Frömmigkeitsnormen werden in Frage gestellt, neu interpretiert, mit Reformvorschlägen beantwortet – im Widerstreit zur bisher üblichen patriarchalischen Perspektive.

Gabriel Marcel Martins Resümee von 1992 zur Rollenwahrnehmung des Mannes ist aktuell geblieben:»Der im kirchlichen Kontext lebende europäische Mann ... lebt zwischen fortgesetzter Macht-Ausübung, kaum zu überspielendem Schuld- und Defizitbewußtsein und Erfahrungen von beruflichen und persönlichen Um- und Einbrüchen«; daraufhin habe die Fortsetzung der herkömmlichen kirchlichen Männerarbeit eine »eher stabilisierende, darin aber auch und immer schon eine im Rückbezug auf das Evangelium kritische Funktion«.

Literatur: ÖL, 385ff. (Artikel zu Frauenarbeit in evgl. bzw. kath. Sicht u. zur Frauenbewegung in der Ökumene); HdcE, Bd. 3, 280ff. (Artikel zu ethischen Strukurproblemen der Geschlechter); EKL, Bd. 1, 1334ff. (U. Pfäfflin, Frau), u. Bd. 3, 267ff. (G.M. Martin, Mann); M. Klöcker, Katholisch – von der Wiege bis zur Bahre, 1991, 515 u. 518 (Reg.); E. Schneider-Böklen/D. Vorländer, Feminismus und Glaube, 1991; KdKK, 780 u. 798 (Reg.); A. Freund, Frau im Protestantismus, in: M. Klöcker/M. Tworuschka (Hg.), Frau in den Religionen, 1995, 97ff.; F. Trzaskalik, Frau im römischen Katholizismus, in: ebd., 67ff.; G. Tsakalidis, Frau in der Orthodoxie, in: ebd., 39ff.

 **Islam:** Der Koran verbesserte im Vergleich zum vor-
islamischen Arabien die Stellung der Frau in vieler-
lei Hinsicht: Verbot des Aussetzens von weiblichen
Neugeborenen; religiöse Gleichstellung von Mann
und Frau (»Wer aber Gutes tut, sei es Mann oder Frau [...], wird
nicht das entfernteste Unrecht zu leiden haben« 4,125); Recht
der Frau auf Besitz; Festlegung bestimmter Bedingungen für
Mehrehe und Scheidung, die als erlaubt, aber verpönt gilt. Auf
das Ganze gesehen, genießt der Mann im islamischen Recht eine
Vormachtstellung. Das hängt mit seiner besonderen familiären
Verantwortung zusammen. Er muß sich um die Familie finanzi-
ell kümmern, der Frau einen Lebensstandard bieten, den sie von
Hause aus gewohnt ist, und sich auch um unverheiratete Verwandte
kümmern.
Während die Frau im Frühislam teilweise aktiv am politischen
Leben teilnahm, wurden seit der Zeit der Abbasiden (seit 750)
zunehmend das Tragen von Schleier, die Einrichtung von Harems und die Verbannung der Frau aus der Öffentlichkeit üblich. Islamische Rechtsgelehrte sanktionierten dies später, obgleich solche Vorstellungen keine eindeutige Verankerung im
Koran besitzen. Seit dem 19. Jahrhundert setzten sich Reformer für eine Verbesserung der Stellung der Frau ein. Für besonderes Aufsehen sorgte die Abhandlung »Die Befreiung der
Frau« (1899) des Ägypters Qasim Amin (1863/5-1908). Für
ihn ist die willkürliche Behandlung der Frau durch den Mann
letztlich Ausdruck der Tatsache, daß er die gleiche politische
Willkür von der Obrigkeit erfahre. Insbesondere setzte sich
Amin für eine bessere Ausbildung der Frau ein. Polygamie war
für ihn Ausdruck von Frauenverachtung und der Schleier, trotz
einer gewissen Schutzfunktion, letztlich ein Beweis dafür, daß
der Mann das schwächere Geschlecht sei, wenn er sich bei dem
Anblick einer unverschleierten Frau nicht beherrschen könne.
Die Begründerin der ägyptischen Frauenunion, Huda Sharawi
(1879-1947), die durch das öffentliche Ablegen ihres Schleiers
1923 viel Aufsehen erregte, setzte sich u.a. ein für: bessere Ausbildung der Frauen; Heiratsverbot für Mädchen unter 16 Jah-

ren; angemessene Arbeitszeit; Begrenzung der Vielehe und längeres Sorgerecht für die Kinder nach einer Scheidung. Diese Reformversuche hatten in den einzelnen Ländern unterschiedlichen Erfolg.

Trotz vieler sozialer Reformen sind die sexuellen Normen in den meisten islamischen Ländern nach wie vor stark von patriarchalischen Vorstellungen geprägt. Eine nicht ausschließlich im Islam begründete, übergroße Ehrauffassung, verdrängte Ängste des Mannes vor einer gleichberechtigten Partnerbeziehung sowie die Unterdrückung liberaler sexualethischer Traditionen haben heute in großen Teilen der islamischen Welt zu einer eher negativen Entwicklung geführt. »Die Tatsache, daß ich als Frau den Koran interpretiere, ist etwas Besonderes. Selbst wenn ich das gleiche sagen würde, wie Khomeini, bliebe es etwas Besonderes. Allein die Tatsache, daß eine Frau in eine Partei eintritt und öffentlich eine Meinung zur Religion vertritt, allein diese Tatsache ist revolutionär. Denn Politik war bisher ein Monopol der Männer.« Selbstbewußt und kritisch hinterfragt die marokkanische Soziologieprofessorin Fatima Mernissi (geb. 1940) die von Männern beherrschte Welt der Politik. Dennoch warnt sie vor übertriebener Euphorie für westliche Emanzipation: »Der Koran ist doch mein Leben. Ich fordere für mich den Islam, Satelliten, Computer und Scheherazade. Ich möchte das alles zusammen, und ich habe dazu ein Recht. Ich bin nur stark, wenn ich die Menschenrechte und den Koran besitze.« In ihrem Buch »Die Sultanin« untersucht sie, wie die islamischen Herrscherinnen an die Macht kamen und wie sie die Regierungsgewalt ausübten. Zur heutigen Situation stellt sie fest: »Die meisten Parlamente, Volks- und Revolutionsräte haben etwas mit dem Harem gemein. Das andere Geschlecht bleibt vor der Tür.« Engagiert beschäftigt sie sich auch mit der Situation heutiger islamischer Frauen, analysiert die Folgen der wirtschaftlichen Umwälzungen, welche die traditionellen religiösen Gesetze unangemessen erscheinen lassen und bei den Gläubigen Konflikte auslösen. Fatima Mernissi wurde zur Fürsprecherin vieler älterer geschiedener Frauen im Nahen und

Mittleren Osten. Seit 1973 ist Fatima Mernissi, die von westlichen Feministinnen als eine der wichtigsten Theoretikerinnen Nordafrikas gilt, als Beraterin der UNESCO für Frauen und Islam tätig.

Literatur: N. Keddie/L. Beck (Hg.), Women in the Muslim World, 1979; W. Walther, Die Frau im Islam, 1980; I. M. Ruud, Women's Status in the Muslim World. A Bibliographical Survey, 1981; J. Frembgen, Alltagsverhalten in Pakistan, 1987, 26ff.; Y. Broyles-Gonzáles, Türkische Frauen in der Bundesrepublik, in: Zeitschr. f. Türkeistudien 1/1990; N. Minai, Schwestern unterm Halbmond, 1991; Q. Amin, Die Befreiung der Frau, 1992; A. Falaturi/U. Tworuschka, Islam im Unterricht, 1996[3],43ff.; M. Tworuschka, Islam 1982. M. und U. Tworuschka, Denkerinnen und Denker der Weltreligionen im 20. Jahrhundert, 1994 (zu F. Mernissi, H. Sharawi); M. Tworuschka, Frau im Islam, in: M. Klöcker/M. Tworuschka, Frau in den Religionen, 1995, 121ff.; A. Schimmel, Meine Seele ist eine Frau. Das Weibliche im Islam, 1995.

 **Buddhismus:** Zunächst sah Buddha keinen Nonnenorden vor. Erst auf inständiges Bitten einer Verwandten ließ er von seinen Bedenken ab. In den zur Lebenszeit des Gautama Buddha entstandenen Liedern drückt sich die Freude der ersten buddhistischen Nonnen aus, die im Streben nach innerer Freiheit und Erleuchtung den Buddha als großes Vorbild priesen. Ein im Agama-Sutra überliefertes Wort gilt als Beleg für die religiöse Gleichstellung zwischen Mann und Frau: »Wer dieses Fahrzeug nimmt, sei es ein Mann oder eine Frau, gelangt zum Heil, zum Nirvana.« Schon früh aber sehen buddhistische Mönche Frauen als Herausforderung und Versuchung, die sie von Askese und Meditation fernhalten. Buddhas Lieblingsjünger, Ananda, fragte einmal den Erwachten: »Wie sollen wir uns den Frauen gegenüber benehmen?« Der Herr: »Sie nicht sehen.« Ananda: »Und wenn wir sie sehen müssen?« Der Herr: »Nicht mit ihnen sprechen!« Ananda: »Und wenn wir mit ihnen sprechen müssen?« Der Herr: »Unsere Gedanken scharf unter Kontrolle halten!«

In dem heute vor allem in Sri Lanka und Thailand verbreiteten Theravada-Buddhismus gilt Gautama Buddha nur als Wegweiser und Lehrer. Mönche und Nonnen können nach diesem Verständnis Buddha werden. Männliche und weibliche Laien können dadurch religiöse Verdienste erwerben, daß sie Mönche und Nonnen materiell unterstützen. Bis heute gibt es in vielen, vom Buddhismus geprägten Ländern eine ziemlich klare Auffassung über die unterschiedliche Rolle von Mann und Frau, wobei religiöse Wertungen und patriarchalische Auffassungen nicht immer klar zu trennen sind. Männer nehmen einen höheren geistigen Rang als Frauen ein. Den Männern angeboren ist ihre »Ehre, welche sie von Geburt an tragen und welcher eine Art von Heiligung und Anerkennung bei ihrer Einweihung in die buddhistische Mönchsgemeinde gegeben wird, die eine kürzere oder längere Periode absieht, sobald sie ein Alter erreicht haben, in dem man sie als alt oder intelligent genug ansieht, die Bedeutung zu begreifen« (Carl-Martin Edsman). Wegen dieser Möglichkeit des Mannes zur geistigen Weiterentwicklung ordnen sich zum Beispiel die birmanischen Frauen bereitwillig unter. Jedoch bezieht sich diese Unterordnung nicht zwangsläufig auf alle gesellschaftlichen Bereiche, und die Sonderstellung des Mannes ist auf den symbolischen Eintritt in das klösterliche Leben beschränkt.

Bei einem Pagodenbesuch führt die ganze Familie die gleichen Handlungen der Anbetung aus, so das Entzünden von Räucherstäbchen und Kerzen, Einstecken von Blumen, Geldspenden oder Läuten der Glocke als Zeichen der Erfüllung eines guten Werkes. Da die moderne Lebensform die Möglichkeiten des Mannes zur religiösen Betätigung einschränkt, ist die Religion in vielen Familien zu einer Angelegenheit der Frau geworden.

Nach buddhistischer Auffassung kommen der Frau Eigenschaften zu wie Weichheit, Mitleid und die Fähigkeit zu ernähren. Typische Eigenschaften des Mannes sind Härte und Stärke, aber auch Gleichgültigkeit und mangelnde Selbstdisziplin. Deshalb soll der vorübergehende Klosteraufenthalt für den Laien auch dazu beitragen, diese Eigenschaften zu überwinden. Trotz bestimmter patriarchalischer Bewertungen im Buddhismus herrscht in der Praxis ein recht freies und gleichrangiges Verhältnis von Mann und Frau vor.

In einigen Ländern gibt es auch buddhistische Nonnen. In Japan entstand nach der Einführung des Buddhismus im 6. Jahrhundert ein weibliches Mönchtum, basierend auf dem altjapanischen Glauben an das Charisma der Schamaninnen, während der männliche Zweig des Mönchtums erst 20 Jahre später entstand. Heute ist von den weltweit etwa 60.000 buddhistischen Nonnen nur ein Viertel als »Bhikkhuni« voll ordiniert. Solche Vollordinationen kommen nur in der chinesischen, koreanischen und vietnamesischen Tradition bzw. in Taiwan vor. Spirituell fortgeschrittenen Frauen in den übrigen buddhistischen Ländern ist es allenfalls möglich, als »Schwester« (ein Ausdruck für eine Quasi-Nonne) zu leben. In Thailand werden sie »Mae Jis« genannt. Diese kahlgeschorenen Frauen in weißen Roben leben in Klöstern oder auch zu Hause. Da sie vom Religionsministerium nicht als ordiniert anerkannt sind, gewährt man ihnen nicht die für Mönche üblichen Vergünstigungen im öffentlichen Leben, keine finanziellen Zuschüsse und nicht die gleichen Bildungschancen wie Männern. Häufig arbeiten sie auf karitativem Gebiet.

Im westlichen buddhistischen Modernismus entwickeln sich Impulse zur spirituellen Gleichberechtigung der Frau. Besonders bedeutsam war die erste Konferenz buddhistischer Frauen, die im Februar 1987 unter der Schirmherrschaft des Dalai Lama stattfand. Siebzig Nonnen tauschten sich über ihre zeitgemäße Rolle im Sangha und die Möglichkeit der spirituellen Gleichberechtigung aus.

Literatur: C. M. Edsman, Die Hauptreligionen des heutigen Asiens, 1976; TRE, Bd.11, 422ff. (H. J. Greschat, Frau I., Religionsgesch.); F. Heiler, Die Frau in den Religionen der Menschheit, 1977; Ch. Kabilsingh, The Religious Position of Buddhist Women in Thailand, in: Ch. Wei-hsun Fu/ S. A. Wawrytko (Hg.), Buddhist Ethics and Modern Society, 1991, 259-264; D. Kantowsky, Buddhistischer Modernismus im

Westen, in: Gesellschaft, Demokratie und Lebenschancen, 1994, 217-234; P. Gerlitz, Frau im Buddhismus, in: M. Klöcker/M. Tworuschka, Frau in den Religionen, 1995, 149ff.

 **Hinduismus:** In der vedischen Phase der indischen Religionsgeschichte war die Stellung der Frau höher als in späteren Zeiten: Frauen war es erlaubt, die heilige Schnur zu tragen. Sie durften Sanskrit – die Sprache der heiligen Schriften – lernen und an den Riten teilnehmen. Im Rigveda werden »Seherinnen« (Brahmavadini) aufgelistet. Wenn sich auch einige Frauen an Kämpfen beteiligten, so hatten sie doch keine Bedeutung im politischen Leben jener Tage.

Im Ramayana und Mahabharata wird eine Reihe von Frauen namentlich erwähnt. Das im Ramayana-Epos dargestellte Verhältnis zwischen Sita und ihrem königlichen Gemahl Rama gilt im Hinduismus als leuchtendes Vorbild für eine gute Beziehung zwischen Mann und Frau: Sita ist grenzenlos treu, gütig und vollkommen anspruchslos. Die Liebe zu ihrem Mann hat dienenden Charakter. Auch aus den Upanishaden sind mindestens zwei spirituell fortgeschrittene Frauen bekannt. Als ergebene Frauen und würdige Mütter werden Frauen in klassischen Hindutexten oft gepriesen. In der klassischen (400 v.Chr. – 1200 n.Chr.) und in der mittelalterlichen Periode (bis 1800) gibt es einige herausragende Frauengestalten, die sich im politischen, administrativen, literarischen und wissenschaftlichen Bereich hervortaten. Den Dharmashastras (2. Jh. v. Chr. – 2. Jh. n.Chr.), den grundlegenden Hindu-«Gesetzestexten«, ist zu entnehmen, daß: Frauen den niedrigsten Kasten gleichgestellt werden; sie weder die Veden noch Sanskrit kennen dürfen; ihre Rolle die der Ehefrau und Mutter ist; und sie keine höheren spirituellen Wege beschreiten können.

Auch wenn die arischen Eroberer mit ihren männlichen Göttern in der vedischen Zeit dominierten, ist die weibliche und

mütterliche Symbolik insbesondere im Gottesbild lebendig geblieben. Neben der Gestalt der ambivalenten göttlichen Mutter
(Kali Durga) spielt die Idee der Shakti, der weiblich gedachten
göttlichen »Energie«, eine herausragende Rolle. Göttinnen wie
die für Weisheit, Bildung und Kultur zuständige Sarasvati oder
die mit Schönheit und Reichtum in Verbindung gebrachte
Lakshmi sind von alltäglicher Bedeutung. Mutterreligiöse Züge
leben bis heute in »Mutter Indien« – so die Bezeichnung vieler
Inder für ihr Land – fort.

Frauen sind auch heute noch im Hinduismus nicht gleichberechtigt. Schon ihre bloße Existenz kommt nach traditioneller
Auffassung einem Unglück gleich, das die Frau nur durch die
Geburt und Erziehung von Söhnen »wiedergutmachen« kann.
Frauen wird keine Chance zugebilligt, im nächsten Leben eine
bessere Wiedergeburt zu erlangen. Eine Tochter mindert die Ehre
der Familie. Eine Hindufamilie wird wegen der hohen Mitgift-
zahlung bei der Verheiratung einer Tochter oft in finanzielles
Unglück gestürzt. Zwar ist das Brautgeld 1961 verboten worden, in der Realität spielt es aber durchaus noch eine große
Rolle. So berichten die Zeitungen immer wieder von Mordan-
schlägen auf junge Frauen, deren Brautgeld der Familie des
Mannes nicht hoch genug war. Durch den Tod der Ehefrau wird
der Weg frei zu einer neuen Heirat mit neuer Mitgift. Bis zu
ihrer Verheiratung ist die Tochter nur »Gast« des elterlichen
Hauses. Sie wird von der Mutter erzogen, erhält mit zuneh-
mendem Alter größere Aufgaben und betreut ihre jüngeren
Geschwister. Selbst in höheren Schichten, die eine traditionelle hinduistische Erziehung praktizieren, wird eine schulische
Ausbildung nur Jungen zuteil.

Früher folgten Witwen ihrem Mann auf den Scheiterhaufen.
Ursprünglich war dies eine freiwillige Erlösungspraxis der Frau-
en (erstmals im Mahabharata erwähnt), die verhindern sollte,
in den verachteten Stand der Witwe zu kommen. Durch den
Status einer Sati konnten Sündenbefreiung, Ehre und Segen
erlangt werden. Offiziell ist die Witwenverbrennung seit 1829
verboten, kommt aber immer noch gelegentlich vor. Die Re-

gierung des indischen Staates Rajastan hat 1987 härtere Gesetze erlassen, um die Witwenverbrennung zu verhindern. Über
das Los der Devadasis (»Gottes-Dienerinnen«), ein Euphemis-
mus für Prostituierte, äußerte sich Mahatma Gandhi so: »Was
für eine tieftraurige und erniedrigende Angelegenheit ist es doch,
daß Frauen ihre Reinheit männlichen Begierden feilbieten müssen! Der Mann als Gesetzgeber wird einmal eine furchtbare
Strafe für die Entwürdigungen zahlen müssen, die er dem sogenannten schwachen Geschlecht auferlegt hat. Hat sich die
Frau erst einmal aus den Fängen des Mannes befreit, dann wird
ihr Widerstand gegen die Normen und Institutionen männlicher Herrschaft zweifellos gewaltfrei aber äußerst wirkungs-
voll sein.« Gandhi hält die Frau aufgrund ihrer »moralischen
Kraft« dem Manne für überlegen. »Ohne die Frau könnte der
Mann nicht sein. Wenn Gewaltfreiheit das Gesetz unseres Seins
darstellt, gehört die Zukunft der Frau«.
Neben den Verfechtern der traditionellen Verhältnisse finden
sich heute zunehmend mehr Familien, die ein gewandeltes Frau-
enverständnis vertreten. Eine indische Frauenbewegung gibt es
seit dem 19. Jahrhundert. Die Gestalt der Muttergöttin hat der
politischen Unabhängigkeitsbewegung wichtige Impulse vermittelt. Als beispielhaft kann die Dichterin, Politikerin und Frau-
enrechtlerin Sarojini Naidu (1879-1949) gelten, die zu den wichtigsten Mitstreiterinnen Gandhis gehörte. Die unkonventionel-
le Hindu, immerhin eine Brahmanentochter, wuchs in einer
aufgeklärten und toleranten Atmosphäre am Hof des muslimischen Fürsten in Haidarabad auf. Gegen den Widerstand ihrer
Eltern heiratete sie den aus einer niedrigeren Kaste stammenden Arzt Govinarajalu Naidu, der die spätere Karriere seiner
Frau unterstützte. Nachdem sie Gedichte in Bengali, Urdu und
Englisch verfaßt hatte, widmete sie sich nach der Begegnung
mit Mahatma Gandhi dem Befreiungskampf und der nationalen Politik. Jedoch wollte sie bei ihrem Bemühen um Emanzipation die Männer nicht ausgrenzen, setzte sich aber aktiv für
das Wahlrecht von Frauen ein. Heutzutage gibt es sogar kleine
feministische Gruppierungen.

Literatur: Swami Madhavananda u.a. (Hg.), Great Women of India, 1953; F. Heiler, Die Frau in den Religionen der Menschheit, 1977; EdR, Bd. 1, 170ff. (B. Datta, Sexualität im Hinduismus); U. King, Frauen in den Weltreligionen – I. Hinduismus, in: Wörterbuch der feministischen Theologie, hg. von E. Gössmann u.a., 1991, 111ff.; M. u. U. Tworuschka, Denkerinnen und Denker der Weltreligionen im 20. Jahrhundert, 1994, 130ff. (Mahatma Gandhi, S. Naidu); Ch. u. D. Rothermund, Die Stellung der Frau in der Gesellschaft, in: D. Rothermund (Hg.), Indien. Ein Handbuch, 1995, 132ff.; Carl-A. Keller, Frau im Hinduismus, in: M. Klöcker/M. Tworuschka, Frau in den Religionen, 1995, 181ff.

Politisches Verhalten

 **Judentum:** Die allmählich nach Kanaan vordringenden und dort seßhaft werdenden prä-israelitischen Nomaden (13. Jh. v.Chr.), »Hebräer« genannnt, waren als Familienverbände mit patriarchaler Autoritätsstruktur organisiert. Ein solcher Familienverband war eine »autonome Personen-, Wirtschafts-, Rechts- und Kultgemeinschaft«. Es herrschte »regulierte Anarchie«: »eine politische Form, die durch das Fehlen einer politischen Zentralinstanz gekennzeichnet ist und in der Entscheidungen der Zustimmung der Betroffenen bedürfen, um ausgeführt werden zu können« (Rainer Neu). An die sich stufenweise und über längeren Zeitraum vollziehende »Landnahme« schloß sich die traditionell sog. »Richterzeit« an, in der es noch kein festgefügtes Staatsgebilde gab. Anstelle fragwürdig gewordener »Stämmebundtheorien« läßt sich die israelitische Gesellschaft in vorstaatlicher Zeit definieren als »patrilineares Deszendenzsystem, in dem jeder einzelne durch Geburt einer Patrilineage zugeordnet ist und in dem die Gruppen in ihrem Verhältnis zueinander genealogische Stufen der Segmentierung des Ethos beschreiben« (R. Neu). Auf das um ca. 1000 v. Chr. entstandene, auf nationaler Grundlage gebildete Heerkönigtum Sauls folgte unter den Königen David und Salomo das »Großreich Israel«, das nach Salomos Tod in einen Süd- (Juda) und Nordstaat (Israel) zerfiel. Nach dem »babylonischen Exil« (587-538 v.Chr.) glückte eine neue Staatsbildung (Neugründung des Tempels). Hellenistischer Unterdrückung und hasmonäischem Nationalstaat folgte die römische Herrschaft in Judäa. Der erste jüdische Krieg gegen Rom (66-73 n.Chr.) endete mit dem Untergang des antiken jüdischen Staates. Im zweiten Krieg gegen Rom (132-135) waren die Juden wiederum unterlegen und wurden aus dem von den Römern Palästina genannten Land vertrieben. Eine gewisse Wiederherstellung der nationalen Ordnung gelang durch

das auch von den Römern anerkannte Patriarchat, das jedoch nach dem Aufstieg des Christentums zur Staatsreligion 429 abgeschafft wurde.

Da die Juden infolge einer antijüdischen Gesetzgebung unter wirtschaftlicher Vorherrschaft zunehmend aus öffentlichen Ämtern ausgeschlossen wurden – anders als im Machtbereich des Islam – machte man sich wenig Gedanken zur politischen Ethik. Stattdessen kapselten sich viele Juden von der Umwelt ab.

Für das Verhalten jüdischer Bürger in einem nichtjüdischen Staat gibt der Brief des Propheten Jeremia an die Judengemeinschaft von Babylonien folgende Maxime vor: »Und fragt dem Frieden der Stadt nach, wohin ich euch verschleppen ließ, betet für sie zu MIR, denn in ihrem Frieden wird euch Frieden sein« (Jer 29,6f.). Nach dem Talmud verlangt Gott von allen Menschen, also auch von den Regierenden, die Pflege des Rechts durch gerechte Gesetze und gerechte Gerichte, das Verbot der Gotteslästerung und des Götzendienstes, das Unterlassen sexueller Unzucht, des Blutvergießens und das Gebot der Liebe zum Tier und dessen Schonung. Ein sich auf dieser Grundlage definierender Staat verdient Gehorsam. Verletzt ein tyrannischer Staat diese Grundgebote, muß sich der Gläubige gegen ihn stellen. Samson Raphael Hirsch, Begründer des neuorthodoxen Judentums, machte es den im 19. Jahrhundert noch nicht gleichberechtigten Juden zur Pflicht, sich völlig in den jeweiligen Staat zu integrieren und seiner Wohlfahrt zu dienen. Wenngleich Aufklärung und Emanzipation einige positive Veränderungen brachten, so trug der wachsende Antisemitismus des 19. Jahrhunderts dazu bei, die Notwendigkeit einer nationalen Selbstbehauptung zu erkennen. Diese fand ihren Niederschlag in der zionistischen Idee der »Autoemanzipation«. Die über Jahrtausende mit Palästina empfundene Verbundenheit ließ die Gründung eines eigenen Gemeinwesens in Palästina als »Mittel einer kollektiven Emanzipation« (Johann Maier) erscheinen. Die fast vollständige Vernichtung des europäischen Judentums unter nationalsozialistischer Herrschaft (Holocaust, Shoa) führte zur Gründung des Staates Israel (1948). Die Unabhängigkeitserklärung beginnt mit der Feststellung, daß Eretz Israel das

Eretz Israel das Geburtsland des jüdischen Volkes ist, auf diesem Boden seine geistige, religiöse und politische Identität geformt wurde und von hier aus die Bibel in die Welt ging. Eretz Israel ist das Land, das Gott den Nachkommen Abrahams verheißen hatte. Die Gründungsurkunde beruft sich außerdem auf das Erbe der Propheten, verpflichtet sich jedoch auch zur Neutralität in Glaubensfragen. Obwohl durchaus ein besonderes Verhältnis zwischen Religion und Staat besteht, darf nicht außer acht gelassen werden, daß die Staatsgründung in erster Linie zur Wiedererrichtung politischer Freiheit geschah.

Die Mehrheit der Bevölkerung (85%) Israels ist jüdisch. Darüber hinaus gibt es nichtjüdische Minderheiten (Muslime, Ahmadis, Christen, Drusen, Bahais). Wenngleich die israelische Regierung sich für eine Beteiligung von Nichtjuden an politischen Ämtern einsetzte, haben insbesondere die Palästinenser stets eine Benachteiligung empfunden. In der Außenpolitik spielt die Religion nur in orthodoxen Kreisen eine mitbestimmende Rolle. Für die Mehrzahl der Juden war der Nahostkonflikt vorwiegend ein politisches Problem. Lediglich im Hinblick auf Jerusalem, dessen Altstadt 1967 erobert wurde, wodurch die noch erhaltene Westmauer des Tempels (»Klagemauer«) unter israelischen Hoheitsanspruch gelangte, kann man auch von religiöser Motivation sprechen.

Die Rabbiner werden von den Gemeinden gewählt und vom »Ministerium für religiöse Angelegenheiten« ernannt. Die höchste religiöse Instanz ist das Oberrabbinat. Es besteht aus einem aschkenasischen und sephardischen Oberrabbiner sowie einem Obersten Rabbinischen Rat. Wichtige Lebensbereiche werden nach den religionsgesetzlichen Bestimmungen geregelt. So herrscht fast absolute Sabbatruhe im Land, die Kaschrut (Befolgung ritueller Speisegebote) besteht in allen öffentlichen Institutionen. Das Mischeheverbot wird durchgesetzt mittels staatlicher Sanktionen. Die Handlungsorientierungen der modernen industriellen Gesellschaft setzen den religiösen Bestrebungen gewisse Grenzen. Der Stimmanteil der Orthodoxen bei den Wahlen ist nur gering. Die nationalreligiöse Partei konnte jedoch als Koalitionspartner der Arbeiterparteien ihren religiösen Einfluß ausdehnen, was zu Konflikten mit den säkularen Kräften führte. Aber auch die Mehrheit der säkular eingestellten Juden sieht in bestimmten Aspekten der religiösen Tradition eine unverzichtbare Sinngrundlage des Staates.

Literatur: H.-J. Loth, Religion und Politik im Judentum, in: Udo Tworuschka (Hg.), Religionen heute, 1977, 108-113; R. Neu, Von der Anarchie zum Staat, 1992; H.-J. Loth, Heilige Stätten im Judentum, in: U. Tworuschka (Hg.), Heilige Stätten, 1994, 44ff.

Christentum. Der demokratische Verfassungsstaat westlicher Prägung mit seinen ideellen Fundamenten Volkssouveränität, Menschenrechte, weltanschaulicher Pluralismus ist zwar früher von der katholischen Kirchenspitze abgelehnt worden; die Frage der Staatsform trat gegenüber der Sicherung kirchlichen Einflusses zurück. Der Neuansatz des 2. Vatikanischen Konzils im Staatsverständnis und in der Anerkennung von Menschenrechten und Religionsfreiheit markiert hier aber eine deutliche »moderne Wende«. In der neuesten Geschichte dien(t)en – auf der Grundlage von Offenbarung, Naturrecht und kirchlicher Lehrautorität – insbesondere die Aussagen der »Katholischen Soziallehre« zu politischen und sozialen Fragen als Orientierung; Leitbegriffe wurden Personalität, Solidarität, Subsidiarität (Motto: so viel gesellschaftlich eigenständiges Engagement wie möglich, so wenig staatliches Eingreifen wie nötig). Innerkirchlich sehr umstritten ist das Ja zur Gewalt als »ultima ratio der Liebe« (Ernesto Cardenal, Protagonist der lateinamerikanischen Theologie der Befreiung), um Gerechtigkeit, Freiheit und Teilhabe aller an den vorhandenen ökonomischen und materiellen Ressourcen zu ermöglichen.

Die Staatsethik im Protestantismus ist durch die Weiterentwicklung reformatorischer Ansätze geprägt worden: Die Lehre Luthers (1483-1546) vom Herrschen Christi durch sein Wort und

Mittel der äußeren Ordnung, vom Zusammenwirken Gottes mit den Menschen gegen die Macht des Bösen wurde zu einer schroffen Gegenüberstellung Reich Gottes – Welt umgebogen, um dann als Begründung für das Bündnis von Thron und Altar, auch für Rückzüge der Christen aus der politischen Gestaltung zu dienen. Die auf den Reformator Calvin (1509-1546) zurückgehende Vorstellung von der Königsherrschaft Christi schon hier auf Erden relativiert jeden absoluten Geltungsanspruch von Politik. In der »Barmer Theologischen Erklärung« vom 31. Mai 1934 (Bekenntnis gegenüber der vom Nationalsozialismus geprägten Verfälschung christlicher Lehren durch die Deutschen Christen) wird hervorgehoben, daß weder der Staat »die einzige und totale Ordnung des Lebens«, noch die Kirche »zu einem Organ des Staates werden« dürfe.

Aus den unterschiedlichen Ansätzen christlicher Staatsethik resultieren gegensätzliche Voten für das Verhältnis von Kirche und Staat – in der Spanne zwischen geforderter strikter Trennung bzw. befürworteter vertrauensvoller Kooperation. Das in der Bundesrepublik Deutschland weitgehend verfolgte Kooperationsmodell hat zu sehr beträchtlichen Privilegien für die christlichen Großkirchen geführt.

Umstritten ist die von protestantischen und katholischen Theologen (u.a. Jürgen Moltmann, Dorothee Sölle, Johann Baptist Metz) seit Mitte der 1960er Jahre vertretene (häufig sogenannte »neue«) Politische Theologie. Diese betont den wesentlich öffentlichen und gesellschaftskritischen Charakter der zentralen christlichen Glaubensinhalte; sie hat mit ihrer Ausrichtung auf das Subjekt, auf Praxis und ethisch gebotene Veränderungen auch die Befreiungstheologie und die feministische Theologie mit beeinflußt.

Literatur: J. B. Metz, Glaube in Geschichte und Gesellschaft, 1977; J. Moltmann, Politische Theologie – Politische Ethik, 1984; HdcE, Bd. 2, 253ff. (Artikel betr. den polit. Auftrag der Kirchen, Kirche und Staat, Revolution u. pol. Wandel); EKL, Bd. 3, 1258ff. (Artikel betr. Politik, Pol. Theologie); R. Weiler, Die soziale Botschaft der Kirche. Einführung in die Katholische Soziallehre, 1993.

 **Islam:** Der Islam war von Anfang an eine dezidiert politische Religion. Bereits nach der Auswanderung von Mekka nach Medina 622 n. Chr. verstand sich Muhammad nicht nur als Führer einer religiösen Gemeinde, sondern zugleich als Oberhaupt eines politischen Gebildes. Auch die Nachfolger des Propheten, die Kalifen, hatten neben religiösen Aufgaben vor allem ein politisches Erbe zu verwalten. Deshalb wurden die ersten innerislamischen Kämpfe weniger aufgrund theologischer Meinungsverschiedenheiten geführt, sondern entzündeten sich hauptsächlich an der Frage nach dem geeigneten Herrscher.

Von der Religion mußten daher von Anfang an Belange gewahrt werden, die nach mitteleuropäischem Verständnis in den Aufgabenbereich des Staates fallen. Das vom 8. Jahrhundert an in Ergänzung und als Interpretation zu den Bestimmungen des Koran und der Sunna kodifizierte Recht, die Sharia, enthält daher nicht nur Bestimmungen für ein allgemein sittlich-religiöses Verhalten. Vielmehr finden sich in ihr Vorschriften über Erb-, Familien-, Völker- und Staatsrecht sowie Aussagen zur Sozial- und Wirtschaftsethik. Der eigentliche Gesetzgeber ist Gott. Der Herrscher hatte nur die Befugnis, dieses Recht auszulegen. Er sollte sich im göttlichen Gesetz auskennen und gerecht regieren. Waren diese Bedingungen gegeben, hatte der Gläubige die staatliche Autorität anzuerkennen und an der Verwirklichung von Gottes Herrschaft auf Erden mitzuwirken: »Gehorcht Gott, seinem Gesandten und denjenigen, die den Befehl unter euch haben« (4,54). Die Anerkennung der staatlichen Autorität ist heute auch für einen in der westlichen Diaspora lebenden Muslim Pflicht, selbst wenn die Gesellschaftsordnung nicht auf dem Islam basiert.

Obgleich das Kalifat später nurmehr geistliche Autorität genoß und nicht unbedingt religiös legitimierte Personen die Macht übernahmen, blieb das islamische Herrscherideal doch bis in unser Jahrhundert lebendig.

Das Verhältnis von Religion und Staat in der heutigen islamischen Welt ist nicht einheitlich. Zum einen, weil unterschied-

liche Parteiungen und Richtungen die Regierungsgewalt ausüben, zum andern, weil die geschichtliche Erfahrung mit Europa zu jeweils unterschiedlichen Staatsformen führte. Bis heute
gibt es Gruppierungen, die an der ursprünglichen Einheit von
Religion und Politik festhalten. Verstärkt wurde diese Tendenz
durch die seit den 1970er Jahren einsetzende Re-Islamisierung
(Fundamentalismus). Sie war ein Weg zur nachkolonialen
Selbstfindung für islamische Länder der sogenannten »Dritten
Welt«. Denn Europa hatte im Zusammenhang mit der politischen und wirtschaftlichen Expansion im Orient seine techni-
sche und wissenschaftliche Überlegenheit oft als Mittel zur
Herrschaft und wirtschaftlichen Ausbeutung benutzt. Islamische Kultur und Geschichte konnten sich in dieser Zeit nicht
entfalten. Viele der an Europa orientierten Regierungen hatten
es nicht geschafft, die wirtschaftlichen Probleme der jeweiligen Länder zu lösen und die innenpolitischen Mißstände zu
beseitigen. Ein Kolonialismus-Trauma wirkt daher bis heute
nachhaltig fort.

Der islamische Fundamentalismus zeichnet sich durch folgende Merkmale aus: Rückkehr zum Koran als unverfälschte Glau-
bensquelle; Orientierung am Frühislam, als die Einheit der islamischen »Gemeinschaft« (Umma) noch Realität war; Errichtung einer islamischen Gemeinschaft, in der die Sharia, das
islamische Recht, alle Bereiche des menschlichen Lebens regelt; Betonung der Gleichheit aller Gläubigen und Einheit
Gottes. Im Nahen Osten sind fundamentalistische Denker immer dann aufgetreten, wenn sich die islamische Welt in einer
Krise befand. Auch der Wahhabismus, die offizielle Religionsrichtung Saudi-Arabiens, war eine Bewegung gegen religiöse
Neuerungen. Anders als im christlichen Fundamentalismus
werden technologische und ökonomische Neuerungen nicht
kritisiert oder abgelehnt. Man wehrt sich lediglich gegen die
sozialen Modernisierungen: westliche »Unmoral« und »Un-
kultur«.

Literatur: M. Tworuschka, Die Rolle des Islam in den arabischen Staats-
verfassungen, 1976; P. Antes, Der Islam als politischer Faktor, 1991.

 **Buddhismus:** Aufgrund der in einigen Ländern (Sri Lanka) frühzeitigen Verbindung des von Buddha gegründeten Sangha (»Mönchsgemeinde«) mit den politischen Herrschern entstand eine Aufgabenteilung: Dem König wird die Aufgabe zugeschrieben, Dhamma (»Lehre«) und Sangha zu schützen. Er soll für seine Untertanen die Voraussetzungen dafür ebnen, daß möglichst viele den Weg zum Nirvana unbehindert beschreiten können. Der gerechte buddhistische Herrscher macht Dhamma zur Quelle seiner Rechtsauffassung und zur Grundlage seiner gerechten, nicht willkürlichen Staatsführung. Mit seiner Gerechtigkeit sind zehn königliche Tugenden verbunden (Dasarajadharma): das Austeilen von Almosen und Liebestätigkeit (Dana); die Befolgung der fünf Grundsätze (Sila); die Bereitschaft, sich für das Glück und Wohl seines Volks zu opfern (Paricaga); die Tugend der Rechtschaffenheit und Integrität (Ajjava); der Güte, Sanftmut und Freundlichkeit (Maddava); die Tugend des einfachen Lebens (Tapa); der Freiheit von Haß, Übelwollen und Feindschaft (Akkodha); die berühmte Tugend der Gewaltlosigkeit (Ahimsa), die zugleich die Verhinderung von Krieg beinhaltet; Geduld, Nachsicht und Toleranz (Khanti) und die Tugend des Nichtgegensatzes, d.h. ein Volk nicht gegen seinen Willen und mit Gerechtigkeit zu regieren. Ist ein König gerecht, gedeiht sein Volk; ist er schlecht, gerät sein Volk ins Unglück. Die Harmonie der Welt hängt unmittelbar vom Verhalten des Herrschers ab.

Obwohl dem Staat für Buddha keine metaphysische Bedeutung zukommt, entwarf er die Idee eines »Weltkaisers« (Cakkavati), der, wie schon in mythischer Vorzeit, eine universale Monarchie errichten wird. In dieser mythischen Idealzeit ordnen sich die Menschen dem Wohl des Ganzen unter, bis durch verderbte Moral, Verbrechen, falsches Besitzstreben und Korruption des Herrschers ein Niedergang einsetzt. Andererseits läßt sich den Palitexten entnehmen, daß Buddha nicht unbedingt an die Verwirklichung dieses Gott-Kaiserideals auf Erden glaubte. Obgleich Buddha nicht von der Vollkommenheit menschlicher Herrschaft überzeugt war, gab er den Königen immer wieder Ratschläge zur

Herrschaftsführung. Wie bei Plato war der ideale Herrscher für Buddha ein Philosoph, der mit Weisheit regiert.

Obschon Buddha selbst aus einem republikanischen Staatswesen stammte und seinen Sangha nach dem Vorbild altindischer Adelsrepubliken aufgebaut hatte, war es die Monarchie, nicht die Demokratie, von der das ursprüngliche buddhistische Denken ausging. Noch 1910 hatte ein europäischer Buddhist Demokratie und Parlamentarismus als unbuddhistisch hingestellt. Doch bereits einige Jahrzehnte später wurden gerade diese Vorstellungen von führenden Denkern Birmas und Sri Lankas als urbuddhistisch bezeichnet. Auch versuchte man, aus buddhistischen Vostellungen eine politische Ethik abzuleiten. In Ländern des Theravada-Buddhismus (z.B. in Birma) sind Gemeinwesen entstanden, die auf sozialer Gleichstellung, ohne Kasten- und Besitzunterschiede aufgebaut sind. Es waren buddhistische Mönche, vor allem in Birma und Sri Lanka, die als Vertreter eines politischen Buddhismus an der Kultur- und Erziehungspolitik der Kolonialmächte Kritik übten und nach Erlangung der Unabhängigkeit für die Einberufung eines Buddha-Sasana-Rates, zusammengesetzt aus Mönchen und Laien, eintraten. Diesem Rat sollten die Rechte der einstigen buddhistischen Könige übertragen werden, die sich die Krone angeeignet hatte. Bei der Diskussion des Verhältnisses von Religion und Poltik spielte in fast allen buddhistischen Ländern die Frage nach der Rolle und den Befugnissen des Sangha eine wichtige Rolle. Während der Einfluß buddhistischer Mönche auf die Politik in Birma und Sri Lanka relativ groß war, wurden die Einmischungsversuche buddhistischer Mönche in Kambodscha kritisch gesehen und in Thailand häufig als marxistische Infiltration abgetan. In einigen Ländern, zum Beispiel in Sri Lanka, ging die buddhistische Renaissance mit einem neuerwachten Nationalismus zusammen. Vor allem sah man Parallelen zwischen Buddhismus und Sozialismus. Nach manchen buddhistischen Deutungen stellt der Kommunismus die Ankunft des Cakkavatti-Zeitalters dar, von dem Buddha gesprochen hat. Auch der birmanische Politiker U Nu (geb. 1906), der von seinen Anhängern zeitweilig als Bodhisattva verehrt wurde, sprach im Zusammenhang

mit seinem sozialistischen Programm von der Wiederkehr dieser
mythischen Urzeit, in der alle Menschen ohne Besitzunterschiede glücklich lebten. U Nu strebte die Befreiung von der Kolonialmacht und die Errichtung eines buddhistischen Staates an. Gewährleistet sei dadurch das Weiterbestehen der buddhistischen
Religion als Voraussetzung für die Menschen, ihr Karma zu ver-
bessern und nach dem Nirvana zu streben. Als Ministerpräsident
bemühte sich U Nu um eine Wiederbelebung der sozialethischen
Werte des Buddhismus. Der Höhepunkt von U Nus Bemühungen um eine Erneuerung des Buddhismus war die Einberufung
eines buddhistischen Konzils nach Rangun anläßlich des 2500jäh-
rigen Jubiläums des Eingangs Buddhas in das Nirvana. 1960 setzte
sich U Nu erfolgreich für die Einführung des Buddhismus als
Staatsreligion bei gleichzeitiger Anerkennung der Rechte anderer Religionen ein. U Nu wurde 1962 durch einen Staatsstreich
entmachtet, lebte elf Jahre lang im Exil und schloß sich nach
seiner Rückkehr der Demokratiebewegung an. Seit Dezember
1989 befindet er sich ebenso unter Hausarrest wie die birmanische Friedensnobelpreisträgerin Aung San Suu Kyi (geb.1945),
die am 10.7.1995 vom Militärregime freigelassen wurde. Die
Tochter des birmanischen Nationalhelden Aung San war nach
ihrem Politik- und Wirtschaftsstudium für die Vereinten Natio-
nen in New York tätig (1969-1971). In ihre Heimat 1988 zurück-
gekehrt, setzte sie sich für freie Wahlen ein. Die Grundprinzipien
ihrer Politik sind: Gewaltfreiheit sowie Wiederherstellung der
Menschenrechte in Birma auf der Grundlage einer Mehrpartei-
endemokratie. Aung San Suu Kyi knüpft an die klassische buddhistische Staatslehre an. Gemäß der buddhistischen Geschichts-
philosophie wurde immer dann ein Frieden und Gerechtigkeit
bringender König gewählt, wenn die Gesellschaft ihre ursprüngliche Reinheit eingebüßt hatte und in ein moralisches und soziales Chaos gestürzt war. Dieser Herrscher trug drei Titel: Maha-
sammata, weil er mit der Zustimmung des Volkes regierte, Khat-
tiya, weil er die Herrschaft über das Ackerland hatte, und Raja,
weil er die Zuneigung des Volkes durch die Befolgung des Dhamma (Tugend, Gerechtigkeit, Gesetz) gewann. Ein solches Staats-

oberhaupt hatte die »zehn königlichen Pflichten« zu beachten, an der sich alle modernen Regierungen orientieren könnten. Zu Dana gehört für sie auch die Gewährleistung der ökonomischen Sicherheit des Staates; Sila bedeutet auch das Fehlen jeglicher Korruption. Die 10. Pflicht, »nicht gegen den Willen des Volkes zu handeln« (Avirodha), wird als buddhistisches Bekenntnis zur Demokratie ausgelegt. Die Berufung auf diese »zehn Pflichten« bekräftigt die Notwendigkeit politischer Reformen, veranlaßt den Herrscher oder die führende Klasse, den Willen des Volkes zu respektieren.

Der seit 30 Jahren politisch aktive Thailänder Sulak Sivaraksa (geb.1933) setzt sich wie auch andere buddhistische Reformer für eine Neuordnung des Sangha ein. Für Sulak stellt es einen Widerspruch zu der kulturellen Tradition Thailands dar, daß eine kleine Minderheit über den größten Teil des Volksvermögens bestimmt. Die buddhistische Tradition fordere den Verzicht zugunsten von Schwächeren. Die Gesellschaft dürfe sich nicht nur an politischer Macht und materiellem Gewinn orientieren und dabei die geistigen Werte außer acht lassen. Sonst blieben soziale Verantwortung und das Wohl der Allgemeinheit auf der Strecke.

Literatur: E. Benz, Buddhas Wiederkehr und die Zukunft Asiens, 1963; S. Sivaraksa, Buddhist Ethics and Modern Politics, in: Ch. Wei-hsun Fu/ S. A. Wawrytko (Hg.), Buddhist Ethics and Modern Society 1991; M. und U. Tworuschka, Denkerinnen und Denker der Weltreligionen im 20. Jahrhundert, 1994 (Aung San Suu Kyi, Sulak Sivaraksa, U Nu).

Hinduismus: Dharma, das hinduistische »Seins- und Sollensgesetz« (Gustav Mensching) weist jedem Individuum seinen Platz in der hierarchisch strukturierten Gesellschaft zu. Die einzige politische Ordnung, von der die Dharmatexte sprechen, ist die Monarchie. Herrscher und Untertanen sind trotz im einzelnen unterschiedlicher Rechte dem Dharma verpflichtet. Der König muß seine Untertanen nach außen schützen und nach innen die Dharma-Normen kontrollieren, um Anarchie, Krankheit, Armut und Niedergang zu vermeiden. Brahmanen soll er als Berater hinzuziehen und sich ihnen gegenüber freigebig verhalten. Auch das Recht, die Untertanen zu bespitzeln und bei Vergehen zu bestrafen, gehörte zu den klassischen Befugnissen des Königs, dessen Symbol der »Stock« (Danda), ein Symbol der Autorität, war. Auch hatte der König Anrecht auf Teile der Ernte oder Geld.

Das Hindutum als politische Größe stellt ein Novum gegenüber den Ausprägungen der indischen Volksreligion im Mittelalter dar. Die Anfänge des Staatshindutums eines Shivaji (1627-1680) wollten sich bewußt vom politischen Islam abgrenzen. Eine wichtige Rolle spielte dabei die Vorstellung vom mythischen Gottkönig des indischen Nordens, Rama, der den von Dämonen beherrschten Süden unterwirft.

Das Ziel des politischen Hinduismus, dessen Wurzeln in das letzte Drittel des 19. Jahrhunderts zurückreichen, ist die »reine« Hindu-Nation, aus der alles Fremde getilgt worden ist. Dayananda Sarasvati (1824-1883), Gründer des intoleranten Arya Samaj (»Ariervereinigung«), beschwor mit der Aufforderung »Zurück zu den Veden« eine ideale Urzeit. Die Hindu-Lebensordnung müsse für alle im Lande bindendes Gesetz sein. Nichthindus sollen bekehrt werden. Das Erbe Dayanandas wirkte im Milieu des religiösen Nationalismus vor allem bei V. D. Savarkar (gest. 1966) und M. S. Golwakar (gest. 1974) weiter. Im Zentrum von Savarkars Ideen steht die Theokratie Ram Rajyas (»Herrschaft Rams«), also die Vorherrschaft der Hindus über die Nicht-Hindus in Indien. Auf die Ideen Savarkars, Golwakars u.a. berufen sich in der Gegenwart hindupolitische Nachfolgegemeinschaften, zum Beispiel die kampfbundartig organisierte »Nationale Eigenständigkeitspartei«. Eine völlig andere Form des politischen Neuhinduismus vertrat Mohandas Karamchand (»Mahatma«) Gandhi (1869-1948). Seine sich in Südafrika formenden Ideen und Methoden des politischen Handelns fanden im Befreiungskampf der Inder gegen die Briten ihren Höhepunkt. Der Ausdruck Satyagraha (»Festigkeit in der Wahrheit«), im Englischen und Deutschen ungenau mit »passiver Widerstand« übersetzt, bringt Gandhis Programm auf den Begriff: Satyagraha bedeutet das freiwillige Leiden angesichts einer als wahr erkannten Überzeugung.

Hinduistisches Denken kreist zentral um die Problematik von Seiendem/Wirklichem und Nichtseiendem/Unwirklichem. »Wahrheit« (Satya) schließt Liebe ein, und »Festigkeit« (Agraha) vermittelt die Idee der Kraft. Satyagraha steht in enger Verbindung zum Ahimsa-Prinzip: »Ahimsa ist das Mittel und Wahrheit das Ziel«.

Literatur: G. Dietz-Sontheimer, Die Ethik im Hinduismus, in: C. H. Ratschow (Hg.), Ethik der Religionen, 1980, 349ff.; H.-J. Klimkeit, Der politische Hinduismus, 1981; P. Schreiner, Weltherrschaft oder Selbstbefreiung, in: B. Gladigow (Hg.), Staat und Religion, 1981, 205ff.; Ders., Das richtige Verhalten des Menschen im Hinduismus, in: P. Antes u.a., Ethik in nichtchristlichen Kulturen, 1984, 82-113.

Schuld/Sünde – Gut/Böse

 **Judentum:** Der Schwerpunkt alttestamentlicher »Sünden«-Reflexion liegt weniger auf dem Gedanken einer allgemeinen Sündhaftigkeit; vielmehr wird von Menschen erzählt, die Sünden begehen: »den Weg verfehlen«, sich Verfehlungen gegen Gott und die Mitmenschen zu Schulden kommen lassen. Auflehnung, Verkehrung, Widerstand spielen im jüdischen Sündenbegriff eine wichtige Rolle. Eine Erbsündenlehre im Sinne des Paulus und der darauf aufbauenden christlichen Theologie lehnt das Judentum ab. Das »Dichten und Trachten des menschlichen Herzens ist böse von Jugend an« (Gen 8,21). Nach Auffassung jüdischer Gelehrter kann dieses schlechte »Sinnen« durch positive Kräfte neutralisiert werden. Jüdische Theologie unterscheidet zwei angeborene, miteinander im Widerstreit liegende Triebe im Menschen: den »guten Trieb« und den »bösen«. Einige Talmudgelehrte gingen noch weiter: »R. Schnuel sagte: Und siehe, es war gut (Gen 1,31) – dies ist der gute Trieb; und siehe, es war sehr gut – dies ist der böse Trieb. Ist dieser wirklich sehr gut? Da staune ich! Es will dich aber lehren, daß ohne bösen Trieb niemand ein Haus gebaut, eine Frau geehelicht, Kinder gezeugt, Handel getrieben hätte.« Der »böse Trieb« wird gedeutet als lebenserhaltender, den menschlichen Fortbestand sichernder Trieb. »Die moderne Aggressionsforschung bestätigt die talmudische These. Es kann daher nicht Ziel sein, diesen Trieb auszulöschen, sondern ihn nur zu ›bezwingen‹ und seine lebensfördernde Dynamik zu erhalten« (Roland Gradwohl). Das Judentum zieht aus der Anschauung von den beiden Trieben die Konsequenz, daß der Mensch von sich aus »in der Freiheit der Entscheidung des Glaubens (...) zur Erkenntnis Gottes« (Schalom Ben-Chorin) gelangen kann. Der vor den Forderungen des heiligen Gottes oft versagende Mensch kann »umkehren« – ein Begriff, der bei den Propheten Amos, vor allem aber Jeremia, Ezechiel und Deutero-

jesaja sowie im deuteronomistischen Geschichtsbuch eine bedeutende Rolle spielt. »Umkehr« (Teschuwa) ist nicht auf der Folie menschlichen Leistungsdenkens zu sehen, sondern bedeutet: »Abkehr von den Sünden und Gehorsam gegen die göttlichen Weisungen« (Franz Mußner).

»Suchet das Gute und nicht das Böse, damit ihr am Leben bleibt, so wird JHWH, der Gott Zebaot bei euch sein, wie ihr sagt. Haßt das Böse und liebet das Gute, richtet das Recht auf im Tor« (Am 5,14f.). Auf die Formel »Recht zu üben; Güte zu lieben; in Bescheidenheit zu wandeln mit deinem Gott« bringt der Prophet Micha die ethischen Grundforderungen, zu denen folgende Schwerpunkte zählen: die »Zehn Gebote«, das doppelte Liebesgebot gegenüber Gott und dem Nächsten, womit jeder Mensch schlechthin gemeint ist, die Gebote der Tora. Zum Menschen wird der Mensch dadurch, daß er Gott nachstrebt, d.h. so erbarmend, so langmütig usw. wie Gott gegenüber seinem Nächsten handelt.

Literatur: LrG, 730ff.u. 1011ff. (D. Vetter, Moral, jüdisch; Sünde, jüdisch); H.-J. Loth, Judentum, 1989.

Christentum: Die schuldhafte Verfehlung gegenüber Gott wird im Christentum »Sünde« genannt. In den synoptischen (den drei ersten) Evangelien sowie in der Apostelgeschichte kommt das Wort Sünde nur im Zusammenhang mit der Sündenvergebung durch Jesu Wirken vor. Jesus ist gekommen, um die Sünder zur Buße zu rufen (Mk 2,17). Er hat die Vollmacht, Sünden zu vergeben und überträgt diese Vollmacht auch auf seine Nachfolger (Mk 11,25f.; Joh 20,23). Der Apostel Paulus charakterisiert die Sünde als eine personifizierte Macht, die die Menschheit seit Adams Fall beherrscht und der der Mensch bis zur Erlösung durch Christus sklavisch ausgesetzt ist. Sünde ist Schicksal und Verhängnis (Röm 7,15-20; 5,12ff.), fordert aber zugleich zu verantwortungsvollem Tun heraus.

Der unheilvollen, mit Schuld verwobenen und zu Sünden trei-
benden Situation des Menschen wird im Christentum Gottes
Gnade, sein Eingreifen in Tod und Auferstehung Christi, entgegengesetzt. Die Kirche gilt als Heilsinstitution. Über die gnaden-
hafte Heilszuwendung Gottes zum Menschen – eine Heilszuwendung, welche die Sünde vergibt und denjenigen gerecht macht,
der glaubt – sind im Anschluß an den Apostel Paulus allerdings
unterschiedliche theologische und kirchenrechtliche Auffassungen entwickelt worden. Die Erbsündentheorie des Augustinus
(354-430) hat die Kirchen und Theologien des Westens bis ins
20. Jahrhundert hinein bestimmt: Die Menschen haben schon »in
Adam« (so die falsche Übersetzung von Röm 5, 12), also bevor
ihre eigene Freiheit zu sich kommt, gesündigt. Der Reformator
Martin Luther (1483-1546) hat die kirchlichen Praktiken der
Heilsvermittlung kritisiert, die individuelle und elementare Grund-
beziehung des Sünders vor Gott herausgestellt (Rechtfertigung
des Menschen allein aus dem Glauben, den Gott durch Gnade
schenkt). Das Verständnis von der Rechtfertigung des Sünders
trug bei dem Genfer Reformator Johannes Calvin (1509-1564)
einen stark eschatologischen Zug und mündete in der Lehre
von der doppelten Prädestination (= göttliche Vorherbestimmung):
Der Mensch ist zu Heil bzw. Verdammnis auserwählt. Eine Korrektur durch ein besonders moralisches Leben ist von daher im
Grunde nicht möglich. Da aber die Prädestination intentional beschrieben wird, hat der bekehrte Sünder (nun in diesem Heilsplan Gottes auf der positiven Seite) größtes Interesse daran, diese Erfahrung auch durch Taten zu erweisen. Daraus entwickelte
sich eine politische Ethik, die sich durch strenge Lebensführung
und leistungsorientiertes Engagement auszeichnet (Modell: der
Stadtstaat von Genf). Für die orthodoxe Theologie hat die Rechtfertigungslehre keine große Bedeutung: Sünde gilt nicht als Bruch
eines Rechtsverhiätnisses zwischen Gott und Mensch, sondern »als
ein Wesensschwund, ein Substanzverlust, eine Verwundung, Er-
krankung, eine Infektion des ursprünglichen Seins des ›Gottesbildes‹ ... Die Erlösung ist dementsprechend nicht primär die
Wiederherstellung eines durch die Sünde gestörten Rechtsver-

hältnisses, sondern Seinserfüllung, Seinserneuerung, Seinsver-
klärung, Seinsvollendung, Vergottung« (Ernst Benz).

An der legalistischen, auf Gesetz und Gebot konzentrierten Aus-
gestaltung der christlichen Ethik in Vergangenheit und Gegenwart wird teils heftige Kritik geübt, u.a. speziell an der römisch-
katholischen Lehre vom objektiv »an sich« bzw. »innerlich«
Bösen eines einzelnen Aktes im teuflisch-bösen Widerstreit zur
vorgegebenen, kirchlich normierten Heilsordnung Gottes; soziale bzw. individuelle Voraussetzungen menschlicher Fehlhandlun-
gen und die mündige Gewissensentscheidung werden in der modernen christlichen Ethik herausgestellt (vgl. Einleitung). Leitlinien einer heutigen praktischen Theologie, die Schuld nicht primär als Verletzung des Sittengesetzes auffaßt und vorrangig eine
Sündenethik der Bekehrung und Versöhnung ist, hat Dietmar
Mieth 1988 zusammengefaßt:»Offenheit für Korrektur gegenüber der Verschlossenheit des selbstmächtig planenden Menschen« (wichtiger als das Akt- und Normverständnis), »Zunahme der kollektiv-kommunikativen und institutionellen Bedeutung
der Sünde« (wichtiger als das einzelne Sündensubjekt), »Schuld-
anerkennung im Nichthandeln« (wichtiger als die Schuldzuwei-
sung an die Täter und Verursacher).

Konservative, insbesondere »fundamentalistische«, Theologen und
Kirchenvertreter warnen in der Gegenwart heftig vor dem verblaß-
ten Bewußtsein gegenüber der allgegenwärtigen Macht des Teu-
fels durch Relativierung der menschlichen Schuld und Sünde(n).

Die römisch-katholische Kirche hält an der Unterscheidung zwischen »Todsünde« (schwerer Verstoß gegen das Gesetz Gottes; drei
Bedingungen: schwerwiegende Materie, volles Bewußtsein, be-
dachte Zustimmung) und »läßlicher Sünde« (läßt die Liebe bestehen, verstößt und verletzt sie aber; keine schwerwiegende Materie
bzw. Verstoß gegen das Sittengesetz in einer schwerwiegenden
Materie, aber ohne volle Kenntnis oder volle Zustimmung) fest
(vgl. KdKK, 487-489). Der sich einer Todsünde bewußte Katholik
darf nicht die heilige Kommunion empfangen; er muß wenigstens
einmal im Jahre das Bußsakrament empfangen. Dieses Sakrament
dient als festgefügtes Ritual der Sündenverarbeitung und -absolu-

tion; Heilung des Sünders und Wiederaufnahme in die kirchliche Gemeinschaft erfordern Reue, Bekenntnis, Genugtuungsleistungen (z.B. Gebete, Fasten, andere gute Werke) und werden durch die sakramentale Lossprechung des in der Vollmacht Christi handelnden Priesters vollzogen. In jüngster Zeit gibt es in Deutschland und anderswo eine Krise der Einzelbeichte. Die Vielfalt der Bußformen wird neu erfahren und gepflegt: traditionelle Bußformen (Gebet, Verzichtleistungen, gläubiges Hören und Lesen des Wortes Gottes), gemeinschaftliche Bußformen (Einsatz für die weltweiten Aufgaben der Kirche, Versöhnungsgespräch, in christlichen Gemeinschaften praktizierte »Lebensprüfung« im Licht des Glaubens), liturgische Bußformen (Schuldbekenntnis in der Eucharistiefeier, Bußgottesdienste in der Gemeinde, Bußsakrament als Höhepunkt des Bußbemühens).

In der ersten von Martin Luthers 95 Thesen, die den Beginn der Reformation markieren (31.10.1517), wird die Bußthematik im Widerstreit zur Kirchenpraxis behandelt (Anlaß: »Ablaßgeschäfte«). Luther hob hervor, daß Buße und Vergebung nicht punktuelle Vorgänge sind (dann und wann nötig, mit isoliertem sakramentalen Ort), vielmehr seien es Elemente, mit denen die christliche Verkündigung ständig befaßt ist. Während die lutherische Orthodoxie die Einzelbeichte beibehielt (daneben Einbürgerung der »offenen Schuld«, des gemeinsamen Sündenbekenntnisses), kam es in der reformierten, durch Zwingli und Calvin geprägten Tradition zu rigoroseren Umgestaltungen. In der heutigen evangelischen Kirche gehört es zu den Pflichten ordinierter Pfarrer, die Beichte zu hören und die Absolution zu erteilen – allerdings jenseits des römisch-katholischen Sakramentsverständnisses. Vom einzelnen wird ein andauernd hohes Maß religiösen Sündenbewußtseins und daraufhin frommer Lebensgestaltung gefordert.

Literatur: E. Benz, Beschreibung des Christentums, 1975; M. Sievernich, Sch. u. S. in der Theologie der Gegenwart, 1982; F. Stolz, Christentum, 1985; ÖL, 207ff. (Artikel betr. Buße, Beichte in evgl. und kath. Sicht); WdC, 1203ff. (B. Häring, S. u. Sch.: Systematisch-theolgisch; D. Mieth: S. u. Sch.: Ethisch); KdKK, 807f. (Reg.) – vgl. weiterhin die in der Einleitung angegebene Grundlagenliteraratur.

Islam: Während die vorislamischen Araber sich dem Walten eines impersonal-willkürlichen Schicksals ausgeliefert sahen, spricht der Islam von Gott als dem Erbarmer, der sich jedem Menschen fürsorglich zuwendet, weil er sich »zur Barmherzigkeit verpflichtet hat« (6.12 und 54). In den koranischen Schöpfungserzählungen (2,28ff.; 20,114ff.; 7,10ff) wird der Mensch als Gottes bestes Geschöpf und sein »Treuhänder« (Khalifa) auf Erden beschrieben, der rangmäßig sogar noch über den Engeln steht, weil er sich zwischen Gut und Böse entscheiden muß. Auch der Koran beschreibt den »Fall« des Menschen nach der Verführung durch den Teufel Iblis, jedoch entsteht für den Muslim keine der christlichen Erbsünde vergleichbare »Unheilssituation«. Der Muslim wird im Koran zwar oft als schwach (4,28), verzweifelt (11,12), ungerecht (14,32), streitsüchtig (16,4), frevelhaft (96,6) gesehen. Auch »vergißt« er die göttliche Botschaft immer wieder oder lehnt sich bewußt dagegen auf (31,19). Aber dank göttlicher »Rechtleitung« ist er in der Lage, aus eigener Kraft das Rechte zu tun und so Heil und »Erlösung« zu erlangen. Muslime heben gern ihr optimistisches Menschenbild hervor und kritisieren das christliche Sündenverständnis.

Aus Dankbarkeit gegenüber Gottes Offenbarung und seiner guten Schöpfung stellt der Mensch seine ganze Existenz und sein irdisches Streben Gott zur Verfügung. Diese »freiwillige Hingabe« an den einen und einzigen Gott bedeutet Islam. Der Mensch wird im Islam als ein zwiespältiges Wesen »in der Krise« (H. Askari) gesehen, weil er die schöpfungsmäßig mitgegebene Wahlfreiheit besitzt und sich bei jeder Handlung in einer neuen Entscheidung befindet. Dabei ist er der Wirkung äußerer und innerer Kräfte ausgesetzt, die ihn zum »Guten«/»Schönen« (hair/hasan) bzw. zum »Bösen«/»Häßlichen« (sarr/qabih) bewegen. Die Verantwortung für seine Entscheidung hat er jedoch selbst zu tragen. Die Stätte der Auseinandersetzung der gegensätzlichen (bösen/guten) Kräfte, die jeder Entscheidung vorangeht, ist nach dem bedeutendsten islamischen Theologen al-Ghazzali (1058-1111) das im Koran als Organ/Vermögen des Begreifens der Wahrheit hervorgehobene Qalb/Fu'ad (»Herz«). Damit korrespondiert Nafs/ »Seele«, die ebenso im Koran in verschiedener Funktion vorkommt: Als Ammara bi-s-su stellt sie den Inbegriff aller zum Schlechten hintreibenden Begierde im Menschen dar. Als Lawwama/»tadelnde Nafs« spielt sie die Rolle des Gewissens bei der und nach der Entscheidung für das Schlechte. Die Stufe der an-Nafs al-Mutmaína/»die ihre Ruhe gefunden habende Seele« ist erreicht, wenn sie im Prozeß, dem sie ausgesetzt ist, den Kampf über das Böse gewinnt und die Stufe der Sicherheit und Ausgeglichenheit erreicht.

Was die Existenz der Werte »Gut« und »Böse« betrifft, so sind sich alle islamischen Schulen und Richtungen im Anschluß an die koranischen Ausdrücke Hasana/»das Gute« und Saiyi'a/»das Schlechte« einig: Die von der Mitte des 7. bis zum 10. Jahrhundert die islamische Theologie beherrschende mu'tazilitische Schule sowie die schiitischen Schulen bis heute halten an der Überzeugung fest, daß es an sich gute und böse Werte gibt, die dem Willen Gottes entsprechen. Ausgehend von dem alles umfassenden Willen Gottes legt die asharitische Schule hingegen den Akzent auf den göttlichen Willen. Für sie sind die ebenso dem göttlichen Willen entsprechenden »gut« und »böse« nicht unabhängig davon »gut« oder böse« zu sein.

Literatur: P. Antes, Ethik und Politik im Islam, 1982; LrG, 738ff. (S. Balić, Moral, islamisch).

 **Buddhismus:** Auch der Buddhismus kennt als »Universalreligion« die auf Gustav Mensching zurückgehende Unterscheidung zwischen der »essentiellen und generellen Sündenidee« und den »aktuellen und konkretisierten Sünden«. Der Begriff für die der christlichen Ursünde bzw. Urschuld analogen »Unheilssituation« lautet Dukkha (»Leiden«). Dukkha betrifft jeden, ist also ein universelles Charakteristikum des Seienden. Siddharta Gautama Buddha entdeckte einen alten Weg wieder, der aus dem Leiden in die

Leidlosigkeit, symbolisiert durch den Begriff Nirvana, führt. Unheil und Individualität hängen engstens miteinander zusammen: Das, was uns als Individuum erscheint, ist nur eine Zusammenfassung von fünf »Gruppen«: Körperlichkeit, Empfindungen, Vorstellungen/Wahrnehmungen, Triebkräfte, Bewußtsein. Diese »Gruppen«, mit denen der Mensch die ihn umgebende Welt »ergreift«, heißen deshalb »Gruppen«, weil sie in Einzelelemente zerfallen: z.B. in freudige, leidvolle, neutrale Gefühle. Die fünf Gruppen sind Dukkha, weil sie die »drei Merkmale« besitzen: Sie sind leidvoll, vergänglich, nicht das Selbst. Dukkha geht über den Rahmen des rein körperlichen Leidens weit hinaus; denn »was auch immer empfunden wird, das gehört zu Dukkha«, also auch freudige, positive Gefühle, die den Keim nachfolgenden Leidens bereits wieder in sich tragen. Dukkha geht auch nicht in normalen Sinnenerfahrungen auf: »Dukkha nicht zu erkennen (...) wird Nichtwissen genannt«. Dukkha ist ein religiöser Begriff, der seinen Ausgang zwar beim körperlichen Unwohlsein nimmt, aber nicht darin aufgeht. Dukkha steht für die »generelle und existentielle« Unheilssituation schlechthin, die sich darin ausdrückt, daß der Mensch sich im Zustand des Samsara befindet, dem Zwang der »Weiterverkörperung«.

In allen buddhistischen Schulen findet sich ein breiter Strom von Sündenbewußtsein und Reue. In der »Beichtfeier« (Patimokkha) erheben Mönche vor versammelter Mönchsgemeinde Anklage gegen sich selbst wegen Verletzung der Mönchsregeln. Im Mahayana-Buddhismus bezieht sich die Reue auf die »allgemeine Sündhaftigkeit des Menschen«. Insbesondere im japanischen Shin-Buddhismus glaubt man, daß der Mensch aufgrund der extremen Sündhaftigkeit in der Endzeit zu keiner guten Tat mehr fähig ist. In der Hoza-Praxis der buddhistischen Laienbewegung Rissho-Kosei-kai wird versucht, den Zusammenhang zwischen Leiden und Schuld aufzudecken. Die Teilnehmer sollen ihre Identität zurückgewinnen und zur Erleuchtung geführt werden.

Ethisch positives Handeln führt nicht zur Erlösung, ist nur die Voraussetzung für ein glückliches Lebens in der karmabedingten unerlösten, unheilvollen Weltwirklichkeit. Sittlich vollkommenes Leben führt nur in das Reich der zwar zufriedenen, aber ebenso unerlösten Götter. »Gut ist, was das Heil fördert, böse ist, was das Heil hindert« (Gustav Mensching). Alle Ethik ist letztlich Askese. Auch hat die Ethik nur einen vorläufigen Wert; denn ihr kommt nur ein Sinn zu, solange die nur scheinbare Welt und das nur scheinbare »Ich« bestehen, die durch Tanha (»Gier«, »Durst«: Sexualität) am Leben gehalten werden.

Zwar kennt der Buddhismus eine Teufelsgestalt (Mara), doch neigten Buddhisten aufgrund ihrer rationalen Denkweise dazu, ihn zu entmythologisieren. Mara wurde zum Symbol der unheilvollen Mächte des Todes und der Gier des Daseinsdurstes. Das Böse ist somit keine Macht von außen, weil es ein transzendentes Außen, einen Teufel oder einen persönlichen, den Geburtenkreislauf außer Kraft setzenden Gott nicht gibt. Das Böse wird stattdessen in den Geburtenkreislauf selbst hineingelegt. Das Böse ist keine Störung des Menschseins, sondern das Menschsein selbst ist unheilvoll und Produzent des Üblen.

Die zehn Gebote buddhistischer Ethik, von denen die ersten fünf auch für Laien gelten, die übrigen speziell für Mönche, umfassen: nicht töten; nicht stehlen; kein unkeusches Leben führen; nicht lügen; keine Rauschmittel nehmen. Dazu kommen noch ausgesprochene Mönchsgelübde. Zwar sind die Forderungen der buddhistischen Ethik negativ formuliert, beziehen sich auf das Vermeiden des Heilswidrigen; dem steht aber eine positive Ethik gegenüber, die das Tun des Guten zum Ziel hat. Auch haben negativ formulierte Gebote einen positiven Sinn: Ahimsa (Nichttöten, Nichtverletzen) bedeutet positiv die freundlich-fürsorgende Einstellung gegenüber allem, was lebt. In den Jatakas, den »Erzählungen von früheren Geburten« des Buddha, kann diese Fürsorge bis zur Selbstaufgabe reichen. Der Metta-Gedanke, womit die Haltung der Freundlichkeit und Liebe gegenüber allem Lebendigen ausgedrückt wird, ist Mittelpunkt buddhistischer Sozialethik.

Literatur: G. Mensching, Gut und Böse im Glauben der Völker, 1950², 52ff; H. Hecker, Die Ethik des Buddha, 1976; H. Saddhatissa, Buddhist Ethics, 1970.

 **Hinduismus:** Von christlichen Autoren ist öfter behauptet worden, daß der Hinduismus aufgrund seiner vermeintlichen Welt- und Lebensverneinung keine Ethik kenne. In Auseinandersetzung mit dem freien protestantischen Theologen Albert Schweitzer (Die Weltanschauung der indischen Denker. Mystik und Ethik, 1935) hat Sarvepalli Radhakrishnan diese These widerlegt (Eastern Religions and Western Thought).

Zu den bedeutendsten Texten, aus denen Informationen über das richtige Verhalten, über Gut und Böse, über Tugend und Sünde, gewonnen werden, gehören: Dharmasutras (»Lehrfäden des Dharma«), Dharmashastras (»Lehrbücher rechten Verhaltens«), dessen berühmtestes das »Gesetzbuch des Manu« darstellt. Brahmanische Theoretiker haben drei verschiedene Normen unterschieden, nämlich solche, die: generell gelten; kastenspezifisch sind; in Ausnahme-und Notsituationen gelten. Zu den hinduistischen Grundwerten, die auch die »zehn Gebote Manus« genannt werden, gehören: Nichtverletzen (»Ahimsa«), Festigkeit, Toleranz, Disziplin, Nicht-Stehlen, Reinheit, Sinnesbeherrschung, Einsicht, Wissen, Wahrheit und Freisein von Zorn.

Gut und Böse sind darüber hinaus kastenspezifisch festgelegt, auch wenn sich die rigide Theorie oft nicht mehr mit der sozialen Wirklichkeit deckt. In der Bhagavadgita (»Lied des Erhabenen«) wird genau definiert, welche Berufe und Tätigkeiten die jeweiligen Kasten einzuhalten haben (Brahmanen: Studium und Lehre; Kshatriyas: Kampf und Herrschaft; Vaishyas: Ackerbau, Viehzucht, Handel; Shudras: Dienen). In Notsituationen sind Ausnahmen dergestalt gestattet, daß die Ausübung der Berufe der jeweils niedrigeren Kaste als erlaubt gelten.

Zu den Hindu-Grundwerten zählen: Satyam (»Wahrheit«), deren Gegenteil schon in alten vedischen Hymnen als »Sünde« galt. Durch Gandhi ist vor allem der Begriff Satyagraha (»Festhalten an der Wahrheit«) verbreitet worden. Grundlegende Bedeutung hat auch der Wert »Reinheit«. Gemeint ist damit weniger Sauberkeit im hygienischen Sinne, sondern ein innerer Wert. Die Gefahr, sich zu verunreinigen, ist für den Hindu allenthalben gegeben, durch bestimmte Menschen- und Berufsgruppen (niedere Kasten; Tätigkeiten wie Gerber, Wäscher, Hebamme, Ärzte), Tiere (u.a. Hunde, Schweine), Nahrungsmittel, bestimmte Körperteile (linke Hand, Füße).

Die von Gustav Mensching herausgearbeitete »generelle und existentielle Unheilssituation«, die als »Sünde« verstanden werden kann, ist in bestimmten Hindu-Traditionen vorhanden (z.B. in der Upanishaden-Mystik). Darüber hinaus kennt der Hinduismus das Phänomen konkreter »Sünden«, die in der Verunreinigung des Menschen bestehen. Durch zum Teil langwierige Verfahren können sie behoben, abgewaschen werden.

Literatur: G. Dietz-Sontheimer, Die Ethik im Hinduismus. In: C.H. Ratschow, Ethik der Religionen, 1984, 349ff.; P. Schreiner, Das richtige Verhalten des Menschen im Hinduismus. In: P. Antes, u.a., Ethik in nicht-christlichen Kulturen, 1984, 82ff.

Sexualität

 **Judentum:** Sexualität ist in Bibel und nachbiblischem Traditionsschrifttum ein häufiges Thema. Dem Menschen als »Krone der Schöpfung« sind von Gott Körper, Geist, Seele, Einsicht und Entscheidungskraft verliehen worden. Göttliche Gebote sind notwendig, weil der Trieb des Menschen »böse ist von Jugend an« (Gen 6,5; 8,21). Dieser wird jedoch keineswegs als verwerflich betrachtet, denn er ist lebenserhaltend. »Böse« bedeutet, daß der Mensch faktisch verantwortungslos handelt, nicht aber, daß er zwangsläufig so handeln muß. Dem Hang zum Bösen wirkt der im Menschen ebenfalls vorhandene gute Trieb entgegen. Die Zweite Schöpfungserzählung betont die Partnerschaft von Mann und Frau: »Es ist nicht gut, daß der Mensch allein sei. Ich will ihm eine Gehilfin machen, die um ihn sei« (Gen 2,18). Auch ist von sexueller Verbundenheit die Rede, wenn Adam sagt: »Dies ist Knochen von meinem Knochen und Fleisch von meinem Fleisch, diese soll ›Männin‹ (Ischa) heißen, denn vom ›Mann‹ (Isch) ist sie genommen« (Gen 2,21).

Innerhalb der Ehe dient Sexualität der physischen und psychischen Erfüllung von Mann und Frau. Schon früh wurde der Frau das Recht auf Orgasmus zugesprochen. Verboten ist jede sexuelle Ausbeutung von Abhängigen. Als sexuelle Greueltaten der »heidnischen« Völker (Lev 19ff.) werden neben dem Inzest genannt: Verkehr während der Menstruation; Schwängerung der Frau des Nächsten; männliche Homosexualität und Geschlechtsverkehr mit Tieren; orgiastische Ausschweifungen. Gewarnt wird auch vor der Tempelprostitution bei den benachbarten Völkern.

Eine wichtige Rolle spielte in der jüdischen Tradition der Gedanke der Keuschheit, die Zurückhaltung in Kleidung und Sprache. Frauen sollten lange Röcke und hochgeschlossene Blusen tragen sowie ihr Haar nicht offen zeigen. Jungen und Männer sollten ein

Viereck-Gewand tragen; die Beschneidung galt als Ausdruck sexueller Sebstdisziplin. Auch die Ehepartner sollten sich keusch verhalten. Vor Dritten und vor Kindern sind anzügliche Worte zu vermeiden. Innerhalb der Ehe sollten die Keuschheitsregeln jedoch nicht die gegenseitige Freude beeinträchtigen.

Wie in anderen Religionen auch haben die religiösen Werte einen Wandel erfahren. Obwohl nach orthodoxer Auffassung beide Partner bei der Eheschließung jungfräulich sein sollten, entspricht dies vielerorts nicht mehr den tatsächlichen Gegebenheiten. Jeder Samenerguß außerhalb des ehelichen Beischlafs galt in der Tradition als unter Strafe gestellte Vergeudung schöpferischer Lebenskraft. In ultra-orthodoxen Talmudhochschulen herrscht diese Ansicht auch heute vor. Liberale prangern die damit verbundenen Schuldgefühle und Ängste an. Auch die traditionelle Brandmarkung von Homosexuellen schafft Probleme (→ Homosexualität). In jüdischen Zeitschriften wird heute u.a. diskutiert, ob Homosexuelle religiöse Ämter ausüben dürfen. Neuere Diskussionen beschäftigen sich auch mit dem Phänomen von Singles als Massenerscheinung.

Literatur: Kizzur Schulchan Aruch,II, 1969, Kap. 121-133. 145-162; EdR, Bd. 1, 11ff. (B. Dhatta, S. im Judentum); LrG, 976ff. (D. Vetter, S., jüdisch); G. Parrinder, Sexualität in den Religionen der Welt, 1991, 218ff.

Christentum: Die christliche Sexualethik der Gegenwart hat sich in beachtlichem Ausmaß von der Tradition strikter Sexualunterdrückung und ausschließlicher Fixierung auf den Fortpflanzungszweck in der Ehe entfernt. Keuschheit (verstanden als sexuelle Enthaltsamkeit) wurde in der Kirchengeschichte weit über mönchische Freiwilligkeit hinaus zu einem Ideal. Wurzeln, Ausmaß und Wirkungen dieser Tradition sind in einer Reihe neuerer, in der Öffentlichkeit teils heftig diskutierter Studien (u.a. von Georg Denzler, Karlheinz Deschner, Eugen Drewermann, Stephan Pfürtner, Uta Ranke-Heinemann) kritisch analysiert worden. Der kritische

Blick breiterer Teile des Kirchenvolkes ist so geschärft worden für die herausgebildete kirchliche Abwertung der Sexualität, für den Anschluß an bestimmte Richtungen der griechischen Philosophie, an alttestamentliche Reinheitsvorstellungen, an bestimmte christliche Theologen (wie Augustinus, 354-430) und Strömungen. Insbesondere psychoanalytisch orientierte Theologen und Religionspädagogen haben in jüngerer Zeit auf die Folgen angstbesetzter Tabuisierung und sündhafter Aufladung der »ganzen« Sexualität hingewiesen: Leid, Aggressivität, Doppelmoral als Folgen zwangsweise verdrängter Sexualität. Drewermann in seinem vieldiskutierten Psychogramm der römisch-katholischen Kleriker und andere haben auf die Bedenklichkeit der sündenfixierten Angstmoral und des »Zwangs«-Zölibates (keusche Ehelosigkeit der Amtsträger), speziell auf die zentrale Rolle der Verehrung der »allzeit junfräulichen Mutter – Maria« und ihre psychologischen Wirkungen aufmerksam gemacht. Über die Zusammenhänge zwischen *Herr*schaft und Sexualität wird nicht nur in der feministischen Theologie nachgedacht.

In der römisch-katholischen Kirche wird im Geiste des 2. Vatikanischen Konzils über die Kinderzeugung hinaus die »gegenseitige Liebe« der Ehegatten einschließlich einer »Vervollkommnung der sexuellen Beziehungen« betont (vgl. Würzburger Synoden-Arbeitspapier »Sinn und Gestaltung menschlicher Sexualität«, 1973). In scharfer Kehrtrichtung gegen die herrschende »sexuelle Permissivität« beharrt Papst Johannes Paul II. strikt auf Einhaltung der traditionellen Gebote der Keuschheit außerhalb der sakramental geheiligten Ehe, bekräftigt auch das Amtszölibat und das Verbot jeglicher Mittel künstlicher Empfängnisverhütung (vgl. »Ehe, Familie«). Weiterhin gilt die Ehe als vollzogen und unauflöslich erst nach Durchführung des ersten Geschlechtsverkehrs.

Im Protestantismus gibt es die Traditionslinien der Minderbewertung des Geschlechtlichen durch die Reformatoren, der puritanischen Verneinung der Lust in der Ehe, pietistischer Angst vor der Sünde im Geschlechtlichen bis hin zu Prüderie, idealistischer strikter Unterordnung des Geschlechtlichen unter geistige Zwecke und romantischer Verklärung der Liebe. Heutige Vertreter einer pro-

testantisch-fundamentalistischen Ethik setzen, biblisch begründet, strikte Ordnungsnormen gegen enthemmte Geschlechtlichkeit und akzeptieren Sexualität ausschließlich in der Ehe.
In der ökumenisch orientierten christlichen Ethik der letzten Jahrzehnte zeichnen sich Konturen einer weitgehend revidierten Sexualethik ab. Grundlagen sind die Kehrtrichtung gegen hergebrachte (biblizistisch, naturrechtlich, autoritativ begründete) kirchliche Sexualnormen als überzeitlich geltender Ausdruck der göttlichen Schöpfungsordnung, ein revidiertes Bibelverständnis (u.a. Verweis auf die unbefangene Freude am Leiblich-Sinnlichen im Hohenlied, den so geringen Stellenwert sexueller Probleme in den Worten Jesu) und Erkenntnisse der modernen Humanwissenschaften. Daraufhin gibt es Plädoyers für ein christliches Ja zur selbstbestimmten Sexualität. Für die sexuelle Partnerschaft wird – in gegenseitiger, verantwortungsvoller, ganzheitlicher Ausrichtung – das christliche Hauptgebot der Nächstenliebe betont. Die revidierte christliche Sexualethik folgt so dem Leitziel »Freiheit zur Liebe«. Inwieweit dabei über traditionelle Aussagen zur kinderzentrierten Ehe hinausgegangen wird, wird besonders deutlich an der jeweiligen Einstellung zur traditionell verurteilten Homosexualität (→ Homosexualität).

Literatur: EdR, Bd. 1 (Fr. Trzaskalik, S. im Katholizismus; D. Zilleßen; S. im Protestantismus); ÖL, 1100ff. (Artikel betr. Sexualethik in evgl. bzw. kath. Sicht); WdC, 1145f. (E. Bleske, S.); G. Denzler, Die verbotene Lust. 2000 Jahre christliche Sexualmoral, 1988; E. Drewermann, Kleriker, 1989; M. Klöcker, Katholisch – von der Wiege bis zur Bahre, 1991, 519 (Reg.); KdKK, 775f.,800, 806 (Reg.).

 **Islam:** Trotz vieler Reformen im gesellschaftlichen Bereich sind die sexuellen Normen in den meisten islamischen Ländern stark von patriarchalischen Vorstellungen geprägt. Eine keineswegs nur im Islam vorkommende hochgespannte Ehrauffassung in bezug auf die Frau, verdrängte Ängste des Mannes vor einer gleichberechtig-

ten Partnerbeziehung sowie das Unterdrücken der liberaleren Traditionen in der islamischen »Sexualethik« haben in Teilen der islamischen Welt heute zu einer eher restriktiven Entwicklung geführt.

Obwohl die Fortpflanzung als Hauptzweck sexueller Beziehungen gilt, sind diese dennoch nicht ausschließlich durch die Zeugungsabsicht legitimiert. Der Wunsch nach sexueller Erfüllung ist ein natürliches Anliegen des Menschen. Eine erzwungene Unterdrückung dieses Verlangens kann sich sogar nachteilig auswirken, wenn etwa der Gläubige dadurch vom Gottesdienst abgelenkt wird. Der Geschlechtstrieb gilt also als positives Element der göttlichen Schöpfungsordnung, solange er innerhalb der Ehe und im Rahmen des religiösen »Rechts« (Sharia) ausgeübt wird. Die Geschlechtslust kann nach islamischer Auffassung sogar ein »Vorgeschmack der Paradieseswonnen« sein. Voreheliche oder außereheliche Beziehungen gelten als verboten. Trotz der im Koran verankerten Bestimmungen, die eindeutig eine rechtliche und moralische Besserstellung der Frau gewährleisten, finden sich auch Verse, die eine Benachteiligung und Unterordnung begründen: »... Und wenn ihr fürchtet, daß (irgendwelche) Frauen sich auflehnen, dann ermahnt sie, meidet sie im Ehebett und schlagt sie! Wenn sie euch dann wieder gehorchen, dann unternehmt weiter nichts gegen sie! Gott ist erhaben und groß« (4,34). Schon kurz nach Muhammads Tod beschäftigte dieser Vers die Muslime. Das »Schlagen« wurde gedeutet im Sinne eines die Unzufriedenheit symbolisch ausdrückenden, »nichtschmerzenden Schlages«. Wenn Muslime diesen Vers zur Rechtfertigung ihrer Tätlichkeiten gegenüber Frauen heranzogen und heranziehen, widerspricht das insgesamt dem Grundanliegen des Korans. Der liberale österreichische Muslim Smail Balić äußert sich zu diesem Vers: »Ich bin der festen Überzeugung, daß die gegenständliche Aya (sc. Vers) mit Rücksicht auf ihre nicht mehr zutreffenden Prämissen nur noch historischen Wert hat«.

Ein Beleg dafür, daß Sexualität in erster Linie von seiten des Mannes begründet wird, findet sich in Sure 2,223: »Eure Frauen sind euch ein Saatfeld. Geht zu eurem Saatfeld, wo immer ihr wollt.« Obschon Muslime darauf hinweisen, daß dieser Vers keine Diskriminierung der Frau bedeute, da man gerade ein Saatfeld gut behandeln und pflegen müsse, besteht dennoch kein Zweifel, daß die Initiative hier ausschließlich vom Mann ausgeht, der mit der Eheschließung das Recht an der Sexualität und Gebärfähigkeit der Frau erworben hat. Die Frau hat zwar ein Recht auf sexuelle Beziehungen und kann sich im Fall der Impotenz ihres Mannes sogar scheiden lassen; jedoch ist auf der anderen Seite in Koran und Tradition in erster Linie von der Verfügungsgewalt des Mannes über den Körper seiner Frau die Rede. Von einem entsprechenden Recht der Frau gegenüber ihrem Mann wird zunächst nicht gesprochen. Stattdessen steht die Pflicht des Ehemannes, seine Frau gut zu versorgen, im Mittelpunkt.

Literatur: EdR, Bd.1, 119ff. (M. Tworuschka, S. im Islam); F. Mernissi, Geschlecht Ideologie Islam, 1987; N. Minai, Schwestern unterm Halbmond, 1991; M. u. U. Tworuschka, Denkerinnen und Denker der Weltreligionen im 20. Jahrhundert, 1992 (F. Mernissi, H. Sharawi, Q. Amin); Q. Amin, Die Befreiung der Frau,1992; E. Heller/H. Mosbahi, Hinter den Schleiern des Islam, 1993.

 **Buddhismus:** Die Einstellung zur Sexualität wird entscheidend durch Buddhas Lehre bestimmt, daß Begierde die Wurzel des Leidens und Ursache des unheilvollen Geburtenkreislaufs sei. Daher gilt der Geschlechtsverkehr im frühen Buddhismus als heilsabträglich. Askese ist das einzige Mittel, um der Begierde zu widerstehen, die aus der Verführung durch die Frau erwächst. Kurz vor seiner Erleuchtung hielt Siddharta Gautama den intensiven Verführungskünsten der drei Töchter des Teufels Mara – Begierde, Unzufriedenheit, Lust – stand. Sexualität fesselt unmittelbar an das diesseitige Leben. Buddhas zwölfgliedrige »Kette des Entstehens in Abhängigkeit« enthält als zehntes Glied die sexuelle Vereinigung von Mann und Frau, die zu neuer Geburt,

also zu neuem Leiden führt. Im Vinaya-Pitaka, dem zu den heiligen Schriften zählenden »Buch der Ordensregeln«, finden sich ausführliche Abschnitte über Sexualität und sehr differenziert dargestellte Schilderungen sexuellen Fehlverhaltens.

Diese asketische Auffassung beeinflußte auch den Laienbuddhismus. Sexualität wurde nur durch den Wunsch nach Kindern gerechtfertigt. Darüber hinaus besaß sie keinen eigenen Wert. Buddha sagte zur sexuellen Lust:»Gleichwie, ihr Mönche, eine Hahnenfeder oder ein Stück Bogensehne ins Feuer geworfen, zusammenschrumpft, sich krümmt, zusammenrollt und sich nicht mehr ausstreckt: Ebenso auch schreckt der Geist eines solchen Mönches zurück vom Geschlechtsakt, wendet sich weg, kehrt sich ab, fühlt sich nicht hingezogen; und Gleichmut und Abscheu stellen sich ein.« Buddha warnt vor dem Genuß dreier Dinge, von denen man nicht so ohne weiteres lassen könne: Schlaf, berauschende Getränke, Geschlechtsverkehr. In vielen Stellen des Pali-Kanons werden die Mönche vor den Verführungskünsten der Frau gewarnt. Selbst die eigene Mutter kann danach zur Verführung für den Sohn werden.

Der buddhistische Laie befolgt den »edlen achtfachen Pfad« und damit das Gebot der Enthaltsamkeit nur für einige Tage im Jahr: während des Uposatha-Fastens zu Voll- und Neumond. Dann verzichtet der buddhistische Laie auch auf Essen nach 12 Uhr sowie auf Tanz, Musik und Schmuck. Der Laie soll sich durch diese Fasttage zumindest zeitweilig in die Rolle eines Bhikkhu (»Mönch«) versetzen. Er lernt zu verstehen, wie schwer es ist, die Enthaltsamkeitsgebote ein ganzes Leben lang durchzuhalten. Als Vorbild für Mönche und Laien gilt in diesem Zusammenhang die Weisung Buddhas:»Ein Mann, der seinen sexuellen Trieb beherrscht, ist darum ein edler und starker Mann zu nennen.«

In der späteren Entwicklung wurde der Geschlechtsakt jedoch – insbesondere unter dem Einfluß hinduistischer Strömungen – zum Bild für die mystische Vereinigung mit der Gottheit. Der tantrische Buddhismus gestattete von ca. 800 n.Chr. an den Mönchen sogar die Ehe. In den Ländern des Mahayana-Buddhismus sind die Mönche heute überall verheiratet (zum Beispiel in Japan).

Demgegenüber hält der Theravada (in Birma, Sri Lanka, Laos) am Gebot der Ehelosigkeit fest. Einer der Begründer des tibetischen Buddhismus, Padmasambhava (8. Jh.), vertrat die Ansicht, daß sexuelle Befriedigung eine Alternative zur Askese darstelle. Der »Linkshändige Tantra« betrachtet den Geschlechtsverkehr sogar als größten kreativen Akt, weil er die Wonnen der »Versenkung« (Samadhi) vorwegnehme. Jedoch soll die Sexualität nie zum Selbstzweck werden, sondern nur eine Voraussetzung für die Vereinigung mit dem Göttlichen darstellen.

Die Auffassungen im tantrischen Buddhismus und im Mahayana-Buddhismus haben zu einer gewissen Auflockerung der sexuellen Moralvorstellungen bei den buddhistischen Laien geführt.

Literatur: G. Parrinder, Sexualität in den Religionen der Welt, 1991, 55ff; J. Stevens, Lust und Erleuchtung, 1993.

 **Hinduismus:** Die hinduistische Lehre geht von vier Zielen des menschlichen Lebens aus: Dharma (»religiöse Pflichterfüllung«); Artha (»Besitz«); Kama (»Lustgewinn«) und Moksha (»Befreiung«, »Erlösung«). Dabei stellt Moksha das oberste Ziel dar, während Kama die unterste Stellung einnimmt. Dharma, welches die Bedeutung von Seinsordnung, Pflicht, Brauch, Recht und Gerechtigkeit hat, gilt als Quelle von Artha und Kama.

Die sexualethischen Vorstellungen unterlagen im Laufe der Geschichte des Hinduismus manchen Veränderungen. Die Arya (»Reine«) drangen gegen 1200 v. Chr. in Indien ein, besiegten die dortige Bevölkerung und entwickelten eine Gesellschaft mit hoher Zivilisation. Ihr Leben wurde in den vier Veden dargestellt, von denen der Rig-Veda (vor 1000 vor Christi) das älteste Dokument ist. Dort legte Shvetaketu den Grundstein zur Einehe und schränkte die vorher verbreitete Promiskuität ein. Es war jedoch Sitte, daß die Braut mit einer Familie von Brüdern verheiratet wurde. In dieser Zeit war die Eheschließung von Witwen unüblich, während der nachvedische Niyoga-Brauch (600 v.Chr.)

gestattete, daß ein Schwager oder naher Verwandter mit einer Frau, deren Mann tot oder impotent war, Nachkommen zeugte. Später verloren diese Vorstellungen ihre Geltung und wurden allmählich durch die Forderung nach einem strengen, keuschen Lebenswandel der Frau ersetzt. Es gab Bestimmungen, die die Verbrennung der »Witwe« (Sati) zusammen mit ihrem Ehemann anordneten.

Von 600 v.Chr. – 100 n.Chr. entstanden die beiden großen Epen Ramayana und Mahabharata, das wiederum die Bhagavadgita als wichtiges hinduistisches Glaubensdokument enthält. Aus der gleichen Zeit stammen die Dharmashastras, Lehrbücher des Rechts und der Politik. Davon ausgehend dominierte über Jahrhunderte hinweg die Vorstellung, daß eine verheiratete Frau pativartra (»keusch«) bleiben müsse und innerhalb der Kaste und noch vor der Pubertät verheiratet werden solle. Die Ehefrau muß ihrem Mann nach dessen Tod auf den Scheiterhaufen folgen oder ein Leben in strenger Enthaltsamkeit führen. Für die höheren Kasten galt diese Sexualmoral bis in das 19. Jahrhundert, ja vereinzelt bis heute. Die niedrigeren Kasten kannten dagegen Polyandrie, Polygamie, Scheidung und Witwenheirat. Seit dem 19. Jahrhundert gingen Reformer gegen Bräuche wie zum Beispiel die Witwenverbrennung vor und setzten sich für eine Änderung vieler traditioneller Bräuche und Praktiken ein.

Literatur: EdR, Bd. 1, 170ff. (B. Dhatta, S. im Hinduismus); G. Parrinder, Sexualität in den Religionen der Welt, 1991, 12ff.

Tier

 **Judentum:** Bereits in der Schöpfungserzählung am Anfang der Bibel wird deutlich, daß Gott die Tiere als Mitgeschöpfe des Menschen schuf. Die Land- bzw. Säugetiere wurden an demselben Tag wie die Menschen geschaffen, und Gott sprach über die Tiere denselben Segen wie über die Menschen: »Seid fruchtbar und mehret euch...« Sowohl die Schöpfung des Tieres als auch des Menschen war »gut« (Gen 1,25). Nach Vollendung der Schöpfung gab Gott dem Menschen zwar Macht über die Tiere, doch diese Macht darf nicht in einem ausbeuterischen und unterdrückerischen Sinne mißbraucht werden. Mensch und Tier waren vor der Sintflut ausschließlich auf pflanzliche Nahrung verwiesen (Gen 29,30). Erst danach wird dem Menschen fleischliche Nahrung erlaubt (Gen 9,2-3).

Dem Tier wird im Alten Testament eine Seele zugesprochen; daher gilt es als »lebendig« (Gen 1,30). Die Tatsache, »lebendig« zu sein, verleiht dem Tier einen hohen Stellenwert, gibt ihm das Recht, geachtet zu werden.

Saadiah Gaon nennt in seiner Abhandlung Emunot ve-Deot (»Glaubenssätze und Meinungen«) drei Gründe für die Erschaffung von Tieren: 1. Weil Gott es so wollte. 2. Um Seine Weisheit der Menschheit zu offenbaren. 3. Um der Menschheit zu nützen. Im Bild vom messianischen Frieden zwischen Mensch und Natur haben auch die Tiere ihren festen Platz (Jes 11,6-9;35,9;65,25). Nach Hosea 2,20 will Gott sogar um der Menschen willen einen Bund mit den Tieren schließen. In der Not wenden sich die wilden Tiere an Gott (Joel 1,20).

Das Verbot der Grausamkeit gegen Tiere wird im Judentum sehr ernst genommen. Bibel und Talmud enthalten zahlreiche Tierschutzbestimmungen: 1. Fliegenlassen der Vogelmutter bei Wegnahme ihres Nestes (Dtn 22,7); 2. Hilfeleistung für zusammenbrechende Lasttiere (Ex 23,5); 3. Verbot des Tötens von Muttertier und Jungen am gleichen Tag (Lev 22,28); 4. Verbot des Genusses von Teilen eines noch lebenden Tieres (Lev 19,19); 5. Verbot des Kreuzens verschiedener Tierarten (Dtn 22,10); 6. Verbot, verschiedene Tierarten zusammen anzuschirren (Dtn 22,10); 7. Verbot, den arbeitenden Tieren das Maul zu verbinden (Dtn 25,4); 8. Arbeitsverbot am Sabbat, der auch Ruhetag für Tiere ist (Ex 20,10); 9. Verbot von Sexualkontakten mit Tieren (Lev 18,23); 10. Verbot der Kastration von Tieren (Lev 22,24).

Auch auf die Gefühle der Tiere soll der Mensch Rücksicht nehmen (Dtn 22,6f.). Die den Tierschutz betreffenden Forderungen im Talmud gehen in vielem weit über das Alte Testament hinaus. So wird in den Berachot (40a) geboten, daß man sich nicht zum Essen setzen darf, bevor die Haustiere nicht satt geworden sind. Der Jerusalemer Talmud verbietet das Halten von Haustieren, wenn man diese nicht ausreichend mit Futter versorgen kann (Ketuvot 4a). Die Jagd wird im allgemeinen negativ betrachtet (vgl. schon Gen 25,27; 10,8-12). Unnützes Töten von Tieren sowie Grausamkeit gegen sie werden im Alten Testament und im Talmud schwersten Verbrechen gleichgestellt. Das rabbinische Denken kennt zwei Rechtsprinzipien in Bezug auf die Umwelt: 1. Zaar Baalei Chajjim (»Schmerz der Tiere«) und 2. Bal Tashchit (»Du sollst nicht verderben«). Zum ersten Grundsatz gehören die genannten Verbote sowie die Bestimmungen, daß Tiere nicht hungern, nicht mit möglicherweise vergiftetem Wasser getränkt werden dürfen und einen Anspruch auf Krankenpflege besitzen. Das zweite Rechtsprinzip bezieht sich auf das Verbot der willkürlichen Tötung eines Tiers.

Literatur: M. Landmann, Das Tier in der jüdischen Weisung, 1959; EdR, Bd. 5, 9ff. (H.-J. Loth, Umwelt im Judentum); A. Rose (Hg.), Judaism and Ecology, 1992; H. Rheinz, Schaut die Seele der Tiere, in: W.-R. Schmidt, Geliebte und andere Tiere in Judentum, Christentum und Islam, 1996, 65ff.

Christentum: In der traditionellen christlichen Ethik gilt: Das Tier ist von Gott geschaffen; zugleich ist es dem Menschen untergeordnet. Trotz römischer Rechtstradition (Tiere sind keine Personen, sondern absolut verfügbare Sachen) entwickelte sich im christlichen Abendland eine Tierschutz-Ethik, allerdings um des Menschen willen, aus Rücksicht auf den Menschen und seine Humanität: Grausame Behandlung der Tiere verrohe den Menschen, während fürsorglicher Umgang in die Nächstenliebe einübe.

Erst in jüngerer Zeit gibt es beachtlich viele christliche Ethiker, die – im Rahmen einer »ökologischen Ethik«, welche die gesamte Schöpfung als durch Gott geheiligt versteht – Eigenrecht und Eigenwert der Tiere betonen. Dabei wird oft die brüderliche Verbundenheit des heiligen Franz von Assisi (1181/82 – 1226) mit aller Natur und Kreatur heraufbeschworen. Hohe Anerkennung genießt nunmehr der liberale Theologe und freie evangelische Christ Albert Schweitzer (1875-1965) mit seinem Leitsatz: »Ich bin Leben, das leben will, inmitten von Leben, das leben will«. Weitgehende Zustimmung findet der evangelische Zürcher Theologe Fritz Blanke, der 1959 den Begriff der »Mitgeschöpflichkeit« prägte mit der Zielsetzung der Einbettung der Nächstenliebe in den größeren Zusammenhang aller Geschöpfe. Die Neuorientierung christlicher Ethik geht heute teils bis hin zu einem religiös motivierten Vegetarismus. Heftig kritisiert werden u.a. Massentierhaltung, überflüssige Tierversuche, die Ausrottung gefährdeter Arten und die falsche Behandlung von Haustieren. Theologinnen und Theologen haben 1988 im »Glauberger Schuldbekenntnis« das Schweigen der Kirchen angesichts des Leidens der Tiere bedauert und beklagt. Zunehmend gibt es Tiergottesdienste, in denen Versöhnung und Gemeinschaft mit den Tieren gefeiert wird.

Literatur: EdR; Bd. 5, 204 (Reg.); G. W. Teutsch, Mensch und Tier: Lexikon der Tierschutzethik, 1987; E. Spiegel, Da Tiere eine Seele haben? Beziehungstheologische Grundlegung einer tierisch akzentuierten Ökopädagogik, in: Religionspädagogische Beiträge 31/1991, S. 110ff.; KdKK, 810 (Reg.); W.-R. Schmidt, Geliebte und andere Tiere in Judentum, Christentum und Islam, 1996, 93ff.

 **Islam:** Der Koran erwähnt eine Vielzahl von Tieren in unterschiedlichen Zusammenhängen und mit unterschiedlicher Wertschätzung. Einerseits steht der Mensch in der Schöpfungsordnung eindeutig über dem Tier – schon deshalb, weil er im Gegensatz zum »ungläubigen Vieh« Verstand besitzt, also sowohl zum Glauben als auch zum Unglauben fähig ist (5,1; 8,22; 8,57). Anderseits wird eine prinzipielle Gleichheit zwischen menschlichen und tierischen Geschöpfen angedeutet:»Kein Getier gibt's auf der Erde und keinen Vogel, der mit seinen Schwingen fliegt, die nicht wären Völker gleich euch« (6,38). Ein heutiger Korankommentar interpretiert diesen Vers als Aufforderung, die Tierwelt als Gottes Schöpfung zu achten und Gott seine Ergebenheit dadurch zu beweisen, daß man seine Gebote hält und seine Geschöpfe liebt.

Die Einstellung des Koran zum Tier ist wesentlich durch die Frage bestimmt, zu welchem Zweck Gott die Tiere erschuf. Nach Sure 16,5ff. hat Gott die Tiere aus zwei Gründen erschaffen: zum Nutzen des Menschen und zu seiner eigenen Verherrlichung. Wie die übrigen Werke der Schöpfung stehen die Tiere in der menschlichen Verfügungsgewalt, wobei im Koran der Aspekt der Nutznießung stärker im Vordergrund steht als die Verpflichtung des Menschen zu ihrer Pflege und ihrem Schutz.

Der frühe Islam kennt den Tierschutz. Für das Verletzen von Kamelen wird in Sure 26,156 Strafe angedroht. In Sure 81,4 gilt das Vernachlässigen schwangerer Kamelstuten als Inbegriff negativen Verhaltens. 4,118 erwähnt irregeleitete Menschen, die sich den Satan zum Beschützer nehmen, ihren Tieren die Ohren abschneiden und die Schöpfung Gottes verändern. Der Koran erlaubt lediglich, Tiere – außer am Kopf – mit Brandzeichen zu versehen sowie unter bestimmten Umständen die Kastration. Sure 17,39 tadelt die »Überheblichkeit« des Menschen. Ein Kommentar versteht hierunter auch das sinnlose Jagen und Quälen von Tieren. Ein Kommentar zu Sure 4,118 zählt zum eigenmächtigen »Verändern der Schöpfung« durch den Menschen auch das Verletzen von Tieren. Was die Versorgung der Tiere betrifft (11,8.59), so betont der Koran in erster Linie die Fürsorge Gottes, weniger die Verpflichtung des Menschen; es sei denn, es handelt sich um Nutz- und Weidetiere (z.B. das Kamel). Obgleich Hunde im Islam insgesamt eher Verachtung genießen, gibt es auch eine dem Propheten Muhammad zugeschriebene Überlieferung, welche die Fürsorge gegenüber diesen Tieren zum Thema hat.

Kamele und Pferde haben im Islam seit jeher eine Sonderstellung eingenommen. Vor allem das Kamel stellt in der Wüste ein unentbehrliches Transportmittel dar und ist ein wichtiger Lebensgefährte für die Beduinen. In der beduinischen Hirtenkultur, die aus der engen Schicksalsgemeinschaft von Mensch und Tier hervorging, wurde die Wüste erst durch das Kamel für den Menschen bewohnbar. Aus dem wiegenden Gang der Tiere entwickelte sich das klassische Versmaß der arabischen Literatur. 160 verschiedene Namen kennt die arabische Sprache für das Kamel, das nicht nur Reichtum und Besitz symbolisiert, sondern auch die Existenzgrundlage der Großfamilie, Richtschnur der sozialen Ordnung, Maßeinheit für Vermögensstrafen ebenso wie für die Hochzeitsgabe darstellte.

Umfassendere Überlegungen zum Tierschutz sind im heutigen Islam selten anzutreffen. Wie das Judentum so praktiziert auch der Islam die Schlachtmethode des Schächtens. Die »Erste internationale Konferenz für islamische Medizin« (Kuwait 1981) sprach sich entschieden gegen grausame Tierversuche aus.

Literatur: M. Douglas, Reinheit und Gefährdung, 1985; EdR, Bd. 5, 42ff. (M. Tworuschka, Umwelt im Islam); M. Razwi, Islam und Umweltkrise, in: Umwelt & Gesundheit 5/6 (1986/87); A. Köhler, Islamische Umweltethik, in: Gottes ist der Orient – Gottes ist der Okzident, FS Falaturi, 1991, 54ff.; F. Khalid/J. O'Brien (Hg.), Islam and Ecology, 1992; W.-R. Schmidt, Geliebte und andere Tiere in Judentum, Christentum und Islam, 1996, 93ff.

 **Buddhismus:** Das praktische Verhalten des Buddhisten gegenüber Tieren ist weithin durch die ethische Haltung des Mitgefühls gegenüber allen Lebewesen bestimmt. Diese orientiert sich einerseits an der urbuddhistischen Ethik des Mitleidens und der Güte. Im Mahayana-Buddhismus liegt sie aber auch in der Bodhisattva-

Vorstellung begründet und in der Erkenntnis, daß alle Lebewesen »Buddha-Natur« besitzen. So wird allen Tieren gegenüber Respekt gezeigt, ohne daß der fundamentale Unterschied zum Menschen verwischt wird. Auch führt die Ahimsa-Lehre (»Nichtverletzen«) dazu, das Töten und Schädigen von Lebewesen in jeglicher Form apodiktisch zu verbieten. Manche vertreten sogar die Auffassung, daß damit der biotopische Zusammenhang gemeint sei, daß also die Pflanzen nicht ausgeschlossen werden dürfen. Denn ein Beschädigen der Pflanzen bedeutet zugleich eine Vernichtung des Wohn- und Lebensraumes von Tieren (vor allem Insekten).

Viele Buddhisten leben vegetarisch. Dennoch ist der Vegetarismus nicht allgemein verbindlich. Eine logische Konsequenz ist er für diejenigen, die in allen Lebewesen eine verborgene »Buddha-Natur« annehmen. Grundsätzlich gilt für den einzelnen Buddhisten nur die Vorschrift, daß er nicht töten und daß nicht eigens für ihn ein Lebewesen getötet werden darf. Das schließt nicht aus, daß der Mönch bei seinen Bittgängen auch fleischhaltige Speisen annehmen darf; denn er selbst hat die Tötung des Tieres nicht veranlaßt.

Das Tier ist nach buddhistischer Lehre nicht für den Menschen geschaffen. Ein solches Denkmodell findet sich vor allem in (mono)theistischen Religionen. Buddhistisch gesehen sind Tiere dagegen selbständige, gleichberechtigte Lebensformen. In der Reihe der Wiedergeburten gibt es sowohl die Verbindung Mensch-Tier als auch die Verbindung Tier-Mensch. Der Aufstieg in die Lebensform der Menschen gilt jedoch als ungeheuer schwer und selten. In den Jatakas (»Geburtsgeschichten«) wird berichtet, daß Buddha selbst in früheren Existenzen als Tier (z.B. Gazelle, Hase, Löwe, Elefant) gelebt hat. Wie der Mensch, die Götter und andere Lebensformen wandert auch das Tier vom Nichtwissen zum Wissen, zur Erlösung.

Da das Tier die Einsichtsfähigkeit nicht besitzt, ist es bei seinem Weg zur Befreiung auf die fürsorgliche Hilfe des Menschen angewiesen. Die Jagd soll vermieden, Haustiere nur dann gehalten werden, wenn eine angemessene Unterbringung gewährleistet ist.

Das Experimentieren mit Tieren soll reduziert, Tierversuche für Kosmetika etc. sollen ganz abgeschafft werden. In buddhistischen Ländern gibt es zahlreiche Tierkrankenhäuser.

Literatur: EdR, Bd.5, 70ff. (H .E. Hamer/R. Neu, Umwelt im Buddhismus); M. Batchelor/K. Brown (Hg.), Buddhism and Ecology, 1992.

 **Hinduismus:** Es gibt keine einheitliche Stellung des Hinduismus zum Tier. Die Bandbreite reicht vom Ahimsa-Gedanken des »Nichtverletzens« bis zu den blutigen Tieropferkulten bei der Verehrung der ambivalenten Muttergöttin Kali. In der Hindu-Mythologie wird die Erde durch feste und starke Elemente getragen, dargestellt durch Elefanten oder einen Schildkrötenpanzer. Die Götter besitzen Fortbewegungsmittel, die durch Tiere symbolisiert werden: So reitet Brahma auf Hamsa (Gans oder Schwan). Zu Shiva gehört der weiße Stier Nandi. Vishnu wird von dem Fabelvogel Garuda getragen. Im Hinduismus genießt neben anderen Tieren vor allem die Kuh eine herausragende Stellung. Dabei sind die Motive für die Wertschätzung der Kuh verschiedenartig und geschichtlichem Wandel unterworfen.

Bereits in den Veden wird sie als sündlose Göttin, Schöpfungsmittlerin und Symbol der Unsterblichkeit gepriesen. Sie verkörpert Mutter Erde, die, ebenso wie sie, mit ihrer Milch den Menschen ernährt, ihn mit ihren Pflanzen und Früchten am Leben erhält. Ein generelles Verbot der Rindertötung wurde erst in nachvedischer Brahmana-Zeit (1000-800 v.Chr.) ausgesprochen. In den Dharmashastras (»Gesetzeswerke«) bahnte sich ein umfassendes Gebot der Kuhtötung an. Die Kuh nahm eine Ausnahmestellung unter den Tieren ein, galt als reinigend im rituellen Sinn und durfte allenfalls zu Opferzwecken getötet werden.

Gerade diese blutigen Tieropfer – als herausragendes Opfer in vedischer Zeit galt das Pferdeopfer – wurden von den um 500 v.Chr. auftretenden Religionsstiftern Buddha und Mahavira kritisiert. Ihre Aufassung setzte sich soweit durch, daß die Brahmanen Rituale entwickelten, bei denen kein Tieropfer mehr gefordert war. Zwar nimmt die Kuh im Hinduismus eine Sonderstellung ein, aber das Ahimsa-Prinzip wurde auch auf die anderen Tiere ausgedehnt. Selbst in weniger religiös geprägten Kreisen, die den Vegetarismus nicht streng einhalten, setzte sich der Gedanke durch, daß die Kuh als wichtige Lieferantin von Milchprodukten nicht geschlachtet werden dürfe. Die Beliebtheit der Kuh wurde auch dadurch verstärkt, daß Krishna, ein Avatara (»Herabstieg«) des Gottes Vishnu, als Kuhhirte seine Jugend verbrachte und bei den mythologischen Erzählungen über seine Jugend die Kuh eine wichtige Rolle spielt.

Das Vordringen der Muslime, die ihrerseits den Genuß von Rindfleisch billigten, führte bei den Hindus zu einer bewußteren Einstellung gegenüber der Kuh. Auch die englische Kolonialmacht achtete die religiösen Gefühle der Hindus in Bezug auf die Kuh wenig, so daß die Kuh zum Symbol der nationalen und religiösen Solidarität gegen Fremdherrschaft aufstieg.

Die Verehrung der Kuh im heutigen Indien äußert sich einmal im generellen Verbot, Kühe zu schlachten. Außerdem gilt bei großen Bevölkerungsteilen die feste Überzeugung, daß die fünf Produkte der Kuh (Milch, Sauermilch, Butter, Urin, Kot) – abgesehen von ihrem materiellen Nutzen – auch magische Fähigkeiten besitzen. In manchen Regionen Indiens wird jährlich eine Kuh-Puja gefeiert. Bei diesem Ritual wird die Kuh als Verkörperung des göttlichen Universums gedeutet: Ihre Füße symbolisieren die vier Veden, die Spitzen ihrer Hörner die Götter, ihr Gesicht den Mond, ihre Schultern die Sonne, ihr Leib den Gott des Feuers Agni und ihr Schwanz die heiligen Wasser des Ganges. Außerdem ist die Kuh Symbol der indischen Nation und Emblem der Kongreßpartei.

Kritiker sind der Ansicht, daß die Verehrung der Kuh übertrieben würde und man die abgemagerten Tiere, die in den Städten keinen Weideplatz haben und auch den Verkehr behindern, aus Mitleid schlachten und ihr Fleisch den Armen geben müsse. Vor allem Gandhi und andere Befürworter der Kuhverehrung betonten jedoch, daß der Schutz der Kuh ein Zeichen dafür sei, die gesamte stumme Kreatur zu schützen. Auch gefährliche Tiere (etwa Schlangen, Tiger) dürfen nach Auffassung Gandhis nicht getötet werden; denn sie seien »Gottes Antwort auf die giftigen, boshaften und schlechten Gedanken, die wir in uns tragen«. Tierversuche lehnte Gandhi ab: »Der Gedanke an das Abschlachten unschuldiger Lebewesen im Namen der sogenannten humanen Wissenschaften ist mir ein Graus, und all die blutgetränkten Versuchsergebnisse zählen für mich nicht. Wenn die Theorie des Blutkreislaufs nicht ohne Vivisektionen hätte entdeckt werden können, dann müßten wir eben ohne sie auskommen.«

In den »kleinen Traditionen« der indischen Regionalkulturen werden noch andere Tiere verehrt. Die nördlich von Bombay lebenden Warli beten den Tigergott Vaghoba um Hilfe an. Im Karnimata-Tempel (Wüste von Rajasthan) werden Tausende von Ratten von den Frommen gefüttert, weil sie als Wiedergeburten verstorbener Ahnen gelten. Giftige Kobras werden in Süd- und Ostindien von Frauen, die ihnen Milch als Opferspeise darreichen, um Schutz angebetet.

Literatur: EdR, Bd. 5, 106ff. (A. v. Dijk, Umwelt im Hinduismus); R. Prime, Hinduism and Ecology, 1992; R. Hörig, Auf Gandhis Spuren, 1995.

Umwelt

 **Judentum:** »Gott sah alles, was er geschaffen hatte, und siehe, es war sehr gut« (Gen 1,31): Diese Aussage gibt die positive jüdische Grundeinstellung zur Schöpfung wieder. Die Psalmen werden nicht müde, die Schöpfung als Zeichen von Gottes Güte und Größe zu preisen (u.a. Ps 8, 104, 148), und auch die letzten Kapitel des Hiob-Buches (36,22-41, 34) stimmen in diesen Lobpreis ein. Neben dem Reich Gottes gibt es den Bereich der Menschen und der Natur. Das Alte Testament anerkennt die Verschiedenheit der geschaffenen Arten (»ein jeder nach seiner Art«, Gen 1,11f.). In der Arche Noah finden alle Lebewesen – ob »rein« oder »unrein« – paarweise Platz, damit sie sich nach der großen Flut vermehren können. Unter den Lebewesen nimmt der Mensch als Gottes höchstes Geschöpf, Ebenbild und Statthalter (Gen 1,27) den obersten Rang ein. Das Judentum hat die in der gegenwärtigen christlichen Theologie diskutierte Frage, ob der Mensch die Natur ausbeuterisch »beherrschen« oder »bewahren« soll, durchweg im Sinne des bewahrenden Umgangs beantwortet. Es besteht eine Schöpfungshierarchie, nach der der Höhere Verantwortung gegenüber dem Niederen hat. In den Pereq shira (»Kapitel des Liedes«), die möglicherweise auf die Hekhalot-Mystiker des 4./5. Jahrhunderts zurückgehen, korrespondieren die fünf bzw. sechs Abschnitte mit der physischen Welt, den Pflanzen und Bäumen, den Kriechtieren, Vögeln und Landtieren. Jeder Abschnitt enthält 10 bis 25 Bibelverse, die als Lied oder Spruch einer betreffenden Art oder eines individuellen Geschöpfes gedeutet werden. Der spanische Philosoph Joseph Albo (1380-1435) bezieht sich bei seiner Verhältnisbestimmung von Mensch und Tier auf diesen Text. Zwischen (erwähltem) Volk und (erwähltem) Land besteht eine wechselseitige, enge Beziehung. Das Gedeihen des Lándes hängt ab von sozialer Gerechtigkeit, der moralischen In-

tegrität des Volkes sowie von der sorgsamen Haltung gegenüber der Schöpfung.

Alles stammt von Gott und wurde dem Menschen als Leihgabe übergeben, um es zu bewahren: der Garten Eden (Gen 2,15), die Erde (Ps 115,16), das Land Kanaan (Dtn 26,3). Dreierlei bedroht das menschliche Leben: Wassermangel, Verkarstung und Krieg. Daher betrachtete man Quellen und Brunnen als abhängig von Gottes Willen (Dtn 6,11; Neh 9,25). Das Pflanzen von Bäumen wurde religiös begründet: Die Hochschätzung der Bäume kommt durch den auf den 15. Schewat gelegten Neujahrstag der Bäume (Tu Bi Schewat) zum Ausdruck. Im heutigen Israel ist er ein Festtag. Hintergrund ist das Gebot Lev 19,23-25, die Früchte neu gepflanzter Bäume drei Jahre nicht zu genießen, sie im vierten Jahr im Tempel zu verzehnten und erst vom fünften Jahr an zu essen. In Israel werden an diesem Festtag Bäume gepflanzt, in der Diaspora 15 Früchte zusammengestellt, die an Israel erinnern. Von Rabbi Jochanan ben Zakkai (1. Jh. n.Chr.) stammt der Ausspruch: »Wenn du eine Pflanze in der Hand hältst und man dir sagt: ›Der Messias ist da‹, pflanze sie zuerst ein und dann geh, ihn zu begrüßen.«

Von besonderer Bedeutung waren Weinstöcke und Feigenbäume. Ihre Vernichtung galt als schwere Heimsuchung Gottes. Wer einen Weinberg gepflanzt und noch keine Ernte eingebracht hatte, war sogar vom Militärdienst befreit (Dtn 20,6). Früh erkannten die Juden auch die Notwendigkeit von Weideregeln; denn wenn Schafe und Ziegen auf Böden mit dünner Humusschicht grasen, kann dies zur Verkarstung führen. Im Krieg wurde allerdings keine Rücksicht auf die Umwelt genommen. 2 Kön 3,19.25 spricht davon, daß die Städte der Moabiter verwüstet, ihre Bäume gefällt, Brunnen verstopft und ihre Äcker mit Steinen verdorben wurden. Abgesehen von den zahlreichen Bestimmungen zum Tierschutz (→ Tier) finden sich im Alten Testament viele weitere »ökologische« Vorschriften:

1. Ruhen der Feldbestellung im Shemitta- und Jobeljahr (Ex 23,11; 34,21; Lev 25). Das Shemitta-Jahr (»Sabbat«-Jahr) ist für den Raum das, was der Sabbat für die Zeit bedeutet (7. Tag/7. Jahr) –

eine Heiligung des Raumes. Der Mensch lernt, daß ihm das Land nicht gehört, sondern nur von Gott geliehen ist. Er löst sich von der Versklavung durch den Raum, so wie er sich jede Woche am Sabbat vom Diktat der Zeit ausruht; 2. Verordnung über die Levitenstädte (Num 35,2); 3. Reinhalten des Militärlagers (Dtn 23,10ff.); 4. Entschädigung für das Weiden auf fremdem Acker und im Weinberg (Ex 22,4); 5. Verbot des Abholzens von Fruchtbäumen, selbst in Kriegszeiten (Dtn 20,19).

In Haggada (»Erzählung«), Talmud und verwandtem Schrifttum wird die gesamte Natur als lebend, fühlend und denkend gesehen. Der halachische (»gesetzliche«) Teil des Talmud geht von den beiden Rechtsprinzipien Zaar Baalei Chajjim (»Schmerz der Tiere«) und Bal Tashchit (»Du sollst nicht verderben«) aus. Das letztgenannte Prinzip ist aus Dtn 20,19 abgeleitet und zum locus classicus für die Bewahrung alles Geschaffenen geworden. Schon jüdischen Kindern ist diese Formel geläufig.

Die Rabbinen waren auch um die Reinheit des Trinkwassers besorgt. So durfte man in ihm keinerlei Waschungen vornehmen. Auch die Luftverschmutzung wurde früh als Problem erkannt. Es war nicht erlaubt, eine Bäckerei, einen Färberladen oder einen Rinderstall unter einem Speicher zu errichten. In regenarmen Zeiten durften Abwässer oder Müll nicht durch öffentliche Straßen transportiert werden. Wegen der Lärmbelästigung durfte in einem gemeinsamen Hof kein Laden eingerichtet werden. Umweltschädigungen galten als unerlaubte Handlungen.

Im Mittelalter verringerte sich der jüdische Landbesitz im christlichen Europa und im islamischen Orient. Die Juden waren Minderheit, die zunehmend auf bestimmte Berufe in Handel und Gewerbe beschränkt wurde und in ihrem öffentlichen Verhalten nicht frei war. Sie hatten keine Möglichkeit, ihre Umweltvorstellungen in die Praxis umzusetzen. Im Vordergrund standen das physische und wirtschaftliche Überleben.

Mit der Gründung des »Jüdischen Nationalfonds« (Keren Kajemeth Lejisrael) auf dem 5. Zionistenkongreß in Basel (1901) setzte eine kontinuierliche Urbarmachung und Aufforstung des Landes Israel ein. Sümpfe und Sandland wurden in Ackerland verwandelt, Berghänge mit Bäumen bepflanzt sowie Wüsten mittels antiker und moderner Wassertechniken und salzresistenter Pflanzen in Obstgärten verwandelt. Dennoch hat Israel, wie andere Industrienationen auch, heute mit einer erheblichen Umweltbelastung zu kämpfen. Trotz der seit 1961 existierenden Umweltschutzgesetzgebung sind viele Flüsse und Teile der Mittelmeerküste verseucht. Auch Abfallbeseitigung stellt ein erhebliches Problem dar. Jüdische Organisationen sind im Umweltschutz weltweit (in USA, Großbritannien, Israel) aktiv.

Literatur: EdR, 5, 9ff. (H.-J.Loth, U. im Judentum); A. Rose (Hg.), Judaism and Ecology, 1992; M. u. U. Tworuschka (Hg.), Symbole in den Religionen der Welt, 1996.

Christentum: Die katastrophalen Folgen menschlicher Herrschaft über die natürliche Umgebung sind in jüngster Zeit ins allgemeine Bewußtsein gedrungen; »Ökologie« wird nun oft als Oberbegriff für alle wissenschaftliche Beschäftigung mit dem »Gesamthaushalt« der Natur gebraucht, »Umweltethik« ist in den letzten beiden Jahrzehnten zu einem Leitbegriff für ethisch richtigen Umgang mit der Natur geworden. Aus christlicher Sicht ist »Schöpfung« der zentrale Begriff für Welt und Erde als von Gott geschaffen. Über die Konfessionen hinweg gibt es in der Gegenwart Bemühungen um eine christlich geprägte Umweltethik, die sich in schöpfungstheologischen Neuansätzen, Erklärungen und Aktionen der Kirchen und Initiativen vor Ort niederschlagen.

Der im priesterschriftlichen Schöpfungsbericht formulierte Herrschaftsauftrag Gottes an den Menschen, sich als »sein Abbild« die Erde untertan zu machen und über die Tiere zu herrschen (Gen 1,26, 28), führte im Christentum zu folgender Auffassung: Der Mensch ist der aus der Natur herausgehobene Statthalter Gottes und von Gott bevollmächtigter Herrscher über eine profane Natur. Kritisch wird gefragt: Wenn im christlichen Abendland gegenüber der Natur ein schrankenloser, in seinen katastrophalen Folgen erst jetzt allgemein erkannter Machtanspruch des Menschen ausgeübt wurde, hat da nicht die biblische Schöpfungsüberlieferung eine verhängnisvolle Rolle gespielt? Bei aller Uneinigkeit über den Anteil christlicher (Haupt- bzw. Mit-)Schuld an der Zerstörung der Erde sind sich die christlichen Umweltethiker heute durchweg darin einig, daß in Zukunft verstärkt das verantwortungsvolle »Bebauen und Bewahren« der Erde (im Anschluß an Gen 2, 15) betont werden muß. Dabei werden unterschiedliche theologische Akzente gesetzt. Wenn weiterhin vom über der Schöpfung stehenden Menschen als Statthalter und Haushalter Gottes ausgegangen wird, so wird dabei dessen fürsorgliche Verantwortlichkeit für die Natur herausgestellt. In anderen Ansätzen werden hervorgehoben: die Auffassung vom unmittelbaren Leben und Wirken Gottes in der gesamten Schöpfung; die Erlösung der Natur durch Christus; die Botschaft von der Totenerweckung und vom Heiligen Geist als neutestamentliches Zeugnis einer zukunftsoffenen Schöpfung.

Die christliche Umweltethik besinnt sich heute neu auf verschüttete christliche, auch außerchristliche Wurzeln, u.a. auf Schöpfungsaussagen in der israelitischen Weisheit und auf die orthodoxe Tradition einer um Harmonie bemühten Naturverehrung. An die Impulse, die Franz von Assisi und Albert Schweitzer für eine Ausdehnung der christlichen Ethik der Nächstenliebe auf die außermenschliche Schöpfung, auf alle Natur und Kreatur (vgl. »Tierschutz«) gegeben haben, wird angeknüpft.

Intern und in ökumenischer Gemeinsamkeit appellieren die Kirchen für effektive Schritte hin zu einer Umweltpolitik, die weltweit und vor Ort Umweltverantwortung ernst nimmt. Von entscheidender Bedeutung wird allerdings sein, ob solche Appelle in Zukunft mehr Wirkung hin zu einer radikalen Wende der Politik erzielen und ob die christliche Ethik hier Bedeutsamkeit für den Lebensstil der Gläubigen gewinnt. Seit Mitte der 1970er Jahre werben die Kirchen intensiv für einen umweltgerechten neuen Lebensstil, u.a. für umweltgerechten Konsum, Energiesparen in Haushalt und Straßenverkehr.

Literatur: A. Auer, Umweltethik, 1984; J. Moltmann, Gott in der Schöpfung. Ökologische Schöpfungslehre, 1985; G. M. Teutsch, Lexikon der

Umweltethik, 1985; ÖL, 1202ff. (G. Liedke, U.); EdR, Bd. 5 (S.M. Daekke, U. im Christentum); H. Dauber/W. Simpfendörfer (Hrsg.), Eigener Haushalt und bewohnter Erdkreis. Ökologisches und ökumenisches Lernen in der »Einen Welt«, 1981; G.M. Teutsch (Hrsg.), Umwelt – Mitwelt – Schöpfung, 1993 (= EZW-Arbeitstexte, Nr. 29); Religionspädagogische Beiträge 31/1993 (Generalthema: Natur als Schöpfung); H. Kessler (Hg.), Ökologisches Weltethos im Dialog der Kulturen und Religionen, 1996.

 **Islam:** Von wenigen Ansätzen abgesehen, hat im Islam bislang keine umfassende Umweltdiskussion stattgefunden. Ein Hauptgrund dürfte darin bestehen, daß die meisten islamischen Länder trotz bestehender Umweltprobleme (z.B. Übernutzung von Wäldern, Steppen und Wasservorkommen und damit zusammenhängende Erosions-, Trokken-, Wasser- und Versalzungsschäden) ökonomische Entwicklungsfragen als erstrangig betrachten und sich noch nicht intensiv mit deren ökologischen Folgen beschäftigen. Umweltethische Fragen scheinen insbesondere auch in Sufi-Kreisen diskutiert zu werden. Die islamischen Mystiker besaßen von jeher ein besonderes Naturverständnis. Auch im Westen lebende Muslime, die stärker mit der Umweltkrise der Industrienationen konfrontiert sind, nehmen gelegentlich zu ökologischen Problemen Stellung.

In vielen Koranversen ist davon die Rede, daß Gott die Welten und den Menschen erschaffen hat, dem als »Stellvertreter« Gottes auf Erden (Khalifa) die gesamte Schöpfung zur Verfügung steht. Dieser Khalifagedanke als schöpfungsethisches »concept of stewardship« ist jüdischen, aber auch christlichen Vorstellungen vergleichbar. Der Koran bietet Belege dafür, daß der Herrschaftsauftrag des Menschen über die Schöpfung an bestimmte Bedingungen geknüpft ist und der Mensch von Gott auch für seinen Umgang mit der »Umwelt« zur Rechenschaft gezogen wird. Um seinen Schöpfungsauftrag gottgemäß auszuführen, soll der Muslim ethisch handeln und nicht gegen Gottes Gebote verstoßen. »Und betrügt nicht die Leute um ihr Gut und tut nicht übel auf der Erde durch Verderbenstiften« (26,1). Das Verb »Unrecht begehen« (Afsada) wird in den Kommentaren im allgemeinen nicht näher interpretiert. Aus anderen Zusammenhängen kann man jedoch entnehmen, daß vor allem an das Unrecht gegenüber Gott und den Mitmenschen gedacht ist, nicht aber gegenüber der Umwelt. Ökologisch relevanter ist ein Kommentar zu Sure 7,54: »Richtet kein Unheil auf Erden an, nachdem sie in Ordnung gebracht wurde.« Neben anderen Übeltaten wie Shirk (»Beigesellung«, Polytheismus), Blutvergießen und Raub werden ausdrücklich das Verschmutzen von Wasser sowie das Abholzen von Frucht tragenden Bäumen genannt.

Der durch zahlreiche Publikationen international bekannte iranische Gelehrte Seyyed Hossein Nasr, der dem theosophisch-mystischen Islam nahesteht, beschäftigte sich schon früh mit den Ursachen der Umweltkrise. Die erste Auflage seiner Schrift »Man and Nature« erschien bereits 1968, also noch einige Jahre vor dem Bericht des »Club of Rome«: »Die Grenzen des Wachstums« (1972). Nasrs These geht aus dem Untertitel seines Werkes (»The Spiritual Crisis of Modern Man«) hervor: In der Umweltkrise offenbare sich die spirituelle Krise des modernen Menschen, dem eine wirkliche Kosmologie fehlte und der nicht mehr um die letzte Einheit allen Seins wisse.

Für den pakistanischen Geographen Iqtidar H. Zaidi, der seine umweltethischen Überlegungen erstmals 1979 auf der »First Islamic Geographical Conference« (Riyadh/Saudi-Arabien) vortrug, sind unsere Umweltprobleme in erster Linie Auswirkungen einer moralischen Krise, da der Mensch aus Gier, Unwissenheit und Verschwendungssucht danach strebte, die natürlichen Ressourcen maximal auszuschöpfen, ohne die Folgen zu bedenken. Wie andere muslimische Intellektuelle sieht er den Menschen als Herrn und Nutznießer der Natur, betont aber auch dessen Verantwortlichkeit vor Gott. Da der Mensch ungeachtet seiner Verfügungsgewalt über die Umwelt letztlich auf seinen Schöpfer als den Ursprung aller Dinge verwiesen wird, kann man die islamische Umweltethik trotz anthropozentrischer Teilaspekte ingesamt als theozentrisch bezeichnen. Ein islamisch motivierter Umweltschutz bewahrt die Erde nicht nur um des Menschen willen, sondern aus Achtung vor Gottes Geboten. Mensch und Erde bilden als Geschöpfe Gottes eine Einheit und sind Gott unterstellt, auch wenn der Mensch einen Nießbrauch auf Zeit (2,34) über die ihm anvertraute Schöpfung besitzt.

Literatur: EdR, Bd.5, 42ff. (M. Tworuschka, U. im Islam); J. Frembgen, Alltagsverhalten in Pakistan, 1987, 118ff.; A. Köhler, Islamische Umweltethik, in: Gottes ist der Orient – Gottes ist der Okzident, FS Falaturi, 1991, 54ff.; F. Kandil, Gott, Mensch, Kosmos: Versuch zur Explikation tragender Elemente einer islamischen Naturethik, in: H. Kessler, a.a.O., S. 102ff.

 **Buddhismus:** Auch asiatische Länder, in denen der Buddhismus eine besondere Rolle spielt, sind von Umweltproblemen betroffen (Quecksilber-, Kadmiumvergiftungen, Sauerstoffmangel und Yokkaich-Asthma in Japan; Überschwemmungen in China, Bangladesch, Pakistan oder Indien; Überbevölkerung und ungehemmte industrielle Entwicklung). Ein einheitliches Verständnis und Verhalten zur Umwelt gibt es im Buddhismus nicht, da die buddhistischen Schulen keine gemeinsame Auffassung von der Wirklichkeit haben. Pessimistische Weltverneinung und Ablehnung der Technik finden sich ebenso wie vernunftbetonte Planung, soziales Engagement und Umweltverantwortung. Alle buddhistischen Schulen gehen in ihren Grundaussagen zurück auf die Erfahrung des Buddha, der durch seine Erleuchtung erkannte, daß alles Leid der Menschen durch die Verquickung ihrer scheinbaren Persönlichkeit mit der (Um)-Welt verursacht wird. Für Buddha kommt der Welt als sich stets verändernder Größe keine eigentliche Bedeutung zu.

Nach buddhistischer Lehre gründet die Entstehung der Wirklichkeit auf fünf Gruppen von »Daseinsfaktoren« (körperliche Formen, Empfindungen, Wahrnehmungen, Gemütsregungen und Bewußtsein). Alles, was existiert, ist durch etwas anderes bedingt und verändert sich laufend. Alle Materie ist Energie, alle Substanz ist Bewegung. In dieser Einsicht fühlen sich Buddhisten durch die modernen Erkenntnisse der Ökologie von der wechselseitigen Beeinflussung aller Umweltfaktoren und den damit verbundenen Kausalabläufen in der Umwelt bestätigt. Am Ende steht immer wieder Vergehen und Zerfall. Die Lehre von der gegenseitigen Verwobenheit ermahnt dazu, sich nicht zu sehr in das Geschehen der Umwelt involvieren zu lassen. Als Ursache allen vergänglichen Seins gilt die Gier, die das Individuum an die scheinhafte Welt bindet. Die Umwelt weckt Bedürfnisse im Menschen, bei deren Befriedigung er sich in den Kreislauf von Werden und Vergehen verstrickt. Diese Leiden können nur durch die Selbstbefreiung von aller Begierde durchbrochen werden. Selbstbefreiung von der Begierde bedeutet Nirvana. Umwelt wird als ständige Versuchung und Ablenkung vom Heilsziel verstanden. Daher muß der Einzelne Distanz zu seiner Umwelt bewahren.

Aus dem »Gesetz vom Entstehen in Abhängigkeit« folgt jedoch nicht nur Abkehr von der Welt, sondern auch eine weltzugewandte Ethik der Verantwortung, des Mitleidens und der Güte. Aus dem Gebot des Mitleidens ergibt sich das Verbot des Tötens und die Forderung, auch Tieren kein Leid anzutun. Der Buddhist soll sich dafür einsetzen, das vorhandene Leid zu mindern und eine versöhnte Einstellung zur Umwelt zu entwickeln: »Mögen alle Wesen glücklich sein.« Während also die Daseinsanalyse des Theravada-Buddhismus keinen Grund kennt, sich um die Umwelt zu kümmern, diese vielmehr als Gefährdung für das Heil des Einzelnen betrachtet, leitet die Ethik des »Mitleidens« und der »Güte« im Mahayana zur Sorge um die Umwelt an.

Während im Theravada der Gläubige bemüht ist, allein für sich selbst Erleuchtung, Nirvana, zu erreichen, ohne den anderen dabei aus dem Blick zu verlieren, ist der Mahayana-Buddhismus auf die Befreiung aller Wesen ausgerichtet. Das Wesen der Umwelt wird als »Leere« verstanden: Leere bedeutet kein reines Nichts, sondern lediglich das Nichtvorhandensein eines Selbst. Die Negation aller Substanz führt im Mahayana zur Vorstellung einer universalen Wesensgemeinschaft, die auch eine wesenhafte Gemeinschaft aller Umweltfaktoren bedeutet.

Nach der Auffassung des Mahayana sind alle Wesen mit einer »Buddha-Natur« ausgestattet. Besitzen jedoch alle belebten und unbelebten Umweltfaktoren »Buddha-Natur«, steht dem Buddhisten die Umwelt so nahe wie seine eigene Person. Aus der Idee der Wesensgemeinschaft alles Wirklichen und der Lehre von der Ursachenverknüpfung in gegenseitiger Abhängigkeit ergibt sich die Überzeugung von einer personalen, ökologischen und universalen Verantwortung.

Ein Wesen, das die Erkenntnis der Natur alles Wirklichen mit der Haltung der Güte und des Mitleidens verbindet, ist der Bodhisattva. Obwohl er von seinem Erlösungsstand in das Nirvana eintreten könnte, verzichtet er zunächst darauf aus Liebe zu allen Lebewesen. Der Bodhisattva ist durch die Erkenntnis der Natur allen Seins in Güte der Umwelt zugewandt. Aus dieser Einstellung entwickelt sich die Einsicht, daß der Mensch die Schöpfung nicht sich selbst überlassen darf, daß sie also für sein Heil doch nicht ohne Bedeutung ist.

Buddhisten versuchen, die moderne Technik mit der buddhistischen Lehre in Einklang zu bringen und einen Mittelweg zwischen Wertgewinn und Konsumorientierung zu finden. »Wir brauchen eine Neuorientierung, ein ›rationales Wünschen‹, das sich selbst steuert, zum Beispiel dazu, daß wir beim Gebrauch der Ressourcen dieser Erde Rücksicht nehmen auf kommende Generationen. Solche Geisteshaltung impliziert innere Disziplin und Bezähmung unserer Gier. So hat es Buddha gelehrt, und es ist eine harte Lehre.«

Padmasiri de Silva beschreibt die grundlegenden Prinzipien heutiger buddhistischer Umweltethik: 1. Umwelt bedeutet Mensch, Tiere, Pflanze, Erde und Wasserressourcen. Der Mensch ist für die nichtmenschliche Umwelt verantwortlich, aber die einzelnen Bereiche der Umwelt sind nicht gleichwertig; denn das Tier steht zum Beispiel über der Pflanze. 2. Umweltethik verlangt kritische Bedachtsamkeit und eine praktische Lebensführung, die im Einklang mit den ethischen Prinzipien steht. 3. Neben dem Recht auf Überleben steht das Recht auf die Würde des Menschen, der Tiere und der natürlichen Umwelt. 4. Ein wichtiger buddhistischer Grundsatz ist das Recht auf Besitz für einen selbst und für andere. Auf die Umwelt übertragen bedeutet dies, daß der einzelne mit Bodenschätzen, Wasser, Luft, Landwirtschaft und Industrie so umgeht, daß die Anrechte der anderen respektiert werden. Daher bedarf es für diese Fragen der Regeln und Bestimmungen, an die alle gebunden sind.

Der Gründer der japanischen Neureligion Soka Gakkai (»Studiengesellschaft zur Schaffung von Werten«), Makiguchi (1871-1944) beschreibt in seiner Abhandlung »Geographie des Lebens«, wie ein Mensch im Umgang mit seiner Umwelt sich selbst erziehen und damit Sinn für Schönes entwickeln kann. Er betont die Notwendigkeit einer lebendigen wechselseitigen Beziehung zwischen Mensch und Umwelt.

Literatur: EdR, 5, 70ff. (H. E. Hamer/R. Neu, U. im Buddhismus); P. de Silva, Environmental Ethics: A Buddhist Perspective, in: Ch. Wei-hsun Fu/S. A. Wawrytko (Hg.), Buddhist Ethics and Modern Society, 1991,173ff.; M. Batchelor/K. Brown (Hg.), Buddhism and Ecology, 1992; A. Ogoshi, Die dualistische Sicht der Natur in Japan. Eine buddhistisch-feministische Perspektive, in: H. Kessler (Hg.), a.a.O., S. 121ff.; H.K. Okano, Das Problem »Mensch und Natur« im japanischen Kontext, in: ebd., 137ff.

 **Hinduismus:** Der Hinduismus spricht nicht von Mensch und Umwelt, sondern von der Welt oder dem Universum, worin der Mensch als Teil lebt. Dieser ist nicht Krone der Schöpfung. Über ihm stehen die Götter, die Devas (»Leuchtende«), die – obgleich vergänglich und dem Geburtenkreislauf unterworfen – mächtiger und glücklicher als die Menschen sind. Hinduistisches Denken macht keinen prinzipiellen Unterschied zwischen dem Menschen und der übrigen Schöpfung. In allen Erscheinungen dieses Universums walten göttliche Kräfte.

Der Mensch muß sich nach dem von ihm unabhängig bestehenden Dharma (»Seins- und Sollensgesetz«, Gustav Mensching) richten. Dharma ist Seinsordnung, die den gesamten Kosmos, Natur, Gesellschaft und das individuelle Verhalten des einzelnen bestimmt. Das Dharma des hinduistischen Königs bestand darin, als irdischer Garant der kosmischen Ordnung auf das materielle und geistige Wohl des Volkes zu achten. Die kosmische Ordnung war eng mit der moralischen verknüpft.

Die Natur besitzt für den klassischen Hinduismus einen »Mehrwert«, der über die rein sachliche Bedeutung hinausgeht. Die fünf Erscheinungsformen der Materie werden durch Gottheiten personifiziert, die durch Opfergaben, Meditation und Askese gnädig gestimmt werden: »Prithvi« ist die lebenspendende Mutter Erde. Ganga ist die bedeutendste aller Flußgöttinnen. Der Ganges ist der heilige Hindu-Fluß schlechthin, dessen Wasser bei jeder Puja verwendet und das einem Sterbenden oft eingeflößt wird. Agni, der Gott des »Feuers«, gilt als Quelle aller Energie. Der »Äther«-Gott Vayu verleiht dem Menschen Lebenshauch. Gott Indra wird für den Regen verantwortlich gemacht. Ein Fluß ist also nicht nur eine Anhäufung von Wasser, vielmehr verbreitet er himmlischen Segen über das Land. Der Ganges bringt himmlische Reinheit und wäscht die Sünden der Menschen ab. Auch die Bäume sind in Indien seit vorarischer Zeit Repräsentanten der Vegetationsmacht. In ihnen manifestiert sich das überall in der Welt anwesende Leben. Pflanzen und Bäume sind wie die Tiere mit Geist- und Sinnesorganen ausgestattet. Der Pipal-Baum (ficus religiosa) symbolisiert die drei bedeutendsten Götter: Brahma (Wurzel), Vishnu (Stamm), Shiva (Äste, Blätter). Berge gelten seit alters nicht nur bei den Hindus als Wohnsitze der Gottheiten. Heilige Haine, von dichtem Urwald umgeben, sind Orte, an denen die unter vielen verschiedenen Namen bekannte Mutter Erde verehrt wird. Allein in den Western Ghats-Bergen/Maharashtra sind über 200 solcher geschützten Wälder (mit bis zu 90 verschiedenen Pflanzenarten) gezählt worden. Das Jagen oder Weiden von Tieren ist in diesen Schutzzonen, in denen alle Tiere der Göttin geweiht sind, streng verboten. Auch darf nur abgestorbenes Holz entnommen werden. Die bengalischen Santal verehren ihre Gottheiten unter einem Sal-Baum, der sich im Mittelpunkt eines heiligen Hains befindet. Die Überzeugung, daß der Mensch weniger Herrscher als Mitgeschöpf ist, zeigt sich besonders im Gedanken des »Nichtverletzens« (Ahimsa) und des »freundlichen Mitgefühls« gegenüber allen Lebewesen (Metta). Im Neuhinduismus des 19. Jahrhunderts war die Orientierung auf eine lebensfähige Umwelt noch kein besonderes Thema. Denker wie Tagore (1861-1941), Aurobindo (1872-1950) und Radhakrishnan (1888-1975) warnen jedoch vor der Einseitigkeit des technologischen Westens. Ihnen schwebt ein Mittelweg zwischen analytischem Wissen und mediativer Weisheit vor. Der Neuhinduismus geht von der traditionellen Dharma-Lehre aus, nach der Religion, Kultur, Politik und Gesellschaft nicht zu trennen sind.

Die Politik der auf wirtschaftlichen Gewinn bedachten Kolonialherren begünstigte die Entstehung einer einheimischen Schicht von Großgrundbesitzern und Kolonialbeamten einerseits sowie ausgebeuteten Pächtern und einer verelendenden Stadtbevölkerung anderseits. Diese Entwicklung setzte sich nach der Unabhängigkeit weiter fort. Eine starke Schwerindustrie entstand, und rücksichtsloses Ausbeuten der Natur war die Folge: Abholzen von Wäldern; übermäßiger Verbrauch von Grundwasser; Bau von Staudämmen; Einsatz von Chemie. Die Bevölkerung in der Indus-Ganges-Ebene erlitt unermeßliche Verluste, als die Fruchtbarkeit des Bodens als Folge der Abholzung der Himalaya-Hänge zurückging. Aufgrund dieser Entwicklung bildete sich in einigen Kreisen ein verstärktes Umweltbewußtsein, und die Forderung nach Selbstbeschränkung wurde laut.

Naturschutz aus religiöser Überzeugung praktizierten bereits im 15. Jahrhundert die Bishnoi, deren Guru Maharaj Jambaji gebot, Bäume zu pflanzen und kein Lebewesen zu töten.

In der Tradition der Bäuerin Amritdevi steht die heutige Chipko-Bewegung. Als 1734 Bäume gefällt werden sollten, organisierte diese Frau zusammen mit Nachbarn eine Aktion des Bäume-Umarmens: »Nimm mein Leben, bevor du den Baum tötest«, war ihre Devise. Den anstürmenden Soldaten fielen damals 363 Dorfbewohner zum Opfer. 1973 entstand im Himalaja-Dorf Mandal/Uttar Pradesh die Chipko-Andolan-Bewegung: Holzfäller, die im Auftrag einer Sportartikelfirma Eschenbäume fällen sollten, trafen auf den energischen Widerstand protestierender Dorffrauen, welche die schon markierten Bäume umarmten. Sie brachten so auf prägnante Weise das Bewußtsein zum Ausdruck, daß ihr eigenes Schicksal eng mit dem der Bäume verknüpft war. Ihr Leitspruch lautete:»Mache Frieden mit den Bergen und Flüssen, den Wäldern und Bäumen, den Vögeln und Tieren.« Die kleine Frauenbewegung von Mandal entwickelte sich in der Folgezeit zu einem beachtlichen Netzwerk. Seit 1983 tritt die Appiko-(»Umarmen«) Bewegung auf, um durch Waldschutzmaßnahmen für die»harmonische Beziehung zwischen Mensch und Natur« einzutreten.

Im Adivasi-Land Chotanagpur hat der Wald eine göttliche Bedeutung, weil man traditionell von der Produktion des Waldes lebte. In der Kolonialzeit und auch in der Zeit der Unabhängigkeit wurde den Adivasis (»erste Siedler«) – der größten indigenen Population der Erde mit 70 Millionen Menschen, die sich in 250 Völker aufteilt und ca. 7% der indischen Bevölkerung ausmacht – ihre Wälder genommen, zum Teil abgeholzt. Diese »Waldmenschen«, die sich durch einen schonenden Umgang mit der Umwelt auszeichnen, Frauen einen nahezu gleichwertigen Status einräumen und ihr ökologisches Wissen in Liedern und Erzählungen überliefern, verelendeten zusehends. In der Kastengesellschaft fanden sie ohnehin keinen Platz. Anfang der 1980er Jahre gründeten einige Adivasis die Banawasi Swaraj Samiti (»Vereinigung zur Selbstbestimmung der Waldbewohner«). Ein umfassendes Programm führte neben Genossenschaftsbildung auch zur Wiederaufforstung.

Literatur· EdR 5, 106ff. (A. v. Dijk, U. im Hinduismus); J. Punnamparambil (Hg.), Umarme den Baum, 1990; Carl-A. Keller, Heilige Stätten im Hinduismus, in: U. Tworuschka (Hg.), Heilige Stätten, 1994, 102ff.; Maneka Gandhi, Brahma's Hair – The Mythology of Indian Plants, 1991; R. Hörig, Auf Gandhis Spuren, 1995; M. u. U. Tworuschka (Hg.), Symbole in den Religionen der Welt, 1996.

Wirtschaft

Judentum: Das Zusammenleben der Menschen beruht nach jüdischer Auffassung auf der prinzipiellen Treue des einzelnen zu Gott und auf der Wahrhaftigkeit im Verhalten zum Nächsten. Psalm 15 enthält Richtlinien auch für ein richtiges wirtschaftliches Zusammenleben: »Herr, wer darf gasten in deinem Zelt? Wer wohnen auf deinem Heiligtumsberg? Wer untadelig lebt und tut, was recht ist; und die Wahrhaftigkeit redet von Herzen, wer mit seiner Zunge nicht verleumdet; wer seinem Nächsten nichts Arges tut und seinen Nachbarn nicht schmäht; wer die Verworfenen für nichts achtet und ehrt die Gottesfürchtigen; wer seinen Eid hält, auch wenn es ihm schadet; wer sein Geld nicht auf Zinsen gibt und nimmt nicht Geschenke wider den Unschuldigen.« Gott stellte die Erde den Menschen zur Verfügung: Völkern gab er ihr Gebiet und Stämmen und Familien ihren Besitz. Damit sind Besitz und ehrliche Konkurrenz anerkannt. Muß jemand sein Land jedoch aus Not verkaufen, so geht es im Jobeljahr, dem 50. Jahr, an den ursprünglichen Besitzer zurück. Das freie Wirtschaftsleben wird also durch soziale Gesetzgebung eingeschränkt. Der Prophet Jesaja kritisierte rücksichtslose Konkurrenz und Grundstücksspekulationen als im Widerspruch zum Geist Gottes stehend: »Wehe denen, die ein Haus zum anderen bringen und einen Acker an den anderen rücken, bis kein Raum mehr da ist und sie allein das Land besitzen« (Jes 5,8).

Hatten die Propheten die Menschen ermahnt, gerecht zu handeln, so legten die Rabbinen im Talmud die Einzelheiten fest: Das gesamte Handelsleben soll vom ethischen Geist durchzogen sein. Der Arbeitgeber soll angemessenen Lohn zahlen, und der Arbeiter entsprechend Qualitätsarbeit leisten. Auch das Verhältnis zwischen Kaufmann und Kunde soll in jeder Hinsicht ehrlich sein. Hat der Kunde kein Geld oder nicht die Absicht, die Ware zu kaufen, soll er den Verkäufer erst gar nicht in Anspruch nehmen (Baba Metzia 58b). Einem Menschen durch unredlichen Wettbewerb den Lebensunterhalt zu rauben wird in der rabbinischen Literatur mit Ehebruch gleichgesetzt (Sanhedrin 81a). Im Talmud wird ferner der Aufkauf von Waren verboten, deren Vorrat knapp ist. Lebensmittelspekulationen werden also verurteilt.

Der bedeutende spanische Kommentator Moses Ben Nachman (1195-1270) kommentierte den Vers: »Du sollst tun, was recht und gut ist in den Augen des Herrn« (Dtn 6,18) dahingehend, daß der Mensch im Wirtschaftsleben nicht nur auf seinen Vorteil und auf die Einhaltung der Gesetze achten muß, sondern auch darauf, ob Gott es gutheißen würde. Kartelle und Monopole, durch die der Gesellschaft Schaden zugefügt werden, gelten als im Widerspruch zur jüdischen Ethik stehend.

In der Moderne werden einige Prinzipien jüdischer Wirtschaftsethik neu interpretiert. Die früher bestehende Pflicht zur »Wohltätigkeit« (Zedakah) wird zum Teil durch das staatliche Sozialsystem ersetzt. Vor Pessach wird jedoch Geld an Notleidende verteilt, und jede Gemeinde besitzt ihre eigene Armenküche und Armenkasse. Das klassische Zinsverbot wird abgewandelt und auf Wucherzinsen beschränkt. Macht die Bank Gewinne mit dem Geld des Kunden, darf dieser von der Bank Zinsen nehmen. Die Bank darf auch Darlehenszinsen nehmen, wenn jemand einen Kredit aufnimmt. Hier gilt die Einrichtung des Hätter Iska, die Erlaubnis, mit einem anderen eine geschäftliche Partnerschaft einzugehen. Diese unterliegt nicht dem Zinsverbot, da die Zinsen der aus der Kapitalbeteiligung fließende Ertrag sind.

Jüdische Wirtschaftsethik realisiert sich darüber hinaus im Kibbuz (»Sammlung«): Das Land gehört der Gemeinschaft. Jedes Mitglied muß sich nach der Entscheidung der demokratisch gewählten Führerschaft richten. Ein solches Kollektiv kann nur funktionieren, wenn es auf der Hingabe aller Mitglieder gegründet ist. Obwohl sich nur einige Kibbuzim religiös verstehen, geht die Idee auf das Wort der Tora zurück. Sie stellt einen Versuch dar, »ein Ich und Du zu gestalten und ist damit ein Beispiel jüdischer Wirtschaftsethik« (Leo Trepp).

Literatur: L. Trepp, Jüdische Ethik, in: P. Antes (Hg.), Ethik in nichtchristlichen Kulturen,1984, 30ff.; L. Jacobs, What does Judaism say about …?, 1973.

 **Christentum:** Die Abkehr vom rigiden Verbot des Zinsnehmens in der Neuzeit ist ein Beispiel für Wandlungen in der christlichen Wirtschaftsethik. Zum ökonomischen Aufschwung im Rahmen der westlich geprägten Modernisierungen hat u.a. das protestantische Berufsethos wesentlich beigetragen (vgl. »Arbeit/Freizeit«). In neuester Zeit hat es – oft als »dritter Weg« zwischen einseitig liberalen und sozialistischen bzw. kommunistischen Wegrichtungen markiert – vielfältige Versuche gegeben, trotz der Eigendynamik moderner ökonomischer Prozesse spezifisch christliche Vorstellungen von Ordnung und Gestaltung der Wirtschaft zu reklamieren. Protestantische und katholische Sozial- und Wirtschaftsethiker haben das Konzept der »sozialen Marktwirtschaft« mit fundiert und weiterentwickelt.

Die seit dem vorigen Jahrhundert entwickelte, naturrechtlich begründete »katholische Soziallehre« (fixiert u.a. in den päpstlichen Sozialrundschreiben seit 1891) hat eine gerechte Ordnung des menschlichen Zusammenlebens als Voraussetzung für richtiges konkretes Handeln konzipiert, in der Grund- und auch Einzelfragen der Wirtschaftsethik beantwortet werden. Papst Pius XI. schlug in seinem Sozialrundschreiben von 1931 eine »berufsständische« (leistungsgemeinschaftliche) Ordnung vor mit dem Ziel, durch die Zusammenarbeit von Arbeitgebern und Arbeitnehmern die Klassenspaltung zu überwinden. Eine Reihe heutiger katholischer Sozial- und Wirtschaftsethiker kritisiert die traditionelle normative katholische Soziallehre als unwandelbare Sozialtheorie einer katholischen Sonderwelt.

In neuerer, auch jüngster Zeit haben die christlichen Großkirchen die (inter)nationalen und individuellen Gefahren des herrschenden kapitalistischen Wirtschaftssystems leitmotivisch herausgestellt. Ein Beispiel: Papst Johannes Paul II. lehnt in seinem Rundschreiben »Über die wahre Entwicklung des Menschen und seiner Gesellschaft« von 1987 (hier Nr. 28) die Überentwicklung einer sozialen Schicht »Besitzender« in einer verschwenderischen Konsumgesellschaft des »krassen Materialismus« mit dem Kult des »Habens« ab. Der 1994 von einer ökumenischen Redaktionsgruppe erarbeitete, zusammen von der Deutschen Bischofskonferenz und der EKD veröffentlichte Entwurf für ein Wort der Kirchen zur wirtschaftlichen und sozialen Lage in Deutschland fixiert die gemeinsame Überzeugung notwendiger Kurskorrekturen der sozialen Marktwirtschaft angesichts der Probleme Arbeitslosigkeit, Vermachtung der Märkte, international ausufernde Wirtschaftskriminalität, Zunahme der Einkommensdisparitäten, Benachteiligung der Frauen u.a.m. Als christliches Wirtschaftsethos wird programmatisch betont, daß die ökonomischen Zwänge »nicht in andere gesellschaftliche Lebensbereiche eindringen (dürfen), in denen sie störend und zerstörend wirken. ... Eine Gesellschaft, in der nur noch Verdienst und Gewinn die allein bestimmenden Größen sind, ist auf dem Wege, die Menschlichkeit, die Solidarität und die Verantwortung füreinander preiszugeben«.

Literatur: HdcE, Bd. 3, 337ff. (Artikel betr. neue Weltwirtschaftsordnung); ÖL, 1290ff. (Artikel betr. Wirtschaftsethik aus evgl. u. kath. Sicht); Fr. Hengsbach u.a. (Hrsg.), Jenseits Katholischer Soziallehre. Neue Entwürfe christlicher Gesellschaftsethik, 1993; R. Weiler, Die soziale Botschaft der Kirche. Einführung in die Kath. Soziallehre, 1993; Zur wirtschaftlichen und sozialen Lage in Deutschland, hrsg. vom Kirchenamt der EKD u. dem Sekretariat der Deutschen Bischofskonferenz, 1994; KdKK, 813 (Reg.).

 **Islam:** Der Islam sieht im Streben nach wirtschaftlichem Erfolg etwas Positives. Muhammad entstammte einer Kaufmannsgesellschaft, und zahlreiche Beispiele seiner Lehre sind in diesem Milieu angesiedelt. Der Koran enthält folgende Richtlinien: 1. Der Mensch wurde als »Stellvertreter« (Khalifa) Gottes geschaffen. Die Reichtümer dieser Erde stehen ihm zur Verfügung. Jedoch bedarf er der göttlichen »Rechtleitung« beim Erwerb und Gebrauch der irdischen Güter. Die materiellen Erwägungen des Wirtschaftslebens müssen also auf einer gesunden religiösen und moralischen Basis stehen. 2. Alles, was auf Erden existiert, gehört Gott. Der Besitz des Menschen ist dem untergeordnet. Der einzelne und die Gemeinschaft besitzen ein Nutzungsrecht, sind aber gleichzeitig Treuhänder des göttlichen Besitzes auf Erden. Sie sind verpflichtet, diese Güter verantwortungsvoll zu verwalten. 3. Vom Menschen wird kein Leben in Armut verlangt. Er soll allerdings bereit sein, einen Teil seines Vermögens den Bedürftigen zu geben und für wohltätige Zwecke zu spenden. Besitzanhäufung wird dann verurteilt, wenn der Besitz nicht durch eigene ehrliche Arbeit erworben wurde oder zum Zweck der Ausbeutung und Verschwendung oder zum Ungehorsam gegen Gott verwandt wird. 4. Da dem Besitz eine soziale und gemeinschaftserhaltende Funktion zukommt, ist die Gewinnbeteiligung an Geschäften, die zu sozialen Konflikten führen können, verboten. Der Islam nennt in diesem Zusammenhang Geldspekulationen, Wetten und Glücksspiele. Gewerbetreibende werden ermahnt, sich betrügerischer Methoden zu enthalten und den Arbeitenden einen gerechten Lohn zu zahlen. 5. Geldverleih gegen Zinsen wird untersagt. Dies dürfte darauf zurückzuführen sein, daß die Zinspraktiken in der Umgebung Muhammads ungerecht waren. Oft handelte es sich zum Beispiel um Notkredite nach einer Mißernte, wobei der Schuldkredit vielfach verdoppelt wurde, wenn er zum Fälligkeitstermin nicht zurückgezahlt werden konnte. Die Meinungen von Rechtsgutachten gehen darüber auseinander, ob der im Koran verankerte Terminus Riba mit »Wucher« oder »Zinsen« zu übersetzen ist. Manche islamische Banken

lehnen Zinsen ab, basieren stattdessen auf einer Geschäfts-
beteiligung. Seit dem letzten Jahrhundert hat eine neue Diskussion über wirtschaftliche Fragen in der islamischen Welt
begonnen, die zum Teil durch die Auseinandersetzung mit europäischen Vorstellungen über Sozialstaatlichkeit, Sozialismus,
Kapitalismus und auch durch aktuelle Entwicklungsprobleme
der »Dritten Welt« ausgelöst wurde. Der arabische Begriff für
»Sozialismus« (Ishtirakiyya) war bereits im Nahen Osten des
19. Jahrhunderts, insbesondere in Ägypten, verbreitet. Dscha-
mal ad-Din al-Afghani (1839-1897), der Ishtirakiyya als moralisch begründetes Teilhabenlassen des Armen am Besitze des
Reichen begriff, wies auf den Prophetengenossen Abu Dharr al-
Ghifari hin, der vom späteren Umaiyaden-Kalifen Muawiya eine
Einschränkung des Luxus der herrschenden Klasse gefordert
hatte und auch von einigen heutigen Denkern als Vorläufer ei-
nes islamischen Sozialismus begriffen wird. Auch Afghanis
Schüler, Muhammad Abduh (1849-1905), der sich mit dem
Wirtschafts- und Sozialverhalten der neuen Kapitalistenklasse
Ägyptens beschäftigte, klagte die Regierung nicht nur der Auf-
erlegung ungerechter Steuern, sondern vor allem der übertrie-
benen Verschwendung an.
Ein zentraler Begriff der islamischen Soziallehre seit den 1920er
Jahren ist Taawun (»Kooperation«, »Genossenschaft«). Dabei ist
vor allem an eine Zusammenarbeit aller Gesellschaftsmitglieder
zum Wohle des Ganzen gedacht. Der Ägypter Yahya ad-Dardiri
hatte sich mit den Gedanken Charles Fouriers und Fr. Wilhelm
Raiffeisens auseinandergesetzt und Vorschläge zur Errichtung von
Genossenschaften gemacht. Mustafa as-Sibai, der syrische Führer der Muslimbrüder, stellte den Begriff des Takaful (»gegenseitige Verantwortung«) in den Mittelpunkt seiner religiösen Sozia-
lismuskonzeption.
Trotz konzeptioneller Unterschiede im einzelnen kann man prinzipiell für den islamischen Sozialismus feststellen, daß er sich
häufig als »dritten Weg« zwischen Kapitalismus und Kommunismus versteht, daß er eher religiös als materialistisch, eher na-
tional als international eingestellt ist, daß er nicht die Klassenge-

sellschaft, sondern allenfalls die Widersprüche zwischen den Klassen abschaffen will und daher auch keine Zwangsenteignung vorsieht.

Literatur: A. Köhler, Islam – Leitbilder der Wirtschafts- und Gesellschaftsordnung, 1981; Zentrum für Türkeistudien (Hg.), Türkische Unternehmensgründungen, in: Studien und Arbeiten 5, 1989; F. Şen/A. Goldberg, Türken in Deutschland, 1994, 27ff.

 **Buddhismus:** Die kleinste wirtschaftliche Einheit im frühen Buddhismus war die Großfamilie. Buddha beschreibt in seinem Gespräch mit dem Mönch Singalaka das Verhältnis zwischen »Herren« und »Knechten«, um darzulegen, daß sie eine auf Gegenseitigkeit beruhende Partnerschaft entwickeln sollen. Der Knecht gehört zum Haus, hat vorgeschriebene Arbeiten zu verrichten, soll aber nicht überfordert werden. Er soll vom Herrn rechtmäßig entlohnt werden und hat Anspruch auf Fürsorge im Krankheitsfall. Dabei geht es nicht nur um ein auf Produktivität ausgerichtetes Arbeitsverhältnis, sondern um eine von Gerechtigkeit (Rta) geprägte Beziehung. Für Rta wird auch der Begriff Satya (»Wahrheit«) verwandt. Sein eigentliches Synonym ist jedoch Dhamma in der Bedeutung von Weisung, Disziplin, Wahrheit. Sich Rta- oder Dhamma-gemäß zu verhalten bedeutet, moralisch einwandfrei im Einklang mit dem Edlen Achtfachen Pfad zu leben. Dem Vorstand eines Hauses wird geraten, seinen Reichtum auf ehrliche Weise zu erwerben und den Bedürftigen etwas abzugeben. Auch der gerechte Herrscher ist zum Almosengeben verpflichtet.

Heutige buddhistische Denker sehen Parallelen zwischen der buddhistischen Lehre und modernen Konzeptionen von Sozialstaatlichkeit und Sozialismus. Der birmanische Denker U Nu (geb. 1906) betrachtet die Illusion über den Wert des Eigentums als eine Ursache des Klassenkampfs und fordert eine neue Bewertung im Sinne buddhistischer Ethik, um so den Unterschied zwischen Herren und Knechten aufzuheben und das Nirvana auf Erden zu verwirklichen. Der bedeutende Gelehrte Buddhadasa Indapanno (1909-1993) beschreibt seinen Dhamma-Sozialismus so: »Der den buddhistischen Prinzipien gemäße Dhammasozialismus entspricht der Tatsache, daß die Natur Wesen geschaffen hat, die in Gruppen leben. Dieses System können wir ›Sozialismus‹ nennen: die von Natur aus diktierte Korrektheit, die für das Zusammenleben von Gruppen notwendig ist. Aus diesem Verständnis von Sozialismus heraus können Gesellschaften entstehen, die friedlich, moralisch und gerecht sind.« Dhamma-Sozialismus entspricht dem Prinzip, daß die Gesellschaft von der Zielsetzung des echten Friedens geleitet werden sollte, sowohl des »persönlichen Friedens« (Santisukha) als auch des »Weltfriedens« (Santipap). Alle gesellschaftlichen Bereiche, wie Wirtschaft, Politik, Kultur und Religion sind Teil der Natur und damit dem Dhamma-Gesetz unterworfen. Aufgrund der Stellung der Menschen innerhalb des Gesamtzusammenhangs der Natur wird ein Gesellschaftsvertrag notwendig.

»Sowohl im administrativen System des Sangha, das seit der Zeit des Buddha bis heute besteht, als auch im Dhamma-System des Buddhismus, als auch in der Art und Weise, in der sich Buddha anderen Wesen gegenüber verhielt, können wir die höchste Form des Sozialismus erkennen« (Phra Khru Suparajawat). Für diesen Schüler Buddhadasas muß vor allem der Sangha den wirtschaftlichen Mißständen in der Gesellschaft entgegenwirken. Während früher die Mönche auf Kosten der ihr Kloster umgebenden bäuerlichen Bevölkerung lebten, sollen die Mönche heute umgekehrt in die Gesellschaft zurückkehren und aktiv an Aufbauprogrammen mitwirken. Inmitten der wasserarmen und verwüsteten Region des Nordostens Thailands baute Suparajawat zusammen mit Mönchen und Laien das Musterdorf Baan Talaad auf. Vorher hatte die dortige Landwirtschaft aufgrund von Glücksspiel, Alkoholmißbrauch und Diebstahl nicht einmal den Eigenbedarf gedeckt. Heute ist Baan Talaad ein Modell: Die alten handwerklichen Fähigkeiten wurden wieder entdeckt. In den Gärten wachsen Blumen und frisches Gemüse. Eine eigene Straße in die

Distrikthauptstadt wurde selber gebaut. Ein eigener Gemeinde-wald entstand. Eine Kreditgenossenschaft finanziert die Investi-tionen der Bauern mit zinslosen Darlehen. Der Heilkräutergarten des Klosters senkt die Kosten für (zuvor teuer importierte) Medi-kamente entscheidend. Jedoch mußte sich die Gemeinde immer neu den Erfordernissen der Zeit anpassen, zum Beispiel auch mit den Verlockungen der entstandenen Konsummöglichkeiten fer-tig werden: »Wir Mönche müssen immer angestrengt darüber nachdenken, welches die Sprache des Buddha heute ist. Der Dhamma muß ins moderne Leben übersetzt werden, sich auf die Bildungsinhalte an den Schulen übertragen. Der Dhamma darf sich nicht auf einen Katalog von Verboten und Geboten beschrän-ken, es muß lebendige Geschichte sein, die Gegenwart durch die Augen des Erleuchteten sehen, als wenn dieser heute über diese Erde wandeln würde.«

Literatur: P. Gerlitz, Die Ethik Buddhas, in: C. H. Ratschow (Hg.), Ethik der Religionen, 1980, 320ff.; M. und U. Tworuschka, Denkerinnen und Denker der Weltreligionen im 20. Jahrhundert, 1994 (Buddhadasa Inda-panno, Phra Khru Suparajawat, U Nu).

 **Hinduismus:** Jeder Hindu, der sein Karma positiv beeinflussen will, muß Dharma-gemäß leben. In den Dharmashastras, den klassischen Gesetzeswerken, die ein allgemein sittliches Verhalten lehren und we-niger das gesellschaftliche Leben regeln, gibt es zwei Arten von Geboten: für diejenigen, die bereits in diesem Leben Moksha (»Be-freiung«, »Erlösung«) aus dem Kreislauf der Wiedergeburt erreicht haben, sowie für diejenigen, die noch an das Rad des sozialen Le-bens gebunden sind und für die deshalb die drei Lebensziele Dhar-ma, Artha und Kama noch Bedeutung besitzen. Im Gautamadhar-masutra werden die folgenden Regeln für das Zusammenleben ge-nannt: Mitleid mit allen Lebewesen, Geduld, Reinheit, Bemühung, reine Gedanken, Freiheit von Kleinlichkeit und Geiz, Neidlosig-keit. Es gilt als verpönt, Abhängige wirtschaftlich auszubeuten.

Dharma bedeutet die Gesamtheit der Pflichten, die der einzelne entsprechend seiner »Kaste« (Varna) und seinem Lebensstadium (Ashrama) zu erfüllen hat. Jede Kaste, auch jede Unterkaste, also auch jegliche wirtschaftliche Tätigkeit, hat ihr eigenes Dharma: Die Brahmanen üben die geistigen Berufe aus; die Kshatriya sind für den Kriegsdienst zuständig. Für die Vaishyas, die dritte Kaste der Kaufleute und Händler, stellt wirtschaftlicher Gewinn naturgemäß ein wichtiges Ziel dar. Dem Kaufmann werden als Eigenschaften sowohl Rajas (»Aktivität«) als auch Tamas (»Trägheit«) zugeordnet, weil er Besitz nicht nur erwerben, sondern auch wahren soll. Die vierte Kaste, die Shudras, üben nur Dienstleistungsberufe aus. Die gesellschaftlichen Verpflichtungen eines Brahmanen in Bengalen, eines Fischers in Gujerat oder eines Handwerkers in Rajasthan sehen demnach völlig unterschiedlich aus. Von den vier Lebenszielen steht Artha (»Besitz«) in direktem Zusammenhang mit Wirtschaft. Jedoch wird Artha in der ersten Linie der zweiten Kaste, dem Inbegriff wirtschaftlicher und politischer Macht, zugeordnet, nicht der dritten und vierten Kaste. Zweifellos ist die hinduistische Gesellschaft im Wandel begriffen. Die Kastenlosen, die traditionell nur die niedrigsten Berufe ausüben durften, drängen in neue Positionen. Die Industrialisierung und die Schaffung neuer Tätigkeiten, die nicht mit traditionellen Privilegien oder Vorurteilen über Reinheit und Unreinheit belegt sind, stellen die Berufung auf Arbeitsteilung im Sinne des Kastensystems in Frage. So drängen Shudras in geistige Berufe, und Brahmanen sind gezwungen, ihren Lebensunterhalt durch körperliche Arbeit zu erwerben. Mahatma Gandhi war einer der ersten, der das Gebot der kastenspezifischen Tätigkeit in seiner eigenen Lebensführung durchbrochen hat, indem er zum Beispiel Latrinen reinigte. Swadeshi (wirtschaftliche Eigenständigkeit) ist für Gandhi die Voraussetzung für Swaraj (Selbstbestimmung). Darum lebte Gandhi seinen Gefolgsleuten die Idee des Khandi vor: Baumwollspinnen für den Eigenbedarf. Das »Geheimnis des Spinnrades« war für Gandhi »der einzige nach außen sichtbare Ausdruck menschlichen Mitfühlens (...), ein Symbol für allumfassende Liebe«. In den von Gandhi gestifteten Ashrams gehört der Gedanke, seinen eigenen Lebensunterhalt durch körperliche Arbeit zu verdienen, zu den Grundregeln. Im industriellen Wachstum sah Gandhi einen »Fluch für die ganze Menschheit«, ein industrielles Indien war für ihn »eine Bedrohung für die ganze Welt«.

Es gibt auch vereinzelte Ansätze hinduistischer Sozialreformen. Für Vinoba Bhave (1895-1982) ist das Land ebenso wie die Luft Eigentum aller. Bhave, der gegen Geldhandel eingestellt war und Warentausch vorzog, begründete eine Bodenreform: Bhudan (Schenken von Land) genannt. Von 1951-1969 erhielt Bhave 6,5 Millionen acres (1 acre = 1,65 Morgen) zur Verfügung gestellt. Die Dorfbewohner bestimmten dann, wer den größten Bedarf an Land hatte. Jedem wurden fünf acres zugewiesen, die nicht verpachtet, belastet oder brachgelegt werden durften. Wurde der Boden nicht verkauft, ging er an das Kollektiv zurück. Vom Bhudan ging Bhave zum Sampattidan (Schenkung von Wohlstand) über. Das bedeutet, daß der Geber (Arbeiter, Fabrikbesitzer u.a.) ein Sechstel seines Einkommens neuen Grundbesitzern für Geräte schenkt. Ein Geber kann ein Arbeiter, aber auch ein Fabrikbesitzer sein. Ferner gibt es Kuamdan, eine einmalige Spende für einen besonderen Zweck, Sramdan, freiwillige Arbeit, und Jivandan, die Weihe eines ganzen Lebens für die Bhudan-Arbeit.

Literatur: C. M. Edsman, Die Hauptreligionen des heutigen Asiens, 1971; R. Hörig, Auf Gandhis Spuren, 1995.

Aktuelle Stichwörter

Autopsie

Judentum: Dieses Thema hat in Israel viele Konflikte ausgelöst, da die Orthodoxen unter Hinweis auf das talmudische Verbot des Nivvul ha-met (Entweihung der Toten, Beschädigung des Leichnams) strikt dagegen sind. Zum ersten Mal wurde das Thema Ende des 18. Jahrhunderts in Prag diskutiert, als John Hunter, der Londoner Autopsiespezialist, Rabbi Landau um ein Rechtsgutachten in dieser Sache bat. Die Diskussion spaltete die Gelehrten in zwei Lager: Die Befürworter wiesen auf Gen 50, 2-3.50 hin, wo von der Einbalsamierung Jakobs und Josefs die Rede ist. Dieser Vorgang impliziere auch Eingriffe in den Körper, die dem Toten aber zur Ehre gereichte. Ein ähnliches Argument wurde dem bedeutenden Rechtskompendium Schulchan Aruch (Yoreh Deah 363:2) entnommen, wonach bei der Verlegung eines Grabes bestimmte Handlungen am Toten vorzunehmen sind, um den Zerfall des Skeletts zu verhindern. Wenn dies aber gestattet war, mußte auch Autopsie erlaubt sein, die dazu dient, Leben zu retten. Nach Landau muß ein direkter Bezug zwischen der Krankheit desjenigen, an dem die Autopsie vorgenommen wird, und einem in gleicher Weise Kranken, dem die Autopsie zugute kommt, bestehen. Autopsie zum Zweck der medizinischen Grundlagenforschung für eine noch unbestimmte Zukunft lehnte er ab. Die eingeschränkte Befürwortung der Autopsie gilt durchweg als die offizielle jüdische Meinung.

Christentum: Das in den christlichen Großkirchen herrschende Ja zur Autopsie als hilfreiche Maßnahme wird z.B. im 1993 vorgelegten »Katechismus der katholischen Kirche« nochmals bestätigt: »Die Autopsie von Leichen zur gerichtlichen Untersuchung oder zur wissenschaftlichen Forschung ist sittlich zulässig« (KdKK, 584).

Einäscherung

Judentum: Das heutige Reformjudentum hat nur geringe Einwände gegen die Einäscherung. Die Orthodoxie führt dagegen zahlreiche Gründe gegen diese Bestattungsart an: Einäscherung sei eine heidnische Praxis, der sich das Judentum schon immer widersetzt habe. In Dtn 21,23 ist davon die Rede, daß selbst der Leichnam eines Verbrechers beerdigt werden müsse. Einäscherung verstoße außerdem gegen das Verbot, den Leichnam in irgendeiner Form zu beschädigen. Beerdigung ist eine Mizwa (»Gebot«), der durch Einäscherung nicht nachgekommen werde. Die Orthodoxen debattieren ferner darüber, ob die Asche eines Verstorbenen auf einem jüdischen Friedhof beigesetzt werden darf. Der eine Teil verbietet es, der andere ist duldsamer. So hat die orthodoxe Gemeinde in Großbritannien die Beisetzung gestattet, wenn sich die Asche in einem Sarg befindet.

Christentum: Im Christentum gibt es die Tradition der Erdbestattung (Grablegung Jesu als Modell). Sukzessive ist die Ablehnung der im 19. Jh. sich verbreitenden Feuerbestattung in den Kirchen gewichen. Seit 1964 ist diese auch in der römisch-katholischen Kirche ohne Dispens erlaubt, wenn hinter der Bitte nach Einäscherung nicht die Ablehnung der christlichen Hoffnung auf ewiges Leben steht.

Islam: In der islamischen Welt ist Einäscherung kein Thema, das eingehend diskutiert wird. Der Islam verhält sich der Einäscherung gegenüber u.a. deswegen ablehnend, weil der Leichnam auf diese Weise nicht wie vorgeschrieben nach Mekka ausgerichtet werden kann.

Buddhismus: Der Buddhismus betrachtet Einäscherung als Gelegenheit, dem Menschen die Vergänglichkeit, Unbeständigkeit und Substanzlosigkeit der Existenz in aller Deutlichkeit vor Augen zu führen. Jegliche körperliche und geistige Existenz ist dem Wandel unterworfen, unterliegt dem Kreislauf von Entstehen und Verfall. Sich dessen bewußt zu werden verhilft dazu, nicht an den Dingen zu haften und allen Wesen Mitleid entgegenzubringen.

Hinduismus: Für Hindus ist Einäscherung die übliche Methode der Bestattung.

Euthanasie

Judentum: Das jüdische Gesetz untersagt jegliche Maßnahme, die darauf abzielt, das menschliche Leben zu verkürzen. Dennoch wird über bestimmte Ausnahmen diskutiert: z.B. wenn Menschen unheilbar krank sind und auf diese Weise übergroßes Leiden verhindert werden kann. Der Midrash (Genesis Rabbah zu Gen 9,5) nimmt Bezug auf König Saul, der sich in sein Schwert stürzte, um dadurch der Folter zu entgehen. Mittelalterliche Autoritäten diskutierten darüber, ob Gebete für ein baldiges Sterben unheilbar Kranker erlaubt seien. Diese beurteilte man weitgehend positiv, verbot aber die direkte Sterbehilfe.

Heutige rabbinische Autoritäten erlauben die Verabreichung schmerzstillender Mittel, selbst wenn sie das Leben des Todkranken geringfügig verkürzen. Sie verbieten jedoch Injektionen oder andere, das Ende beschleunigende Maßnahmen. Ebenso lehnen sie medizinische Eingriffe ab, die das Leben künstlich verlängern, wenn die Kraftreserven des Körpers verbraucht sind.

Christentum: Durchweg wird die Euthanasie in der christlichen Ethik abgelehnt. So lehrt etwa die römisch-katholische Kirche: »Die direkte Euthanasie besteht darin, daß man aus welchen Gründen und mit welchen Mitteln auch immer dem Leben behinderter, kranker oder sterbender Menschen ein Ende setzt. Sie ist sittlich unannehmbar« (KdKK, 579). 1995 hat Papst Johannes Paul II. in seinem Rundschreiben »Das Evangelium des Lebens« die strikte Ablehnung der Euthanasie bekräftigt, von Euthanasie im eigentlichen Sinn »die Entscheidung« abgehoben, auf »therapeutischen Übereifer« zu verzichten, »das heißt auf bestimmte ärztliche Eingriffe, die der tatsächlichen Situation des Kranken nicht mehr angemessen sind, weil sie in keinem Verhältnis zu den erhofften Ergebnissen stehen, oder auch, weil sie für ihn und seine Familie zu beschwerlich sind«. Solcher Verzicht auf außergewöhnliche oder unverhältnismäßige Heilmittel wird ausdrücklich von Selbstmord und Euthanasie abgegrenzt; er sei »vielmehr Ausdruck dafür, daß die menschliche Situation angesichts des Todes akzeptiert wird«. Analoge Erwägungen gibt es in der protestantischen Ethik.

Islam: Auf der »1. Internationalen Konferenz für Islamische Medizin« (Kuwait, 1981) wurden Selbstmord und Euthanasie verworfen. Ebenso sprach sich die Versammlung dafür aus, auf künstliche Methoden reiner Lebensverlängerung zu verzichten.

Buddhismus: Euthanasie im Buddhismus wird weder vom Standpunkt der Karmalehre noch von der Psychologie her gutgeheißen. Das schlechte Karma, welches das Leiden jedes einzelnen Patienten verursacht hat, soll so lange seinen Lauf nehmen können, bis es sich erschöpft hat und die Wiedergeburt nicht mehr beeinflussen kann. Unterbricht man das Leiden, werde es in einem weiteren Leben neu beginnen, bis es verbraucht ist. Wenn das Leiden jedoch als Ergebnis eines negativen Karmas ausgestanden wird, kann der einzelne in einer besseren Existenz wiedergeboren werden.

Die buddhistische Psychologie geht davon aus, daß auch ein Töten aus Mitleid von Haß und negativen Gefühlen gegenüber dem Leiden des Patienten erfüllt ist. Selbst wenn das ursprüngliche Motiv die Linderung des momentanen Leidens ist, verwandle sich diese gute Absicht im Augenblick des Entschlusses in eine Handlung der Abscheu. Auch wenn der Arzt glaubt, aus Mitleid zu töten, handelt er in Wirklichkeit aus Abscheu vor dem Leiden. Damit jedoch erzeugt er für sich und den Patienten negative karmatische Energie.

Buddhistische Ärzte diskutieren auch die Frage des exakten Zeitpunktes des Todeseintritts, d.h. wann die Apparate abgestellt werden können, die nur zu einer künstlichen Verlängerung des Lebens führen, während sie gleichzeitig für andere Patienten gebraucht werden. Ein wichtiger Begriff in diesem Zusammenhang ist Prana. Er kommt in den Upanishaden vor und beschreibt die im Herz befindliche »Lebenskraft« des Menschen. Ist sie erloschen, darf der Arzt seine Bemühung einstellen.

Hinduismus: Offizielle hinduistische Stellungnahmen gibt es nicht. Die hinduistische Sicht dürfte der buddhistischen nicht unähnlich sein.

Homosexualität

Judentum: Das Alte Testament verdammt und bestraft die Homosexualität. Der homosexuelle Mensch begeht nach jüdischer Auffassung insofern eine Sünde, als er von dem Ziel abweicht, das Gott den Menschen bezüglich der Fortpflanzung gesetzt hat. Lesbische Liebe wird im Alten Testament nicht ausdrücklich erwähnt, gilt aber in der Praxis als unvereinbar mit der jüdischen Ethik. Heute geht man davon aus, daß Homosexualität genetisch oder durch frühkindliche Entwicklungsstörung bedingt ist. Man soll den homophilen Menschen dulden, sofern er seine Sexualität als Privatsache betrachtet und keine Sonderbehandlung verlangt. In jüdischen Zeitschriften wird heute u.a. diskutiert, ob Homosexuelle religiöse Ämter ausüben dürfen. Im amerikanischen Reformjudentum gibt es »gay synagogues«, d.h. Synagogen für Homosexuelle.

Christentum: Einerseits gibt es heute im Rahmen der revidierten christlichen Sexualethik unter dem Leitziel selbstbestimmter, verantwortungsvoller Liebe Voten für eine Akzeptanz der Homosexualität; andererseits wird Homosexualität in den Kirchen weiterhin als böse und widernatürlich streng verurteilt – aufgrund biblischer Exegese (oft unter Verweis auf den im 18. und 19. Kapitel des ersten Mosebuches geschilderten fürchterlichen Untergang der Städte Sodom und Gomorrha als Strafe für sexuellen Geschlechtsverkehr unter Männern, den auch der Apostel Paulus scharf anprangerte) und mit naturrechtlichen, von einer bestimmten »heiligen« Schöpfungsordnung ausgehenden Argumenten. Neigung und homosexuelle Handlungen werden z.B. im Schreiben der römischen Glaubenskongregation über die Seelsorge für Homosexuelle vom 1.10.1986 unmißverständlich als »ihrer wesentlichen und unerläßlichen Zielbestimmtheit beraubt« charakterisiert, als »in sich nicht in Ordnung« und von der Art, daß sie »keineswegs in irgendeiner Weise gutgeheißen werden können«. Verlangt wird durchaus Achtung und Respekt gegenüber Homosexuellen, die allerdings »ein keusches Leben« führen sollen, denn: »Einzig und allein in der Ehe kann der Gebrauch der Geschlechtskraft *moralisch gut* sein. Deshalb handelt eine Person, die sich homosexuell verhält, *unmoralisch*.«

Islam: Sexuelle Beziehungen zwischen Angehörigen des gleichen Geschlechts werden von islamischer Seite durchweg verurteilt.
Homosexualität ist nach islamischem Verständnis eine Verletzung des göttlichen Rechts, gehört also wie Alkohol- und Drogenmißbrauch sowie Ehebruch zu Delikten, welche die islamische Gesellschaft zerstören. Die Justiz führt die Bestrafung im Namen Gottes durch. Gerade im Zuge von Re-Islamisierung und Fundamentalismus ist Homosexualität mit dem Tode bestraft worden.

Buddhismus: Im Buddhismus gilt Homosexualität als Ergebnis schlechten Karmas. Sie zeige, daß der Einzelne sich bereits in einer früheren Existenz sexuell falsch verhalten und in diesem Leben seine Einstellung noch nicht geändert hat.

Künstliche Befruchtung

Judentum: Man unterscheidet zwei Formen künstlicher Befruchtung: Entweder ist der Ehemann der Samenspender oder ein anderer als der Ehemann. Die Mehrzahl zeitgenössischer Rabbiner gestattet die erste Methode, wenn sonst keine Empfängnis möglich ist. Gegen die zweite Methode besteht ein starker Einwand führender jüdischer Autoritäten, da diese eine indirekte Form des Ehebruchs darstellen würde, mithin moralisch verwerflich sei. Außerdem impliziere diese Methode die Möglichkeit, daß ein Samenspender Vater eines Jungen und Mädchens in zwei verschiedenen Familien werden könnte, die später möglicherweise heiraten.

Christentum: In der christlichen Ethik gibt es zur künstlichen Befruchtung Voten pro und contra; die strikte Ablehnung wird u.a. deutlich in den Weisungen des Papstes formuliert (→ Familienplanung).

Organtransplantation/ Bluttransfusion

Judentum: Die jüdischen Ansichten hierzu variieren: Während eine Autorität die Bereitschaft, sein Augenlicht nach dem Tod zur Verfügung zu stellen, als religiös verdienstvoll beschreibt, hält eine andere solche Eingriffe für eine Verletzung des Leichnams mit der Folge, daß dieser am Tag der Auferstehung nicht vollständig sei. Liberale Juden vertreten die Ansicht, daß die Organverpflanzung zur Lebenserhaltung eines anderen Menschen ethisch geboten sei.

Insgesamt geht die Ansicht dahin, medizinisch vertretbare Transplantationen zu erlauben, wenn sie Menschenleben retten. Rabbi Solomon Freehof würde sogar die Transplantation eines Schweineherzen in einen menschlichen Körper gestatten – wenn medizinisch sinnvoll –, da dem Juden nur der Verzehr von Schweinefleisch verboten ist. Bluttransfusionen gelten im Judentum generell als erlaubt.

Christentum: Aus christlich-ethischer Sicht gibt es ein klares Ja zu Bluttransfusionen und Organtransplantationen als Zeichen der Nächstenliebe und der Solidarisierung mit Kranken und Behinderten. Im Auftrag der Deutschen Bischofskonferenz und des Rates der Evangelischen Kirche in Deutschland hat eine 15köpfige Wissenschaftler-Gruppe nach zweijähriger Arbeit 1990 eine gemeinsame Erklärung beider Kirchen zu Organtransplantationen erarbeitet. Einerseits ermutigen die Kirchen hier die Mediziner, den Weg der bisher erfolgreichen Transplantations-Chirurgie mutig, aber auch verantwortungsbewußt weiterzugehen. Andererseits werden die Menschen dazu aufgerufen, sich mehr als bisher für Organspenden zu entscheiden.

Bei den Zeugen Jehovas hat sich die Bibelauslegung im dogmatischen Verbot des Genusses von Blut und auch von Bluttransfusionen niedergeschlagen. Die »Christlichen Wissenschafter« verstehen Heilung als ausschließlichen Vorgang im Bewußtsein, lehnen daraufhin prinzipiell das Zusammenwirken mit Medizin und ärztliche Unterstützung ab.

Islam: Die zeitgenössische islamische Haltung der sunnitischen Rechtsschulen in bezug auf Organverpflanzung läßt sich anhand von Verlautbarungen der Internationalen Versammlung für Islamisches Rechtswesen in Mekka, im Januar 1985, der Islamischen Organisation für Medizinwissenschaft in Kuwait, im Oktober 1989 sowie im Mai 1995 wie folgt zusammenfassen:

1. Die Entnahme eines Organs aus dem Körper und seine Verpflanzung in den Körper eines anderen Menschen ist eine lobenswerte Handlung und empfohlene Hilfeleistung, wenn sie nicht der islamischen Menschenwürde widerspricht.
2. Die Organverpflanzung muß die einzige mögliche Behandlung sein.
3. Der Erfolg muß für beide Operationen für gewöhnlich oder in den meisten Fällen gesichert sein.
4. Die Organentnahme darf beim Spender nicht zur Schädigung führen entsprechend dem islamischen Grundsatz: »Ein Schaden darf nicht durch einen anderen Schaden gleichen oder größeren Ausmaßes behoben werden.«
5. Die Abgabe eines Organs muß freiwillig erfolgen.
6. Organhandel widerspricht der Menschenwürde.
7. Bei Organentnahme von einem Verstorbenen muß eine zu Lebzeiten gegebene Zustimmung vorliegen.
8. Auch Organspender nichtislamischer Herkunft sind erlaubt, jedoch keine zum Tode verurteilten Menschen.

Die Schiiten verbieten die Organentnahme von einem toten Muslim, es sei denn, sie ist für die Lebenserhaltung eines anderen Muslim notwendig.

Dem Muslim sind der Empfang von Organspenden von anderen muslimischen und nichtmuslimischen Spendern sowie die Verwendung von technischem oder tierischem Material als Implantate erlaubt.

Buddhismus: Buddhistische Mediziner weisen auf die Verantwortung hin, welche der Arzt durch die Möglichkeit der Organtransplantation erhält. Auch sind sie angesichts von Organdiebstählen und illegalem Organhandel in vielen asiatischen Ländern sensibel für den Mißbrauch auf diesem Gebiet geworden. Vom religiösen Standpunkt hat der Buddhismus keine grundsätzlichen Einwände gegen Bluttransfusion und Organtransplantation; er ermutigt sogar den Spender durch das Argument, daß seine Spende ein Akt der Großmut im Sinne des Buddhismus darstellte.

Todesstrafe

Judentum: In der rabbinischen Literatur gibt es einen Text, der bei der Diskussion über die Todesstrafe eine große Rolle spielt (Mishnah, Makkot 1,10): Ein Sanhedrin (»Rat«, »Gerichtshof«), der einmal in sieben Jahren einen Kriminellen hinrichtet, wird dort als destruktiv betrachtet. Rabbi Eleazar spricht von 70 Jahren. Rabbi Tarfon und Rabbi Akiba erklären, daß es zu keiner Hinrichtung käme, wenn sie im Sanhedrin vertreten wären. Rabbi Simeon, Sohn von Gamaliel, wendet dagegen ein, daß sie sich durch diese Praxis für die Zunahme von Mordfällen im Lande schuldig machten. Bis heute berufen sich Befürworter der Todesstrafe auf Rabbi Simeon.

Das Alte Testament sanktioniert in einigen Fällen die Todesstrafe. Von rabbinischen Gerichten werden diese Passagen jedoch vorwiegend als Abschreckung zur Erläuterung der Schwere des Verbrechens verstanden. Man zog daraus die Schlußfolgerung, sie nicht praktisch vollstrecken zu müssen. Nach der Abschaffung des Sanhedrin besäße – so argumentieren einige Gelehrte – die Todesstrafe ohnehin keine Rechtsgrundlage mehr. Der orthodoxe Rabbiner Isaak Herzog vertrat die Ansicht, daß sich das jüdische Volk von der zivilisierten Welt isolieren würde, wenn es die Todesstrafe – wie im Alten Testament vorgesehen – für rein religiöse Vergehen fordern würde. In Israel wurde die Todesstrafe weitgehend abgeschafft. Möglich ist sie nur noch in Fällen von Verrat und Völkermord.

Christentum: Befürwortung und Ablehnung der Todesstrafe – beide Positionen werden in der evangelischen Ethik vertreten. Die traditionelle Lehre der römisch-katholischen Kirche akzeptiert »in schwerwiegendsten Fällen« die Todesstrafe zum Schutz der Gemeinschaft und als Sühne (KdKK, 576). 1995 hat Johannes Paul II. in seinem Rundschreiben über das Evangelium des

Lebens die Todesstrafe zwar nicht restlos abgelehnt, ihre Anwendung sei »jedoch heutzutage infolge der immer angepaßteren Organisation des Strafwesens schon sehr selten oder praktisch überhaupt nicht mehr gerechtfertigt«.

Islam: Ein wichtiger Grundsatz des islamischen Rechts ist der unbedingte Schutz des menschlichen Lebens: »Wenn ein Mensch einen anderen tötet, so bedeutet das genausoviel, als ob er alle Menschen getötet hätte, und wenn einer einen Menschen am Leben erhält, so bedeutet das genausoviel, als ob er alle Menschen am Leben erhalten hätte.« Aufgrund der Wiedereinführung des islamischen Strafrechts werden in manchen Ländern bestimmte Delikte (Mord, Raub, Vergewaltigung, Ehebruch, Homosexualität, Alkohol- und Drogenmißbrauch) durch Auspeitschen, Abschlagen von Händen und Füßen oder durch Hinrichtung bestraft.

Der Islam geht von unterschiedlichen Pflichten des Menschen gegenüber seinem Schöpfer und seinen Mitmenschen aus. Diese Unterscheidung bestimmt auch das Rechtsverständnis, so daß von einem »göttlichen« und »menschlichen Recht« gesprochen wird. Neben Gott und dem Individuum stellt die Gemeinschaft die dritte, den Rechtsvollzug bestimmende Größe dar. Dabei werden die gesellschaftlichen Rechte im Islam nicht als soziale, sondern als »göttliche Rechte« aufgefaßt. Als Verletzung des »göttlichen Rechts« gilt eine bestimmte, im Koran festgelegte Kategorie von Straftaten, welche die Gesellschaft gefährden können: Alkoholgenuß, Straßenraub, schwerer Diebstahl, widerrechtlicher Geschlechtsverkehr, falsche Bezichtigung der Unzucht. Aufgabe der islamischen Justiz ist es, diese Delikte im Namen Gottes zu bestrafen. Normalerweise liegt die Rechtssprechung in der Zuständigkeit des Richters, der sein Urteil auf der Grundlage von Geständnissen des Angeklagten, Zeugenaussagen und Gutachten von Rechtsgelehrten fällt. Nach Ansicht der Rechtsgelehrten ist eine Überführung des Angeklagten allein aufgrund dessen Geständnis möglich. Um hierbei Fehlurteile auszuschalten, berücksichtigt das islamische Recht auch die Zurechnungsfähigkeit und

Strafmündigkeit des Beklagten. Ebenfalls soll die Glaubwürdigkeit der Zeugen einer strengen Prüfung unterzogen werden. Ein weiteres Vergehen, das in den Bereich des »göttlichen Rechts« fällt, ist der Glaubensabfall vom Islam (Apostasie).

Privatrechtliche Delikte (Verbrechen gegen Leib und Leben) gehören in die Sphäre des »menschlichen Rechts«. Bei Verleumdung, Körperverletzung oder Totschlag dürfen der Betroffene oder dessen Erben das Strafmaß festsetzen. In der Regel einigen sich beide Familien, ob Todesstrafe, Blutgeld bzw. eine andere Sühne gefordert wird. Geschah die Tat nicht vorsätzlich, darf der Schuldige nicht mit dem Tod bestraft werden.

Zu einer dritten Gruppe von Vergehen, die »göttliches« und »menschliches Recht« zugleich betreffen, gehören gemeinschaftszerstörende Delikte wie Raubüberfall, Unruhestiftung und die Bedrohung Wehrloser, die durch Hinrichtung, Abhacken von Händen oder Füßen oder Verbannung bestraft werden.

Der Strafvollzug basiert auf dem Grundsatz, daß weder Gott noch der Staat den Rechtsanspruch des Menschen beschneiden dürfen und es auch der islamischen Justiz nicht gestattet ist, das »göttliche Recht« zu mißachten. Jeder Fall soll genau geprüft, und Zeugen sollen befragt werden. Ein wichtiges Prinzip lautet: »Jede Art von Zweifel verbietet den Strafvollzug.« Außerdem soll man trotz der Forderung nach Gerechtigkeit, nach Möglichkeit Milde walten lassen: »Ausgenommen sind diejenigen, die ihre Tat ernsthaft bereuen, bevor ihr Gewalt über sie habt. Ihr müßt wissen, daß Gott barmherzig ist und bereit zu vergeben« (5,34). Und: »Wenn ihr verzeiht, Nachsicht übt und vergebt, folgt ihr damit dem Beispiel Gottes. Gott ist barmherzig und bereit zu vergeben« (64,14).

Buddhismus: Buddha forderte, allen Lebewesen mit Mitgefühl (Metta) entgegenzutreten. Aus dieser Geisteshaltung wird Todesstrafe rundweg abgelehnt. Der heutige Buddhist ist bei eventuellen Konflikten zwischen der Ethik des Dharma und säkularen Gesetzen verpflichtet, sich gegen Todesstrafe und Abtreibung einzusetzen.

Glossar

Ahimsa: (Sanskrit: »Nicht-Verletzen«), die indische Tugend der Gewaltlosigkeit. Kein Lebewesen soll verletzt oder getötet werden. Ahisma hat große Bedeutung im Jainismus, Buddhismus und Hinduismus.

Alewiten: Im 11./12. Jahrhundert entstandene, insbesondere in der Osttürkei (inzwischen auch in Deutschland) vertretene Religionsgemeinschaft, die sich nach Ali (Schwiegersohn Muhammads) nennt und die 12 schiitischen Imame anerkennt. Sie fühlen sich nicht an die Sharia-Pflicht gebunden. Daher sprechen ihnen viele sunnitische Muslime die Zugehörigkeit zum Islam ab.

Amida: Eine himmlische Entsprechung des historischen Buddha. Amida (japanisch) entspricht dem indischen Amithaba (»unendliches Licht«). In der von Shinran Shonin (1173-1262) gegründeten Shin-Religion spielt der Glaube an die Allwirksamkeit der Gnade Amidas die zentrale Rolle.

Artha: Im Hinduismus Reichtum, Besitz, Wohlstand. Neben → Kama, → Dharma und → Moksha eines der traditionellen vier »Lebensziele«.

Aschkenasen: Bezeichnung für einen der beiden großen Blöcke im Judentum. Aschkenas war im Mittelalter die hebräische Bezeichnung für Deutschland (seit 13./14. Jh. galt diese Bezeichnung für die aus Frankreich, Britannien, Norditalien stammenden Juden).

Aschariten: Auf den Gelehrten al-Ashari (873-935) zurückgehende, im sunnitischen Islam allmählich vorherrschend werdende »scholastische« Schule. Die Aschariten gaben die Lehre von der

Willensfreiheit des Menschen auf; lehren, daß der Mensch die Fähigkeit habe, sich seine nicht von ihm selbst gewirkten Handlungen anzueignen. Die Ashariten verhalfen der dialektischen Methode in der orthodox-islamischen Dogmatik zum Sieg.

Ashram: Versammlungsort spirituell Suchender und Asketen: Einsiedelei, Kloster, Landhaus usw. Dasselbe Wort bedeutet in einem anderen Zusammenhang die vier klassischen »Lebensstadien«, die ein männlicher Hindu im Idealfall zu durchlaufen hat: Schüler (Brahmacharya), Familienvater (Grihastha), (Wald-)Einsiedler (Vanaprastha), Entsagender (Sannyasa; → Sannyasin).

*Atman: D*er Sanskritbegriff bezeichnet im Hinduismus das unzerstörbare ewige »Selbst« im Menschen, das mit dem absoluten göttlichen Selbst (→ Brahman) im Grunde identisch ist.

Bhagavadgita: (Sanskrit: »Gesang des Erhabenen«), kleines philosophisches Lehrgedicht.

Bodhisattva: (Sanskrit: »Erwachungswesen«), im Hinayana-Buddhismus Bezeichnung für ein auf die »Erwachung« zugehendes Wesen (»Buddha-Kandidat«: Gustav Mensching). Der historische Buddha war vor seiner letzten Geburt als Mensch ein solcher Bodhisattva. Im → Mahayana-Buddhismus Bezeichnung für ein Wesen, das durch systematische Übung der Tugendvollkommenheiten die Buddhaschaft anstrebt, aber so lange auf das Eingehen in das → Nirvana verzichtet, bis er alle Wesen erlöst hat. Im Mahayana werden irdische und himmlische Bodhisattvas unterschieden, die zum Teil als Gnadengottheiten verehrt werden.

Brahman: Das ewige unvergängliche Absolute; die höchste Wirklichkeit. Im Unterschied zum personalen Gottesbegriff ist das Brahman impersonal, das Göttliche. Identisch mit dem → Atman.

Calvinismus: Kirche im Protestantismus, die auf den Reformator Johannes Calvin (1509-1564) zurückgeht.

Chasiden: Vom Begriff Chasid (fromm) leiten sich folgende Richtungen ab: 1. religiöse Strömung im Frühjudentum z. Z. der Makkabäeraufstände (2. Jh. n. Chr.); 2. mystische Strömung im (→ aschkenasischen) Judentum des Mittelalters; 3. osteuropäische Bewegung seit dem 18. Jh.

Dharma: (Sanskrit), Weltordnung; Daseinsfaktor; Gesetz, Heilsordnung, »Seins- und Sollensgesetz« (Gustav Mensching). Als »Seinsgesetz« regelt Dharma die kosmische, die Natur- und Gesellschaftsordnung. Moral, »Religion«, Recht und Sitte werden von Dharma im Sinne eines »Sollensgesetzes« bestimmt. Der Hinduismus versteht sich als »Sanatana Dharma« (ewiger Dharma) bzw. als »Varnashrama Dharma« (Dharma der Varnas/Kasten und → Ashrama). Dharma ist darüber hinaus eines der vier traditionellen »Lebensziele« des Hinduismus: das rechte, vernunftgemäße, rechtschaffene Leben in Bezug auf die Gemeinschaft.

Diaspora: (griech. »Zerstreuung«), eine unter Andersdenkenden zerstreut lebende (religiöse) Minderheit.

Drusen: Religiös-ethnische Gemeinschaft im schiitischen Islam (u.a. in Libanon, Israel); verdankt ihren Namen Ad-Darazi (11. Jh. n. Chr.). Die Drusen lehren eine Seelenwanderungslehre.

Gnosis: Nach der Empfehlung des Gnosiskongresses von Messina (1966) ist unter Gnosis das »Wissen um göttliche Geheimnisse, das einer Elite vorbehalten ist«, zu verstehen. Gnosis hat sich als Terminus für die spätantike gnostische Bewegung eingebürgert. Im 2./3. Jh. ist sie die stärkste religiöse Strömung neben dem anwachsenden Christentum. Ihr Ziel ist die Erlösung, das »Wissen«, wie der göttliche Lichtfunke aus der Materie (Körper) befreit werden und in die himmlische Lichtwelt zurückfinden kann.

Hidschra: (arab. »Auswanderung«). Der Weg des Propheten Muhammad von Mekka nach Medina (622) war keine Flucht, sondern eine von langer Hand vorbereitete »Auswanderung«.

Imam: (arab.), 1. religiöser Führer, Vorbeter in der Moschee; 2. im schiitischen Islam ein Titel, der in manchen Aspekten dem Kalifen entspricht. Der Imam muß hier ein Nachkomme Alis sein. Er gilt als der Mittler göttlicher Erleuchtung. Die → Schiiten glauben, daß jedes Zeitalter einen Imam hervorbringt, der die Wahrheit Muhammads für die Gegenwart interpretiert. Die Ansichten der verschiedenen schiitischen Gruppen über die weiteren Qualifikationen des Imam variieren.

Jahwe: Der heilige Name des Gottes Israels, den er Mose offenbarte. Jahwe bedeutet »Ich bin«. Wurden die Heiligen Schriften verlesen, las man Adonai (»Herr«), da der Name nicht gesprochen werden durfte.

Kabbala: (hebr. »Überlieferung«), jüdisch-mystische Geheimlehre des Mittelalters, in der die Buchstaben- und Zahlensymbolik große Bedeutung hat.

Kama: (Sanskrit/Pali: »Begehren, Sinnesverlangen«, Sexualität, Liebe), 1. eines der vier traditionellen hinduistischen »Lebensziele« (→ Ashrama); 2. hinduistischer Gott der Liebe. Er wird als nie alternder Knabe auf einem Papagei reitend vorgestellt und ist mit Bogen, Pfeil mit Blumenspitze und Köcher ausgestattet.

Karma: (Sanskrit: »Tat«), universales Gesetz von Ursache und Wirkung.

Kongregation: Anglo-amerikanische calvinistische Denomination, deren Grundsatz die volle Souveränität der Einzelgemeinde innerhalb des kirchlichen Verbandes und die Unabhängigkeit vom Staat ist.

Mahabharata: (Sanskrit: »Großes Epos der Nachkommen des Bharata«), neben dem Ramayana eines der beiden großen Epen im Hinduismus, verfaßt im 3. oder 2. Jh. vor Chr. Es beschreibt den Krieg zwischen den Kauravas und den Pandavas. Der göttliche Held des Epos ist Krishna. Im 6. Buch befindet sich die berühmte → Bhagavadgita.

Mahayana: (Sanskrit:»großes Fahrzeug«), die zur eigentlichen Weltreligion gewordene Schule des nördlichen Buddhismus (Nepal, China, Korea, Tibet, Mongolei, Japan). Teilzweig des Mahayana-Buddhismus ist der tibetische Vajrayana.

Manichäer: Anhänger des Manichäismus, einer Universalreligion, die von dem Perser Mani (216-276) gestiftet wurde, der gewaltige Missionsreisen zur Ausbreitung seiner Botschaft unternahm. Der Manichäismus lehrt die Befreiung der in die Materie geknechteten himmlischen Seele mit Hilfe göttlicher Sendboten (»Urmensch«, Jesus u.a.) und durch asketische Anstrengungen. Im 4. Jh. war der Manichäismus ein beachtlicher Gegner des Christentums. In verschiedenen christlichen Sekten des Mittelalters lebte manichäischer Geist fort.

Mantra: Ein an sich sprachlich bedeutungsloser Klang, der innere Vibrationen hervorruft, die zur Konzentration und zur Selbsterkenntnis führen. Beispiel: die Silbe »Om«; im tibetischen Buddhismus der Satz »Om Mani Padme Hum«. Im Hinduismus wurden ursprünglich nur bestimmte heilige Verse der Veden so bezeichnet. Man schrieb ihnen geistige Macht zu und hielt ihre dauernde Wiederholung auf dem Weg zur Befreiung für hilfreich.

Metta: (Pali:»Güte, Wohlwollen, Freundschaft, Liebe«), eine der zentralen buddhistischen Tugenden. Sozialethisches Ideal, das sich nicht nur auf die Menschen, sondern auch auf die Tierwelt, ja letztlich auf alle Formen des Lebens erstreckt. Inhalt einer wichtigen Meditationsübung.

Moksha: (Erlösung, Befreiung), im Hinduismus das höchste der vier Lebensziele (→ Kama, → Artha, → Dharma); Negation der drei übrigen Werte.

Nirvana: (Sanskrit:»Nicht mehr wehen, Verwehen, Verlöschen«), Heilsziel des Buddhismus. Ausscheiden aus dem Kreislauf der Wiedergeburten.

Pagode: Buddhistische Architekturform in China, Korea und Japan, die sich aus dem indischen Stupa entwickelte. Der vier- bzw. achteckige, schlanke, aus mehreren Stockwerken bestehende Bau ist ein Reliquien-Aufbewahrungsort, zugleich Symbol des Absoluten.

Pali-Kanon: Die grundlegenden (im → Theravada die einzigen) Heiligen Schriften des Buddhismus. Die Sammlung der Schriften begann bald nach dem Tod des Buddha, als sich seine Nachfolger trafen, um den Tripitaka (Dreikorb) seiner Lehre zu rezitieren. Auf einem Konzil zur Zeit des Königs Ashoka wurde der genaue Wortlaut festgelegt.

Proselyten: 1. Zum Judentum übergetretene Nicht-Juden; 2. allgemein jeder, der zu einer neuen Religion bekehrt worden ist.

Puja: (Sanskrit:»Verehrung«), die »Gottesdienste« im Hinduismus. Ausdruck für die kultische Verehrung des Buddha im Buddhismus.

Puritaner: Bezeichnung für die streng calvinistisch gesinnten Protestanten in England (16. Jh.), die das bischöfliche System der Staatskirche ablehnten. Hauptmerkmale: Bewußtsein der Auserwählung, Einfachheit im Gottesdienst, Trennung von Kirche und Staat, Glaubensfreiheit und Toleranz.

Rabbinen: (hebr.»Meister«), ursprünglich Titel autorisierter jüdischer Gelehrter und Vorsteher von Lehrhäusern, in denen die Toraschüler (→ Tora) in der Auslegung der Heiligen Schrift unterrichtet wurden. Heute ist der Rabbiner die höchste Autorität in Fragen von Kultus und Erziehung. Er übt Richterfunktionen aus, ist Lehrer, Prediger, auch Seelsorger.

Ramayana: (Sanskrit:»Der Lebenslauf des Rama«), ältestes und zusammen mit dem → Mahabharata bedeutendstes Heldenepos des Hinduismus (4. Jh. vor Chr.). Erzählt wird das Leben des Königs Rama und seiner Frau Sita. Der mythologische Stoff des Ramayana wird Kindern und Erwachsenen erzählt und öffentlich aufgeführt. Indische Filme widmen sich gern den Motiven aus den Heldenepen.

Samsara: (Sanskrit:»Wanderung«), Fluch des Kreislaufes von Geburt, Tod und Wiedergeburt.

Sangha: (Sanskrit:»Menge, Schar«), die Gemeinde der buddhistischen Mönche.

Sannyasin: Der sich auf der letzten der vier traditionellen Lebensstufen des Hinduismus befindende »Entsagende«, der einzig und allein auf (→ Moksha) hin orientiert ist und auf allen materiellen Besitz verzichtet.

Sharia: (arab.»Weg«), Gesamtheit der Vorschriften, welche im Islam die Handlungen des Menschen im privaten und öffentlichen Leben betreffen. Die Sharia regelt alle Lebensbereiche: rituelle Handlungen, Recht.

Schiiten: Muslime, die zur islamischen Religionsrichtung der Schia gehören. Sie erkennen Ali, den Vetter und Schwiegersohn Muhammads, als dessen rechtmäßigen Nachfolger an. Die Schiiten akzeptieren als → Imame nur Nachkommen Alis aus dessen Ehe mit der Prophetentochter Fatima. Sunna und Schia unterscheiden sich in einigen Aspekten des Menschenbildes, der Methode des Studiums religiöser Quellen, der Einstellung zu Leiden und Märtyrertum sowie einigen philosophischen und mystischen Vorstellungen.

Sepharden: Bezeichnung für eine der beiden großen Blöcke im Judentum. Sephard ist die hebräische Bezeichnung für Spanien.

Unter den Sepharden versteht man die von der iberischen Halb-insel 1492 vertriebenen spanischen bzw. orientalischen Juden.

Shin-Buddhismus: Anderer Name für den (→) Amida-Buddhismus.

Stoiker: Name für die Anhänger einer griechisch-römischen Phi-losophenschule, die ihren Namen der »Säulenhalle« (Stoa) in Athen verdankt. Begründet im 4./3. Jh. vor Chr.

Sunna: (arab.»gewohnte Handlungsweise«), 1. Sunna des Pro-pheten: Sammlung der Aussprüche und Handlungen Muhammads und seiner frühen Gefährten. Die Sunna ist nach dem Koran die zweitwichtigste Quelle des islamischen Rechts; 2. »Orthodoxie« als Gegensatz zur Schia. Bezeichnung für die Mehrheit der Mus-lime (fast 90 %), die entsprechend der geschichtlichen Realität Abu Bakr, Umar, Uthman, dann erst Ali, für die vier ersten recht-mäßigen Kalifen halten.

Sure: Abschnitt des Korans.

Talmud: Von »lamod« (= lernen); Bezeichnung für zwei große Literaturwerke: den Jerusalemer/Palästinensischen Talmud, der im 4. Jahrhundert kodifiziert worden ist; den Babylonischen Tal-mud, der erst um 500 festgelegt wurde. Der Talmud zählt zur Gattung der Kommentarliteratur, welche die Bibel deutet.

Tuntra/Tantrismus: (Sanskrit: »Gewebe«), Bezeichnung einer Sorte von Texten ebenso wie eines religiösen Systems. Als Reli-gion zielt Tantrismus auf die Verwirklichung (Erfahrung) der ab-soluten, göttlichen Einheit. Diese Einheit wird im Tantrismus als die Vereinigung zweier Aspekte, von Shiva und seiner Shakti (»Kraft, Energie«), von männlichem und weiblichem Prinzip vorgestellt. – Praktiken im tibetischen Buddhismus, die auf das direkte Erleben des erleuchteten Selbst durch Symbole, Bilder, wiederholte Klänge, vorgeschriebene Bewegungen, Atemkontrol-le und ritualisierte Sexualität hinzielen.

Theravada: (Pali: »Lehre der Ordensältesten«), die einzige über-
lebende Schule des Hinayana-Buddhismus.

Tora: (hebräisch: »Lehre, Unterweisung«), bezeichnet im enge-
ren Sinne die fünf Bücher Mose, die Hauptquelle jüdischen Rechts
und jüdischer Ethik sind. Aus jüdischer Sicht ist die Tora eine
Gnadengabe Gottes und Ausdruck seiner Willensoffenbarung.
Allgemein meint Tora die Gesamtheit aller Vorschriften der jüdischen Religion.

Upanishaden: (Sanskrit: »Dabeisitzen«). Gemeint ist das Verhältnis zwischen Meister (Guru) und Schüler, dem eine esoterische
Weisheitslehre übermittelt wird. Upanishaden sind die letzten
Bücher der indischen Veden (bezeichnet auch als Vedanta = Ende
der Veden), verfaßt zwischen 800 und 400 vor Chr. Sie entwik-
kelten die Vorstellung des Brahman als der heiligen Kraft in den
Opfern so weit, daß es zur Wirklichkeit des Universums wurde.
Der Atman wird mit Brahman identifiziert. Die Upanishaden ent-
halten auch Spekulationen, wie der Atman durch kontemplative
Techniken seines Einsseins mit Brahman bewußt werden kann.
Bis in die Gegenwart werden Upanishaden verfaßt. Sie stellen
die Grundlage der hinduistischen (Religions-)Philosophie dar.

Veda/Veden: (Sanskrit: [heiliges] »Wissen«), Bezeichnung für die
ältesten Heiligen Schriften des Hinduismus, die aus mehreren
Einzelschriften bestehen und die Religion der Arier in Indien
widerspiegeln. Der Veda enthält Lieder, kosmische Spekulationen und Vorschriften für Riten und besteht aus vier Teilen: Rig
Veda, Sama Veda, Yajur Veda, Atharva Veda.

Vishnu: Eine der monotheistischen Großgottheiten im Hinduismus. Anhänger: Vaishnava(s).

Zakat: (arab. »Reinigungsabgabe«), vierte Grundpflicht des Mus-
lims; eine religiöse »Pflichtabgabe« auf verschiedene Güter und
Waren. Empfänger sind nach dem Koran 9,60 Arme, Bedürftige,

Reisende, freigelassene Sklaven und diejenigen, die sich in einem gerechten Kampf befinden. Auch heute ist die Zakat ein wichtiger Bestandteil des islamischen Sozialsystems.

Zen: Schule des japanischen Mahayana-Buddhismus, bei der die Meditation (= Zen) eine große Rolle spielt. Zen hat die japanische Kultur tief beeinflußt.

Personenregister

Sachregister

GTB Weltreligionen

Reinhard Kirste, Herbert Schultze und Udo Tworuschka

Die Feste der Religionen

Ein interreligiöser Kalender mit einer synoptischen Übersicht.
127 Seiten mit einer farbigen Ausklapptafel.
[3-579-00771-8] GTB 771

Dieser immerwährende interreligiöse Kalender enthält alle Hauptfeste der Weltreligionen und auch einiger wichtiger anderer Religionen. Die Autoren erläutern Geschichte, Bedeutung, Bräuche und Traditionen dieser Feiertage.

Literaturhinweise bieten einen vertiefenden Zugang in einzelne Festthemen. Graphische Darstellungen der Jahreszeitkreise und eine farbige Nachschlagehilfe, die die Feste der Religionen synoptisch nebeneinanderstellt, verdeutlichen die Zusammenhänge der Festkreise auch optisch.

Gütersloher Verlagshaus

Zum Nachschlagen
und Nachlesen

Monika und Udo Tworuschka

Denkerinnen und Denker der Weltreligionen im 20. Jahrhundert

175 Seiten. Kt. Originalausgabe.
[3-579-00770-X] GTB 770

Dieses Personenlexikon behandelt bedeutende Frauen und Männer des ausgehenden 19. und 20. Jahrhunderts aus Judentum, Christentum, Islam, Hinduismus und Buddhismus. Sie kommen mit Wertbeispielen zu Wort und werden biographisch vorgestellt. Aufgenommen wurden vor allen Dingen Persönlichkeiten, die ihrer jeweiligen Religionstradition Impulse zur spirituellen und sozialen Erneuerung vermitteln und die sich mit dem Abendland bzw. dem christlich geprägten Westen auseinandersetzen. Aber auch zweifelhafte Figuren wie Khomeini werden kommentiert. Die Personen sind nach den Religionen, die sie vertreten, zusammengestellt. Ein alphabetisches Register erleichtert den Zugang.

Gütersloher
Verlagshaus

GTB Weltreligionen

Michael Krupp

Die Geschichte der Juden im Land Israel

Vom Ende des Zweiten Tempels
bis zum Zionismus. 176 Seiten mit
zahlr. Abbildungen und Karten.
Ein NES AMMIM-Buch.
Kt. Originalausgabe
[3-579-00765-3] GTB 765

Michael Krupp

Zionismus und Staat Israel

Ein geschichtlicher Abriß.
Mit einem Geleitwort von
Helmut Gollwitzer und einem
Vorwort von Teddy Kollek.
Ein NES-AMMIM-Buch.
3. Auflage. 224 Seiten mit
2 Karten. Kt.
[3-579-00791-2] GTB 791

Dennis Prager/Joseph Telushkin

Judentum heute

Neun Fragen an eine Weltreligion.
Aus dem Amerikanischen übersetzt
von Elisabeth Kesten und Ulrike
von Essen. 192 Seiten.
Ein NES-AMMIM-Buch. Kt.
Deutsche Erstausgabe.
[3-579-00766-1] GTB 766

Gütersloher
Verlagshaus